E* 2482

Londres
1778

Du Buat-Nançay, Comte Louis-Gabriel

Les Maximes du gouvernement monarchique, pour servir de suite aux Éléments de la politique

2

LES MAXIMES

DU

GOUVERNEMENT

MONARCHIQUE.

Tome II.

LES
MAXIMES

DU

GOUVERNEMENT

MONARCHIQUE,

POUR SERVIR DE SUITE

AUX

ÉLÉMENTS DE LA POLITIQUE,

PAR LE MÊME AUTEUR.

TOME SECOND.

A LONDRES.

M. DCC. LXXVIII.

Du

GOUVERNEMENT

MONARCHIQUE.

LIVRE SECOND.

Confidérations générales fur les Nations qui doivent être régies, en tant, fur-tout, qu'on doit les diftinguer du domaine qui peut être poffédé, & des fujets qui doivent être dominés.

CHAPITRE PREMIER.

Remarque fur ce qui a été dit dans le Livre précédent. D'où dérive la différence effentielle qu'il doit y avoir entre la domination ou le defpotifme & le gouvernement monarchique.

IL ne paroît peut-être pas à mes lecteurs que juf-qu'ici j'aie traité le fujet dont je devois m'occuper pour remplir le titre de cet ouvrage. Je ne me fuis occupé, au contraire, pourront-ils dire, que des maximes qui ne doivent pas être celles du gouvernement monarchique, fi je reconnois un gouverne-

Partie II. A

ment de cette espece, qui doive être différent de la tyrannie, ou de ce que j'appelle despotisme, & je donne ce dernier nom à tout gouvernement d'un seul ou de plusieurs, dans lequel les rapports du souverain avec les sujets sont comme ceux du maître avec ses esclaves ce qui n'exclut ni la justice, ni la certitude de la subsistance, ni même la bienfaisance. J'appelle tyrannie, l'abus du pouvoir qu'a le despote, qui, sans doute, peut être méchant, comme un maître peut l'être envers ses esclaves, lorsqu'il exige d'eux un travail forcé & les nourrit mal; lorsqu'il les bat & les maltraite par caprice ou par goût; lorsqu'il les gêne & les contrarie sans utilité pour lui, par humeur, ou uniquement pour répéter plus souvent les actes de son pouvoir. La tyrannie n'est donc que l'abus du despotisme, lequel peut très-bien n'être pas abusif, grace à la bonté & à l'équité naturelle du despote, ou par un effet de sa sagesse. Mais, il n'en existe pas moins par-tout où le souverain a le droit & le pouvoir de tout faire & n'est gêné par aucun droit, aucun privilege que ses sujets puissent alléguer, par aucune force qu'ils puissent lui opposer. Je ne parle point du droit de remontrer, de représenter ou de se plaindre, comme d'une prérogative qui soit incompatible avec le despotisme, parce qu'en effet ce droit ne l'exclut pas. Les esclaves ont aussi ce droit, comme le chien crie quand on le bat, & comme le cheval résiste à celui qui le monte, lorsqu'il veut le jeter dans un mauvais pas, dont il connoît le danger. Quel maître fut jamais assez insensé pour défendre à ses esclaves de lui porter leurs plaintes contre son régisseur, de l'avertir de ses fau-

tes, de ses fripponneries, ou de ses extravagances ?
Allez en Amérique, où le nombre des esclaves nés
dans un autre état, la disproportion de ce nombre
avec celui des hommes libres, la différence de la
couleur & de la figure ont endurci la servitude, &
demandez s'il est défendu aux negres de dénoncer
au propriétaire, ou au régisseur en chef, la cruauté, les malversations, les exactions, ou les débau-
ches de son commandeur ? peut-être cependant en
trouverez-vous quelqu'un qui, par indolence, ne
veut pas même entendre des plaintes inportunes, ou
qui, enforcelé par son commandeur, & persuadé par
lui, que s'il écoute des plaintes, il le décréditera &
le mettra hors d'état de le bien servir, se sera fait une
maxime de ne rien écouter, & n'écoutera rien, en
effet, jusqu'à ce que la désertion de beaucoup d'esclaves, le mécontentement du reste, les sottises pal-
pables du commandeur & le dépérissement de la
plantation, l'avertissent qu'il a mal placé sa confiance. Mais demandez à ses voisins si ce n'est pas
un fou que ce régisseur en chef ou ce propriétaire ?
& ils vous diront qu'il l'est assurément, & d'autant
plus que son commandeur peut commettre tels excès, dont il ne soit averti que par le soulevement
de tous les negres, & peut-être par le coup mortel
dont le frappera leur désespoir ; observez cependant
qu'un maître a contre ses esclaves toute la force de
la société dont il est membre, & que, s'ils se ré-
voltent contre lui, il sera secouru ; que, s'ils le tuent,
ils seront certainement punis ; s'il étoit seul, il faudroit qu'il fût encore plus sage & plus humain, ou
plutôt il devroit s'établir entre lui & ses esclaves,

A 2

bu du moins une partie d'entre eux, d'autres rapports, une réciprocité de droits qui n'exiſtent point,
ou qui, du moins, peuvent ne pas exiſter entre les
eſclaves & le maître qui eſt membre d'une ſociété d'hommes libres. Ainſi Abraham avoit des eſclaves qui lui étoient aſſez attachés, & qui étoient
aſſez braves pour qu'il pût les armer & les mener à
la guerre ; mais s'il fût mort ſans enfants, c'eût été
le fils de ſon intendant, Davraſous, fils d'Eliezer,
qui eût été ſon héritier, c'eſt-à-dire, que le premier de ſes eſclaves, né dans ſa maiſon, ſeroit devenu le maître de tous ſes autres eſclaves, & le
propriétaire de tout ſon bien. Ce trait de la juriſ-
prudence patriarchale, ſi l'on peut parler ainſi, indique pluſieurs autres rapports entre un maître iſolé,
comme Abraham, & ſes eſclaves, leſquels doivent
avoir été très-différents de ceux que nous connoiſſons entre les eſclaves & les maîtres qui furent
membres d'une ſociété réguliere ; mais c'eſt que
dans une pareille ſociété, il y avoit ligue des maîtres entre eux contre les eſclaves, & que dans une
maiſon iſolée, comme celle d'Abraham, à cette ligue, il avoit fallu ſubſtituer la communauté d'intérêt, comme gage d'union, motif de ſubordination,
& baſe d'une alliance particuliere entre le maître,
& une partie de ſes eſclaves, qui l'aidoit à contenir le reſte ; c'eſt là préciſément le génie du deſpotiſme, qui, à cette ligue, tâche d'en ajouter une
autre, celle des deſpotes entre eux, en vue des
ſecours mutuels qu'ils peuvent ſe donner, & ſouvent
celle des deſpotes avec des peuples libres, qui, pour
de l'argent ou en vue d'autres avantages, promet-

tent de les défendre contre leurs peuples & de les maintenir fur leurs trônes, dût toute la nation être immolée à ce fantôme de gouvernement. L'habile Tarquin s'affura l'une & l'autre reffource contre fon peuple ; Ariftodeme fit enforte de n'avoir pas befoin de la feconde en détruifant une partie de fes concitoyens, & en énervant l'autre, que, d'ailleurs, il rendit heureufe à fa maniere. Or, voilà en quoi confifte toute la fcience, dont la théorie a rempli la plus grande partie du livre précédent ; & certes cette théorie n'a pas dû nous conduire à la découverte des véritables maximes du gouvernement monarchique, puifqu'apparemment nous ne confondrons pas ce gouvernement avec celui qu'établirent les Ariftodeme, les Tarquin, les Denys & leurs femblables ; le refte du livre précédent a été rempli d'obfervations fur le but légitime du gouvernement & les conditions requifes pour qu'il atteigne ce but ; & ces obfervations nous ont fait découvrir l'importance & la liaifon de plufieurs vérités que nous avons raffemblées dans le chapitre XV de ce livre, comme des axiomes, defquels il faut partir pour parvenir à la connoiffance des vraies maximes du gouvernement. Il eft vrai, & nous l'avons prouvé, que c'eft auffi d'après la plupart de ces mêmes vérités que nous regardons comme fondamentales que les defpotes fe font des maximes pour affermir leur pouvoir abfolu en mettant toute la force de leur côté ; & en ne fouffrant que de la foibleffe & de l'impuiffance là où ils ne veulent point reconnoître d'autre droit que celui qu'a tout être fenfible à la commifération de tout autre être fen-

fible. Il eft également vrai que c'eft par la cornoif-
fance de la plupart de ces vérités que les tyrans,
qui veulent abufer fans danger & fans bornes du pouvoir qu'ils s'attribuent comme defpotes, que les tyrans, dis-je, parviennent à fe faire un fyftême d'oppreffion d'autant plus déteftable qu'elle eft plus pruden-
te & plus favamment combinée ; mais cela même eft
une preuve de l'importance des vérités que j'ai établies, & doit faire foupçonner à mes lecteurs que
ce n'a pas été fans beaucoup de raifon que je leur
ai préfenté un cours de defpotifme & de tyrannie,
avant de rechercher avec eux les véritables maximes du gouvernement monarchique; car il doit leur
paroître certain, fans que j'aie eu befoin de le leur
prouver, qu'il doit y avoir beaucoup de maximes
communes à toutes les efpeces de régimes, au plus
déteftable & au meilleur, & que toute la différence
qu'il peut y avoir entre l'un & l'autre doit être uniquement analogue à la différence de la fin ; car par-
tout doit fe retrouver l'unité de volonté, comme
effence du gouvernement, l'identité d'intérêt comme principe d'union entre ceux en qui la force réfi-
de, & le bonheur quelconque de ces derniers, comme fin de leur affociation. Tout ce qui, dans la nature de l'homme & des chofes, eft relatif à cette
unité de volonté, à cette identité d'intérêt, à cette
fin, qui eft le bonheur, doit donc entrer dans les
combinaifons du defpote & du tyran, comme dans
celles du fouverain le plus légitime & le plus fage.

Mais la fin du defpote eft de tout pouvoir dans la
vue d'être méchant efficacement & impunément, fi
cela lui convient : la fin du tyran eft fon propre

bonheur, tel qu'il l'a imaginé ; & le bonheur de ses
associés n'entre lui-même dans son plan que comme
moyen ; la fin du souverain légitime & sage est, au
contraire, le bonheur de tous les citoyens, c'est-
à-dire, de tous les hommes avec qui il a traité, &
qui l'ont fait leur chef, dans la vue de leur bonheur : une fin du second ordre est le plus grand
bonheur compatible avec celui-là de tous les sujets
qui ne sont pas citoyens, parce qu'ils ne represen-
tent pas les premiers contractants, & que, ni eux,
ni leurs auteurs n'ont fait un traité séparé avec la
société déjà formée : une autre fin secondaire, mais
qui n'est une fin que dans un ordre supérieur à l'ordre social, & qui, dans ce dernier ordre, est plutôt
un moyen nécessaire qu'une fin ; c'est la perfection
morale des hommes telle qu'elle convient à chacun
d'eux selon son état : cette perfection est une fin
par-tout où l'on connoît l'économie de la providence, dans laquelle tout ce monde ne subsiste, tel
qu'il est, qu'en vue de la bonté & de la beauté morale, seul résultat, vraiment bon & vraiment satis-
faisant de toute cette création ; elle est un moyen in-
dispensable pour toute nation, & dans toute religion, puisque par elle seule tous les intérêts devien-
nent conciliables, tous les devoirs sacrés, & tout
possible, ce qui est nécessaire pour obtenir & rendre durable le bonheur du plus grand nombre, sans
préjudice réel d'aucun individu.

Or, le bonheur des citoyens, le plus grand bonheur possible des simples habitants, & la perfection
de tous étant substitués dans la combinaison des
hommes & des choses, au projet de tout pouvoir,

qui eft la fin du defpote, à la manie d'être feul heureux, qui eft celle du tyran, & à l'aviliffement du
très-grand nombre, qui eft leur moyen commun,
il eft impoffible que cette combinaifon ne donne
pas des réfultats très-différents de ceux auxquels par-
venoit un Tarquin, ou un Ariftodeme.

Tout le refte eft commun à toutes les efpeces de
gouvernement, parce que par-tout ce font des hommes qui gouvernent, & qui font gouvérnés, & que
par-tout auffi l'efpece humaine fe combine avec les
mêmes chofes, & à peu près de la même maniere.

Et qu'on ne nous reproche point d'avoir enfeigné l'art de la tyrannie, comme Machiavel l'enfei-
gna; nous l'avons préfentée telle qu'elle eft, c'eft-
à-dire, injufte & abfurde : nous l'avons fait voir
odieufe dans fa fin & dans fes moyens, & peut-
être quelques-uns de nos lecteurs trouveront - ils,
qu'en la livrant à l'exécration publique, nous avons
fait une fatire trop violente de beaucoup de gouvernements qui fubfiftent aujourd'hui, & peut-être
de tous ceux que l'on connoît maintenant en Europe.

Mais qu'on ne nous faffe pas un crime d'être vrais
& courageux, parce que nous vivons dans un fiecle d'oppreffion & d'ignorance, où la volonté de
faire le bien eft par-tout annoncée, & où le mal
fe fait par-tout : nous l'avons fait voir dans le dernier chapitre du livre précédent. Les Salomon, comme les Achaz; les Ezéchias, comme les Manaffés,
préparent la ruine de leur nation; les uns en donnant des couleurs féduifantes au régime deftructeur,
dont les autres déploient la funefte énergie. La nation avance toujours vers fa ruine, tantôt par une

marche qui reffemble à un triomphe , & tantôt par la courfe pénible d’un cerf que pourfuit une meute docile aux cris du chaffeur.

Ce chaffeur c’eft un Manaffés ; la meute ce font les fatellites d’un Achaz , d’une Athalie , d’un Tarquin , d’un Denys : il fe trouve cependant toujours des faux prophetes , des docteurs de menfonge, qui difent, les uns que tout eft bien, les autres qu’il n’y a plus qu’un pas à faire pour arriver au bien ; d’autres encore, qu’il refte beaucoup à détruire , beaucoup à innover pour arriver au bien : tous fuppofent que la bafe eft bonne , & ils ne différent d’opinion que fur la maniere dont il faut bâtir fur cette bafe : dois-je fuivre leur exemple , & me rendre l’écho des uns ou des autres pour avoir des panégyriftes ? ou dois-je créer, comme eux, un fyftême dans lequel entrera , comme très-bon, tout ce qui plait à ceux qui récompenfent & qui puniffent, & qui ne différera des autres fyftêmes que par la nouveauté des combinaifons & l’arrangement des mots ? Mais je n’aurai pas non plus de panégyriftes, &, attaqué, ou méprifé par mes contemporains, j’aurai, de plus, à effuyer les reproches de ma confcience , qui me dira que j’ai tu beaucoup de vérités , & que toutes celles que j’ai dites n’étoient qu’hypothétiques.

Faites-vous feuls ce reproche, petits hommes, à moitié courageux, qui avez faifi une feule branche de l’adminiftration , qui l’avez méditée , & la retournez fans ceffe, pour tirer beaucoup de ce petit fonds, & qui, en avouant tout bas qu’il y a beaucoup de vérités que vous n’ofez pas dire, foutenez tout haut que ce que vous dites eft tout ce qu’il faut dire,

que ce que vous propofez fuffira au bonheur des nations, que vous établiffez la bafe unique, & que
cette bafe une fois pofée, tout s'arrange de foi-
même.

Pour moi, je ne veux point avoir un pareil reproche à me faire, & puifque j'ai réfolu d'écrire, je
dirai ce qui peut déplaire aux fouverains, comme
ce qui eft le plus capable de révolter la petite portion
des nations qui lit, & pour qui on écrit : je montrerai la fource de tous les défordres qu'on fent par-
tout, puifque par-tout on innove & on réforme,
non dans ce qui nous refte de l'antiquité ; mais dans
la nouveauté de nos mœurs, dans la méchanceté
des législateurs qui en ont provoqué la corruption,
pour avancer l'intérêt chimérique qu'ils fe font fait ;
dans la maladreffe qu'ont eue les rois & les peuples,
lorfque ne pouvant arrêter la violence du torrent
qui emportoit une partie de l'édifice, ils fe font mis
à démolir ce qui en reftoit, & ont rebâti fur le fable que le torrent avoit amoncelé un inftant, pour
l'entraîner l'inftant d'après.

Ce fable, ont-ils dit, fe trouve à la place des anciens fondements : c'eft donc une partie de l'édifice,
& un fonds très - folide fur lequel on peut bâtir :
cette autre partie du bâtiment que le torrent a épar-
gnée, n'eft plus qu'une mafure ; détruifons - là, &
des matériaux que nous en tirerons, nous bâtirons
fur le bord de cette riviere, à portée de la pêche &
de la navigation. Cette riviere étoit le torrent qui
devoit refter à fec dans la belle faifon, & ne devoit
fe gonfler de nouveau que pour entraîner les nouveaux édifices dont on couvroit fon perfide rivage.

Ceux qui ne le virent que pendant une faifon & ne connurent point fon cours , admirerent la beauté du plan & la folidité de l'édifice , & prouverent que l'architecte étoit très-fage : on fe moqua de lui quand le torrent fut defféché ; on le maudit , lorfqu'il fut devenu furieux , & eut miné les fondements de l'édifice, qui commença à crevaffer de toutes parts pour s'écrouler à une feconde crue , ou , au plus tard , à une troifieme : jufques - là on s'occupa à remplir les crevaffes de terre & de fable , & les fots crurent que le bâtiment étoit rétabli , & plus folide que jamais ; car , difoit-on , ce que le torrent n'a point emporté dans fa plus grande fureur , étoit fans doute très-folide , & il ne l'entamera pas une autre fois.

Cet architecte c'eft vous , Charles le fage ; c'eft vous , Louis & Amboife ; c'eft vous , Henri & Sully : celui qui fait remplir les crevaffes , c'eft vous , Colbert , & tous ceux qui vous ont imité : je ne parle point des trois prêtres miniftres , dont l'un abaiffa la nation entiere en terraffant les grands , parce qu'il vouloit être feul grand & puiffant ; l'autre l'avilit , parce qu'il étoit vil & frippon ; le troifieme l'accoutuma à fon abjection , en lui faifant trouver une attitude affez commode dans la boue , dans laquelle elle a été foulée depuis. Si je les comparois à des architectes , ces trois prêtres miniftres , je dirois que le premier abbatit les clefs de la voûte , que l'autre les ramaffa pour les jetter contre les mafures qui fe foutenoient encore , & que le troifieme en recueillit quelques morceaux pour en faire un pavé en mofaïque , très - varié , très- liffe & très-plat , dans un veftibule deftiné aux valets.

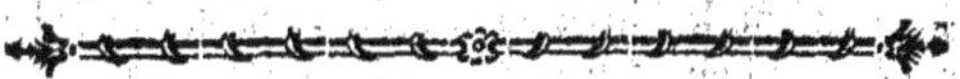

CHAPITRE II.

Ce que c'est qu'une Nation. Par qui & comment elle se perpétue. Comment & à quel titre on en est membre.

DIALOGUE

Entre l'Auteur, & l'Abbé qui a déjà parlé.

L'ABBÉ.

QUOI ! vous serez toujours le même, & jamais on n'obtiendra de vous que vous respectiez les opinions reçues pour mériter qu'on adopte ou qu'on tolere les vôtres ? Vous attaquez toutes les institutions modernes, & faites le procès à tous les administrateurs, comme s'ils avoient tous été des aveugles ou des méchants, & vous croyez que vos ouvrages feront fortune ? Je vous le déclare encore ; vous serez peu lu, & on vous critiquera beaucoup, non pas après avoir examiné vos écrits, mais en haussant les épaules, lorsque quelqu'un en parlera ; sachez-le donc, & retenez-le bien, que presque tous les lecteurs sont enrégimentés, & que que chacun d'eux ne lit guere que les ouvrages des chefs du regiment dans lequel il s'est enrôlé. Vous n'êtes ni chef ni soldat dans aucun regiment. Le hasard seul peut vous donner quelques lecteurs, qui ne se vanteront pas de vous avoir lu, ou qui vous dénonceront à leurs chefs pour que la lecture de vos ouvrages soit défendue à toute la troupe, sous

peine, pour les contrevenants, d'être ridicules & regardés comme suspects.

L' A U T E U R,

Ne vous lasserez-vous donc jamais vous-même
de me menacer d'une disgrace à laquelle je suis ré-
signé, que j'éprouve & que je trouve beaucoup
moindre que ce qui arrive à plusieurs autres écrivains. Vous voyez sur cette table une brochure
qu'on a lue avidement dans cette maison, c'est une
réfutation ; croyez-vous qu'on ait commencé par
lire l'ouvrage qu'elle réfute ? on n'y a pas seulement
pensé, comme les partisans de l'auteur réfuté ne pen-
seront pas à lire la réfutation. Voilà donc deux écrivains très-à plaindre dans leur célébrité. Le suis-je
davantage dans mon obscurité ? je crois l'être beaucoup moins, & ne pense pas que je dusse être bien
flatté de la vogue que me donneroit la faveur d'un
parti, lorsque ce ne seroit pas la vérité qu'il aimeroit dans mes écrits ; mais la conformité de mes opinions avec celles qu'il a entrepris de faire prévaloir.

L' A B B É,

Voilà ce que vous ne risquez assurément pas ; car
sur la plupart des sujets que vous traitez, & ceux qui
écrivent & ceux qui lisent, ou n'ont point d'opinions,
ou en ont de très-contraires aux vôtres ; & je vous
avoue que je suis moi-même dans l'un & l'autre cas.
Je n'ai point d'opinion sur tout ce qui a trait à la
forme du gouvernement, parce que de toutes les
théories c'est la plus inutile au genre-humain, & la
plus dangereuse pour celui qui s'en occupe. J'ai des

opinions contraires aux vôtres sur tout ce qui concerne la qualification & la différente condition des
citoyens ; ainsi vous voyez que je ne peux qu'être
bien peu votre partisan , & que vous m'aurez quelque obligation , si je ne me déclare pas votre adversaire.

L'AUTEUR.

Vous n'aurez garde de me rendre ce service ; car
en me combattant vous me donneriez quelque célébrité , & peut-être me feriez-vous un assez bon nombre de partisans , ensuite je vous forcerois ou à dire
ce que vous ne voudriez pas dire , & vous risqueriez
votre place , ou à dire de plattes absurdités , & on
se moqueroit de vous. Mais nous n'en sommes point
à amuser par nos querelles le petit nombre de désœuvrés , qu'on appelle le public ; & nous pouvons discuter ce que vous venez de dire , sans gloire pour
moi & sans danger pour vous. Par où voulez-vous
que nous commencions ; examinons-nous d'abord ,
s'il peut être utile de traiter de la forme des gouvernements ? ou voulez-vous préluder à cette grande
discussion en me prouvant qu'il ne faut point distinguer le citoyen de l'habitant , & qu'ainsi tout
homme est citoyen , par cela seul qu'il est homme ?

L'ABBÉ.

Vous changez l'état de la question , ce me semble ; car on peut ne pas dire qu'il suffit d'être homme pour être citoyen , & réprouver cependant la
différence que vous établissez entre l'habitant & le
citoyen.

L'Auteur.

Ainsi un voyageur, par exemple, ne sera pas citoyen du pays qu'il traverse, n'est-ce pas ? mais s'il séjourne deux ou trois mois sera-t-il citoyen ?

L'Abbé.

Non, il ne le seroit pas même au bout d'un an, ni de dix ans, s'il continuoit d'être citoyen d'un autre pays , & ne formoit pas d'établissement dans celui où il séjourneroit.

L'Auteur.

Mais s'il y faisoit un établissement, & qu'il annonçât la résolution de s'y fixer , & de renoncer, par conséquent, à sa patrie, il seroit donc citoyen ?

L'Abbé.

Assurément , il le seroit autant que vous & moi.

L'Auteur

Il pourroit l'être autant que vous sans l'être autant que moi ; mais ce n'est pas là de quoi il s'agit maintenant. Quel établissement faudroit-il que fît cet étranger pour devenir citoyen ? Suffiroit-il qu'il louât une maison, achetât une batterie de cuisine, & eût un carrosse à lui ?

L'Abbé.

Ce ne seroit pas là un établissement, il faudroit qu'il prît un état.

L'Auteur.

Qu'appellez-vous un état, je vous prie ! Suffiroit-
il qu'il prît l'état de savetier, ou de fiacre ?

L'Abbé.

Et pourquoi non ? tout le monde ne peut pas être
fermier-général ou maître des requêtes.

L'Auteur.

Ainsi ce feroit la communauté des savetiers qui
feroit un citoyen en agregeant un étranger à sa noble
corporation, ou si cet étranger se faisoit fiacre, ce
feroit par l'acquisition d'une mauvaise voiture & de
deux rosses, & par la soumission qu'il feroit de payer
vingt sols par jour aux propriétaires du privilege des
fiacres, qu'il deviendroit citoyen. Peut-être l'officier
qui numéroteroit sa voiture feroit-il le délégué de la
patrie pour la solemnité de sa réception.

L'Abbé.

Vous croyez plaisanter ; mais dès que cet homme
feroit un revenu de 365 livres aux propriétaires du
privilege, qu'il donneroit lieu par sa consommation
& celle de ses chevaux à un accroissement des revenus de l'état, & qu'il serviroit le public, je ne
vois pas pourquoi il ne seroit pas autant citoyen que
tout autre habitant du royaume.

L'Auteur.

Vous avez raison, si tout autre habitant du royaume
est citoyen à de pareils titres ; mais observez que

votre

votre étranger ne fait gagner vingt fols par jour aux propriétaires du privilege, que parce qu'il les exige de trop, & que s'il eft citoyen pour faire confommer du fourage qui paie des droits au fifc, le cocher qui gafpille celui de fon maître, eft d'autant plus citoyen qu'il eft plus mauvais valet : que ne dites-vous auffi que cet étranger, qui eft devenu fiacre pour vivre, eft d'autant mieux qualifié pour être citoyen, qu'il eft plus exact à boire fa roquille d'eau-de-vie tous les matins & à s'enivrer tous les foirs ?

L'A B B É.

Au moins ne nierez - vous point que la naiffance ne faffe les citoyens, & que celui-là ne foit citoyen qui eft né dans le territoire ?

L'A U T E U R.

Si j'en conviens, à quoi me ferviroit de difputer à notre fiacre l'état que vous lui accordez ? fes enfants feroient citoyens, & lui-même, fans doute, le feroit devenu par le mariage qu'il auroit contracté avec la fille d'un porteur d'eau : or, que ce foit la fille d'un porteur d'eau, qui, en donnant fa main à un fiacre étranger, le faffe citoyen, ou que ce foit de leur union contractée ici que naiffe un enfant qui eft citoyen, parce qu'il naît ici, peu importe; voilà toujours des citoyens dont ma patrie devient la mere, fans favoir pourquoi, ni comment : qu'un étranger, devenu millionnaire en France, prodigue ainfi le titre de citoyen à tous les habitants de la France, & qu'il s'étonne enfuite qu'il

Partie II. B

n'ait point été fait de loix en faveur de la plus grande partie de la nation, c'eſt ce que je lui pardonnerois, ſi, dans ſa petite patrie, il n'y avoit pas eu récemment une querelle très - vive entre les citoyens & les natifs, querelle qui prouve bien qu'à Geneve on n'eſt pas citoyen pour être habitant, ni même pour y être né d'une longue ſuite d'aïeux qui furent auſſi habitants; mais, je conclus de là que cet étranger qui nous donne des leçons, met cette différence entre ſa patrie & la nôtre, que tout homme eſt bon pour être notre concitoyen, au lieu que chez lui on ne l'eſt pas ſans qualification, ce qui eſt, en effet, une ſuppoſition très-honnête : ſi ce n'étoit, dis-je, cette petite circonſtance, je lui pardonnerois d'avoir prodigué le titre de citoyen à la foule d'habitants ſans naiſſance, ſans propriété, ſans droits politiques pour leſquels il a compoſé ſon gros livre ſur le commerce des bleds; mais, à vous, Monſieur, qui connoiſſez votre patrie & qui l'aimez, je ne vous pardonne point d'en avoir une idée aſſez mince pour croire qu'on y eſt citoyen ſans titre & ſans qualification ; car, pour le croire, il faut auſſi penſer que rien n'eſt ſi peu de choſe que la dignité de citoyen.

L' A B B É.

Je n'oſerois vous dire que la dignité d'homme eſt ſi éminente qu'elle fait diſparoître toutes les nuances aux yeux de l'homme qui penſe ; vous vous êtes déjà moqué de cet amphigouri , & je crois que vous n'avez pas eu tort; car je conçois que dans une république de brebis & de beliers, la dignité d'homme donneroit de très - grands droits; & il ne me pa-

roit pas que dans une république d'hommes ce foit
une dignité d'être homme ; mais ce que je vous dirai avec vérité, c'eft que je ne vois pas quelle différence il y a chez nous entre un homme & tout
autre homme, fi ce n'eft, peut-être, dans certains
corps, comme la robe & la communauté des marchands épiciers ; car, on naît magiftrat, à raifon de
la finance payée par le pere, l'aïeul, ou le bifaïeul,
& le fils de maître a, pour être reçu maître, des
facilités que n'a pas l'étranger : ce font là vraiment
des cités ; mais, avec quelles prérogatives naiffent
la plupart des citoyens, que n'ait pas tout étranger qui s'établit chez nous ou les enfants qui naiffent de lui ? or, on ne peut appeller prérogatives,
ce qui eft commun à tout le monde, fans diftinction
d'état, ni de naiffance ; d'où il faut conclure, ce me
femble, que le droit de cité eft nul chez nous, fur-
tout depuis qu'on abolit le droit d'aubaine à la premiere demande qu'en font les étrangers, & que la
cité Françoife eft comme une ville fans portes, ni
murs, où entre qui veut.

L'Auteur.

C'eft donc parce que nous ne compofons plus
une cité, que tout le monde chez nous eft citoyen,
& qu'il fuffit d'être fur une terre Françoife pour être
François. En vérité voilà une découverte bien lumi-
neufe, & qui m'explique une infinité de chofes que
je ne concevois pas. Mais, Monfieur, pourriez-vous
me dire pourquoi tous les corps qui fe font formés
dans ce qu'on appelle l'*État*, autre mot que je n'entends pas, ont des prérogatives, en communiquent

B 2

à leurs membres, leur impofent des devoirs, exigent des qualifications dans les candidats qui fe pré-
fentent pour y être admis, & prefcrivent des formalités pour leur réception, tandis que rien de femblable n'exifte plus pour le corps de la nation ?

L'Abbé.

C'eft que les corps ont été formés en vue d'un
intérêt, & par un motif d'utilité apparente ou réelle ;
c'eft qu'ils ont des ftatuts, c'eft qu'ils ont un régime, c'eft que ce régime eft actif, attendu qu'il eft
entre les mains de gens intéreffés au maintien du
corps & à la confervation de fes privileges ; & cela
ne pouvoit être autrement, puifqu'il eft impoffible
qu'un corps fe forme fans motif & fans but, fe main-
tienne fans être lié par un intérêt commun, foigne
cet intérêt fans un régime républicain, c'eft-à-dire,
fans que les intéreffés à la chofe publique aient une
méthode pour en délibérer, & des moyens pour fe
défendre contre quiconque auroit un intérêt contraire. Examinez tous les corps, depuis celui des
avocats, qui prétendent être un ordre, & non un
corps, jufqu'à celui du clergé, qu'on appelle auffi
un ordre, & qui, en effet, eft un corps, & vous trouverez que ma remarque eft très jufte, & que, du
moment où ceffe la communauté d'intérêt, où la
liberté des délibérations entre les intéreffés, dès ce
moment il n'y a plus de corps, ou du moins commence fa deftruction.

L'Auteur.

Ce que vous dites là eft très-jufte en effet ; mais,

en ce cas, la nation n'eft plus, ni un corps, ni un ordre, ni rien de femblable : c'eft une maffe informe qui, avec ce qu'on nomme l'adminiftration, forme un tout imaginaire qu'on appelle d'un nom qui ne préfente aucun fens raifonnable ; car je ne fais pas ce que peut fignifier ce mot d'*État*, que nous prononçons tous les jours, & auquel on n'en peut fubftituer aucun autre.

L'ABBÉ.

Je ne puis être de votre avis, quand vous dites que la nation n'eft pas un corps, & qu'avec l'adminiftration elle ne forme qu'un tout imaginaire ; c'eft réellement un corps & un tout ; c'eft un corps, puifqu'il y a communauté d'intérêt, & régime confié à des hommes à qui eft commun l'intérêt qu'ils doivent foigner, & qui font pris dans ce corps ; car ce ne font pas des étrangers qui nous gouvernent, & certainement ceux qui régiffent ont plus d'intérêt que nous à défendre ce tout, qui, pour eux, comprend tous les biens : rien donc auffi n'eft moins imaginaire que ce tout, puifqu'il eft compofé de toute la nation, de fon territoire & de fes richeffes mobiliaires, dont la meilleure part eft, fans contredit, celle dont jouiffent les adminiftrateurs.

L'AUTEUR.

Et tout cela s'appelle l'état ? D'où vient que l'on dit, l'intérêt de l'état, la raifon d'état, le bien de l'état, les befoins de l'état, la profpérité de l'état, les malheurs de l'état ; mais, dites-moi, fais-je partie de l'état ?

L'ABBÉ.

Qui en doute ? Vous en faites partie comme citoyen & comme propriétaire.

L'AUTEUR.

Et mon bien fait-il partie de l'état ?

L'ABBÉ.

J'ai prévenu cette queftion en difant que le territoire fait partie de l'état, auffi-bien que toutes les
richeffes mobiliaires qui font fur le territoire.

L'AUTEUR.

Ainfi mes chevaux font auffi partie de l'état ; mais
fi demain je fors du territoire, & que demain auffi il
y entre un palefrenier du prince d'Anhalt, l'intégrité
de l'état en fera-t-elle altérée, ou bien ce tout fera-
t-il toujours le même ?

L'ABBÉ.

Que voulez - vous dire par - là ? car, avant de
vous répondre, je dois être fûr d'avoir faifi votre
penfée.

L'AUTEUR.

Je vois bien que vous n'avez point de microfco-
pe ; ainfi je dois vous préfenter de plus gros objets :
je fuppofe que la nation, c'eft-à-dire, la totalité des
hommes qui rampent entre l'Océan, les Pyrenées,
la mer méditerranée, les Alpes & le refte de ce
qu'on appelle la frontiere, faffe le nombre rond de

feize millions d'ames, que dans l'efpace de dix jours, ou de dix ans, huit millions d'ames fortent de cette enceinte pour aller vivre ailleurs, & qu'en retour, il y entre, dans le même efpace de temps, huit millions d'étrangers, l'état fera-t-il toujours le même, fans altération & fans diminution, & votre tout fubfiftera-t-il ?

L'A B B É.

Je dois dire que l'état fubfiftera dans toute fon intégrité.

L'A U T E U R.

Et fi, dans le cours de dix autres jours, ou de dix autres années, les huit millions de natifs qu'il y auroit encore dans le pays, en fortoient, & étoient auffi remplacés par huit millions d'étrangers, feroit-ce toujours le même état, le même tout ?

L'A B B É.

Je ne puis admettre une fuppofition impoffible.

L'A U T E U R.

Il ne s'agit pas de favoir fi la chofe eft poffible ou non, mais de dire ce que deviendroit, dans le cas fuppofé, votre état, votre tout compofé de la nation, du territoire, des richeffes mobiliaires, & de l'ad-miniftration qui refteroit toujours la même ; car, je ne fuppofe point que le roi, ni fa famille, s'en al-laffent. Mais, vous fuppoferez aifément avec moi, qu'en peu de temps, tous fes collaborateurs, qu'il auroit toujours droit de nommer & de congédier, feroient auffi des étrangers devenus François par im-

B 4

migration, tandis que les anciens miniftres, ou leurs enfants, feroient devenus étrangers par émigration.

L'ABBÉ.

L'état feroit toujours l'état ; car il n'y a pas deux réponfes à vous faire, ou il faudroit que je reconnuffe que depuis deux cent ans on n'a ceffé d'altérer ce tout, que je prétends n'être pas imaginaire.

L'AUTEUR.

Ainfi, l'état eft comme ma métairie, qui eft toujours ma métairie, quoique je change de métayer, parce que c'eft toujours la même maifon, que ce font les mêmes terres, & que le même fonds de bêtail y refte, quoiqu'au bout de vingt ans il n'y ait pas une piece de ce bêtail qui foit la même, ou qui feulement foit née des bêtes qui s'y trouvoient vingt ans auparavant. Convenez donc que le territoire, &, tout au plus, la famille régnante, font tout ; que la nation n'eft rien, & que ce ne fut pas pour leurs defcendants que les Armoriques combattirent les Romains & Attila, & tranfigerent avec les Francs, que ce ne fut pas non plus pour leurs defcendants que les Francs firent un grand établiffement dans les Gaüles, & que les Gaulois ftipulerent la liberté de leurs perfonnes, la confervation de leur état & de leurs biens, & l'hérédité de tout cela, fous la garantie du ferment, & la fauve-garde de l'avantage commun de tous les contraĉtants. Le tout fut fait & paffé en préfence du dieu des armées au profit de quiconque, foit Hun, foit Slave, viendroit à s'établir fur le territoire appellé alors les Gaules, au profit, en particulier, des esclaves achetés ou à acheter, qui cultivoient ou cultiveroient les terres des Francs & des Armoriques, & de ceux qui servoient dans les maisons, & cultivoient ou cultiveroient les terres des autres Gaulois.

L' A B B É.

Je ne puis admettre qu'une très-petite partie des faits que vous venez de supposer. Mais comme ils ne sont pas étroitement liés avec la question que nous discutons, je me dispenserai pour le moment de relever les méprises dans lesquels il me paroît que vous êtes tombé, & je vous demanderai ce que vous entendez vous-même par un état & une nation.

L' A u t e u r,

Je vous ai déjà dit que je ne sais pas ce que signifie le mot d'*état*, & j'ai assez fait comprendre que, d'après la maniere d'agir & de penser qui est aujour-d'hui à la mode, je n'ai point de foi à l'existence des nations. Pourquoi donc m'interrogez - vous lors-que c'est à vous à m'instruire ?

L' A B B É,

Je ne prétends pas vous instruire ; & c'est à vous à me présenter des notions plus satisfaisantes, puis-que les miennes n'ont pas votre approbation, & que je commence à n'en être pas moi-même très-content.

L' A u t e u r,

Votre embarras & le mien prouvent certainement qu'il y a quelque désordre dans les choses, puisque

les mots ne font obfcurs, ou impropres, qu'autant
qu'ils n'ont aucune fignification précife, & qu'ils pré-
fentent confufément des idées vagues & complexes.
Le mot *état* fignifie la maniere d'être actuelle d'une
perfonne, d'une famille, d'une nation, d'une maifon. *Être fur l'état* fignifie, depuis long-temps chez
nous, être infcrit fur la lifte des ferviteurs ou des penfionnaires qui compofent la maifon du roi, ou ont
obtenu la vétérance. On n'étoit pas fur l'état pour
avoir fait vingt campagnes comme volontaire ; on
y étoit, avant d'en faire une feule, comme appointé ;
& , d'abord , tout ce qui exifte aujourd'hui en ce
genre fit partie de la maifon du roi, qui devînt in-
fenfiblement tout le royaume ; en ce fens, que tout
le royaume contribua à la dépenfe , & qu'on ne fer-
vit plus la patrie fi l'on n'étoit fur l'état pour être payé
de fes fervices. Servir l'état fut donc fervir le roi,
comme ayant une maifon , & comme donneur de
gages. Il n'y eut rien de commun entre le mot *état*
pris en ce fens, & le même mot employé pour dé-
figner toute la nation comme divifée en autant de
claffes que l'on diftinguoit d'états différents ; car ,
dans cette acception, le mot *état* eft précifément ce
qu'on entendit toujours par *état des perfonnes* ; &
voilà pourquoi l'on difoit autrefois les trois états,
& non pas les états-généraux, expreffion très-impro-
pre , qui ne s'accrédita que par l'habitude où l'on
fut d'appeller *états* la tenue des affemblées que compofoient les députés des trois états, & par la néceffité
où l'on fe trouva de diftinguer les affemblées générales des affemblées provinciales. Si vous aimez
mieux que le mot *état*, pris dans un fens analogue

à celui de *république*, nous foit venu du *Status im-
perii* des Romains, je ne chicanerai point là-deffus ;
mais je vous ferai obferver que le fens dé ce mot
a bien changé dans la route, puifqu'autrefois il fignifioit la *maniere d'être*, & la durée de cette maniere
d'être : or, on ne fent point la maniere d'être d'un
empire, on ne lui paie point d'impôts ; on fait feulement des vœux pour ou contre fa durée, les uns
publiquement, & les autres tout bas ; on fe donne
des foins pour la perpétuer, ce que font ceux qui
s'en trouvent bien, ou l'on travaille à la réformer,
ce qui n'eft pas rare, fi faire des projets & les propofer, c'eft travailler.

Toujours eft-il vrai que le mot *état* ne nous offre
à l'efprit aucun fens fixe & déterminé, & qu'il eft,
de l'efpece de tous ceux qu'on a inventés pour la
commodité de parler fans rien dire ; &, remarquez,
en effet, combien ce mot a été bien imaginé : *Il
fert le roi, il eft mort au fervice du roi*, font des
expreffions très-juftes quand on parle de ceux qui,
étant fur l'état du roi, font obligés de le fervir envers & contre tous ; d'égorger, s'il le faut, pour
fon fervice, leurs peres & leurs freres, de confacrer leur vie à fa gloire, dût cette gloire coûter à la
nation tout ce qu'elle a de biens & de liberté. Mais,
le roi lui-même, & fes miniftres, c'eft-à-dire, fes
ferviteurs privilégiés, tels qu'étoient les affranchis
des empereurs Romains, ne peuvent pas dire honnê-
tement : pour le bien du roi & le nôtre, les befoins
du roi & les nôtres, lors même qu'il feroit abfurde
de dire : pour le bien de la nation, ou les befoins
de la nation. Le mot *état*, au contraire, s'emploie

très-heureufement dans ces occafions, comme lorfqu'on dit les *revenus de l'état*, *les finances de l'état*, *l'intérêt de l'état*, *les affaires d'état*, *le fecret de l'état*, expreffion cependant à laquelle on a fubftitué ou ajouté dans ces derniers temps, celle *de fecret de l'adminiftration*. Subftituez la nation à l'état, & vous ne direz que des abfurdités. Subftituez le roi, & ce feront des platitudes. Subftituez le miniftre, & votre langage fera odieux, au lieu que le mot état pouvant fignifier tout cela collectivement, quoique fouvent il ne fignifie que le roi fous un prince qui regne pour lui-même, & beaucoup par lui-même, comme Louis XI & Louis XIV, & que plus fouvent encore il fignifie uniquement le miniftre fous un prince qui vit pour lui-même, & ne regne que pour les autres, & par fes miniftres, comme Louis XIII & Louis XV.

Le mot d'état, dis-je, pouvant fignifier collectivement le roi, la nation, & le miniftre, rien n'eft plus honnête que de fubvenir aux befoins de l'état, de tout facrifier au falut de l'état, d'augmenter les revenus de l'état, de garder le fecret de l'état.

L'ABBÉ.

Voilà un article tout fait pour un nouveau dictionnaire des fynonymes ; mais à quoi nous mene cette difcuffion ? n'eft-il pas clair, que par l'état on entend principalement la nation, & que ce qui eft véritablement avantageux au roi & au miniftere, eft auffi avantageux à la nation ?

L'AUTEUR.

Je vous furprends encore difant une chofe, & en

penſant une autre, mais vous ménageant un faux-
fuyant par deux expreſſions, qui, dans le fait ne ſignifient rien.

L' A B B É.

Quelles ſont ces expreſſions qui ne ſignifient rien ?

L' A U T E U R.

Les mots *véritablement* & *nation*, & je vais vous le
prouver : ſi ce qui eſt véritablement avantageux au
roi & au miniſtere l'étoit auſſi à la nation, n'eſt-il
pas clair que les rois & les miniſtres en faiſant ce
qu'ils croyoient leur être avantageux, auroient fait
au moins trois ou quatre fois ſur dix ce qui étoit
avantageux à la nation, ou qu'ils auroient été des
imbéciles ; or, je m'engage à vous prouver que cela
ne leur eſt pas arrivé une fois ſur dix depuis cent
ſoixante-huit ans. Vous ne direz pourtant pas que,
pendant tout ce temps, il n'y ait eu que des imbécilles ſur le trône & dans le miniſtere. Achevez le ſyl-
logiſme ; mais nous ſommes ſans ceſſe les dupes de
notre théorie, ſans nous en laſſer : c'eſt pourtant
comme ſi vous diſiez : il eſt vraiment avantageux à
tout homme de ne rien faire qui puiſſe nuire à ſon
ſemblable, donc tout homme inſtruit ſera un parfaitement honnête homme ; & puis dans le fait nulle
probité n'eſt peut-être plus chancelante que celle des
hommes inſtruits & des gens de beaucoup d'eſprit.

L' A B B É.

C'eſt que les gens inſtruits ne le ſont qu'imparfai-
tement, & qu'on peut avoir beaucoup d'eſprit &
être très-ignorant.

L'Auteur.

D'accord ; mais il en a toujours été & il en fera
toujours ainfi, & d'ailleurs, s'il eft très-vrai que
la faine morale n'eft que l'énoncé des conféquences
pratiques, qui réfultent de la combinaifon des hommes & des chofes, pour le plus grand bien de l'efpece humaine, il eft également vrai que fi, dans
cette combinaifon vous ne faites pas entrer les récom-
penfes & les peines éternelles, il y aura une infinité
de cas, ou contre un motif de faire le bien, il y en
aura mille pour l'homme en place de faire ce qui lui
eft très-fenfiblement avantageux, & qui n'eft qu'im-
perceptiblement dommageable à plufieurs millions
d'hommes. Or, la répétition de ces dommages imperceptibles ruine les nations, & fait les grandes fortunes des miniftres. Ajoutez encore les fophifmes de
l'intérêt, les féductions du cœur, l'erreur dans les
principes démontrée par la fucceffion rapide des fyftêmes, l'ignorance des faits, tous les inconvéniens,
enfin, d'une place dans laquelle on fe trouve entre
le maître de qui on a beaucoup reçu, qui a auffi fes
préjugés & fes volontés, & une nation qu'on n'entend
point, de qui on n'efpere ni ne craint rien, & pour
laquelle parlent & fe font voir des aventuriers nécef-
fiteux & avides dont on eft entouré, & tout au plus
la canaille d'une capitale, dont les intérêts ne font
jamais ceux de la nation. Je parle toujours des intérêts fentis par les individus actuellement exiftants,
& je vous confeille, Monfieur, de ne parler jamais
que de pareils intérêts, & de garder pour la théorie préliminaire d'un traité de morale, cet intérêt

prefque métaphyfique que vous appellez le véritable intérêt.

L' A B B É.

Mais encore eft-il très-utile de prouver aux rois & à leurs miniftres que leur véritable intérêt eft inféparable de celui de la nation, & que toute grandeur qui s'éleve fur des ruines, n'aura de durée que celle des mafures fans toît & fans liaifon, fur lefquelles elle fe guinde.

L' A u t e u r.

Cela fera fans doute très-utile, quand les rois & les miniftres liront; mais foyez fûr que ce que n'a pas lu un miniftre avant d'être en place, il ne le lira pas. C'eft ce que je pourrois vous prouver par l'exemple d'un miniftre à qui on faifoit préfent de plufieurs ouvrages où il auroit pu trouver des vérités utiles. C'eft une provifion, dit-il, que je réferve pour le temps de ma retraite : or, à quoi ferviront les lectures qu'il peut faire à préfent, qu'il eft retiré ? Ce n'eft qu'en contribuant à l'inftruction de ceux qui feront un jour dans les grandes places que nous pouvons, nous autres écrivains, fervir utilement notre patrie, peut-être auffi en fuggerant au public d'autres clameurs que celles qu'il a fait entendre jufqu'à préfent. Mais pour que nous puiffions provoquer une reftauration, il faut que nous formions un homme de génie, qui, appellé très-extraordinairement à une grande place, y porte & y conferve un cœur de marbre & une tête de fer. Cet homme, après avoir fubjugué le fouverain devra tellement changer la pofition de fes fucceffeurs, qu'il leur foit auffi diffi-

tile de féparer leur intérêt de celui de la nation
qu'il a été jufqu'ici inévitable que ce divorce fût entier & perpétuel. Nous ne fommes pas des démagog-
gues, mon cher abbé, quoique nous nous efforcions
de les remplacer en écrivant, parce que nous ne
trouvons perfonne à qui parler : mais pour qui écri-
vons-nous, je le répete ? pour des défœuvrés dont
l'état & le domicile font eux-mêmes une contra-
vention aux faines maximes qu'il-faudroit remettre
en vigueur ? Pour des hommes impuiffants à tout
bien, qui lifent, comme lit peut-être l'ex-miniftre
dont je vous parlois tout à l'heure, pour tuer le
temps, & avoir quelque chofe à débiter dans les
cercles. Notre véritable auditoire eft épars, & ne
nous lit, ni ne nous entend, & quand quelque vrai
citoyen nous liroit, nos leçons feroient un gland
tombé au milieu d'un pâturage, ou un grain de bled
femé fur la berge d'un foffé.

Il eft donc impoffible que la nation ait un cri qui
réveille le fouverain, & que les miniftres foient aver-
tis de fon intérêt ; or, ils le font fans ceffe du leur,
par le fentiment de leurs befoins & de celui des leurs
& de leurs alentours par des importunités auxquelles
ils ne peuvent réfifter, & par des fophifmes dont
ils ne peuvent fe démêler. Ce font des juges qui n'entendent qu'une des deux parties & celle-là précifément qui a toute l'éloquence de la paffion. Cela
n'eft pas bien, direz-vous, & s'ils étoient plus éclairés, on ne feroit pas dans le cas de leur faire ce
reproche ; dites donc auffi aux juges de deviner les
faits qu'une des parties diffimule, de rétablir ceux
qu'elle défigure, & de fe mettre en état de bien juger

ger en n'écoutant qu'un plaidoyer. Me direz-vous
encore que par l'état on entend principalement la
nation, & que ce qui eft véritablement avantageux
au roi & au miniftere eft auffi avantageux à la nation ?

L ' A B B É.

Je dirai & je répeterai la derniere partie de cette
propofition, mais je conviendrai avec vous que dans
le fait l'état n'eft le plus fouvent que la petite portion de la nation qui gouverne l'autre.

L ' A U T E U R.

Vous êtes toujours bien attaché à cette nation, à
laquelle vous paroiffez croire comme à un être très-
réel ; & moi je vous dis & vous répete que c'eft un
être chimérique, dont vous parlez, fans avoir jamais examiné ce que c'eft, ni ce que ce pourroît
être.

L ' A B B É.

Vous m'affligez toujours, & ne me perfuadez
pas, Nous ne ferions pas une nation ! Ce ne feroit pas
une nation que la poftérité de ces Gaulois, qui, de
l'aveu des Romains, les furpafferent de beaucoup
par la gloire des armes ? que celle de ces Germains
qui joignirent la fageffe & l'habileté la plus déliée à
la bravoure la plus étonnante ? Ce ne feroit pas
une nation que la poftérité de ces Francs, qui, fous
Charlemagne furent à la fois libres & conquérants,
& remplirent la plus grande partie de l'Europe de
leurs colonies victorieufes ? Ce ne feroit pas une nation que celle, qui, prefque réduite à n'avoir pas de

Partie II.C

territoire, fit des efforts de courage fi violents & fi
fouvent répetés, qu'elle réuffit à reconquérir fon propre pays fur une nation rivale ? Ce ne feroit pas une
nation que celle, qui, plus récemment encore a dé-
vancé tous les peuples de l'Europe dans tous les gen-
res de gloire, & ne leur a laiffé d'efpérance de la
furpaffer dans quelques-uns, qu'autant qu'ils auroient
commencé par l'imiter ? Si ce n'eft pas là une nation,
il n'y en a donc plus fur la terre.

L' A u t e u r.

Tout ce que vous venez de dire reffemble beaucoup à une déclamation, & n'eft rien moins qu'un
raifonnement ; vous accumulez, par exemple, les
exploits des Gaulois & ceux des Francs, & ne
croyez peut-être pas que les Gaulois aient eu aucune part aux victoires de Charlemagne ; car je vous
foupçonne de croire à l'afferviffement des Gaulois
par les Francs, les Bourguignons, & les Wifigots.
Mais dites-moi, feriez-vous entrer dans l'éloge d'un
financier, qui occuperoit aujourd'hui une maifon
occupée, il y a quarante ans, par le maréchal de
Saxe, les hauts faits de ce général ? ou citeriez-
vous tout ce que fit le connétable du Guefclin,
à la louange d'un marchand de Nantes, qui poffé-
deroit aujourd'hui l'une de fes terres ? ou enfin, au-
riez-vous la bonté de me regarder comme l'héritier
de deux couronnes du Nord, ou du moins de me
repréfenter tout rayonnant de la gloire des rois Da-
nois de toutes les races, fans en excepter les Ha-
rold & les Canut, parce que j'ai occupé à Paris le
même hôtel garni qu'y a occupé le roi de Danne-

marck ? Mais avant de vous preſſer ſur toutes ces queſtions, je vous prie de m'expliquer clairement ce que vous entendez par une nation.

L'A B B É.

J'entends par une nation une ſociété d'hommes, ou deſcendue d'un pere commun, comme les Iſraélites, ou formée par la réunion, ſous un régime commun & dans un même territoire, d'une multitude d'hommes d'origine différente, comme le peuple Romain & la nation Françoiſe, & qui ſe perpétue ou naturellement par la procréation, ou légalement par l'adoption.

L'A U T E U R.

Votre définition me paroît bonne, mais elle ſeroit encore meilleure ſi vous y aviez fait entrer la perpétuité du régime ; car je doute que vous regardiez les Guebres épars dans la Perſe & dans un petit coin des Indes comme une nation, & peut-être ne prétendrez-vous pas non plus que les Juifs ſoient une nation.

L'A B B É.

Je regarde les Guebres ou Parſis, les Juifs & les Chinois comme trois nations très-bien caractériſées. Je regarde de même les Indiens ſoumis aux Mogols comme une nation très-différente de celle de ſes oppreſſeurs ; j'ai donc eu mes raiſons pour ne pas parler de la perpétuité du régime, quoique j'en aie ſuppoſé l'identité comme une condition requiſe pour la formation d'un peuple qui ne deſcendît pas d'un ſeul homme.

C 2

L'AUTEUR.

Une nation peut donc exifter fans territoire comme les Juifs & les Parfis ; elle peut exifter fans un régime qui lui appartienne, comme les Indiens & les Chinois qui ont été fubjugués, & pour qu'une nation exifte comme telle, il n'eft pas néceffaire que tous ceux qui la compofent defcendent d'un même pere, comme tous les Juifs font cenfés defcendre d'Abraham ; il fuffit qu'ils foient cenfés defcendre d'une multitude d'hommes qui devinrent freres par leur réunion fous un régime commun, comme les Romains & les Parfis ; mais dites-moi encore, comparerez-vous les Romains modernes aux Parfis, ou aux Juifs ?

L'ABBÉ.

Non certainement ; car les uns ont des preuves de leur origine qui leur font perfonnelles, & auxquelles il eft difficile de fe tromper ; au lieu qu'il y a la plus grande de toutes les probabilités que les Romains d'aujourd'hui ne defcendent pas des anciens Romains.

L'AUTEUR.

Vous mettez donc quelque chofe au deffus du fimple domicile, lorfqu'il s'agit de prononcer fur l'origine d'un peuple ou d'une nation ?

L'ABBÉ.

Il faut bien que je préfere les preuves de l'origine naturelle à la fiction qui n'a d'autre fondement que l'identité de domicile fous deux époques très-

éloignées & séparées par plusieurs siecles de révo-
lutions ; autrement je devrois dire que les habitants
actuels de la Palestine sont Israélites, & que les
Juifs ne le sont pas, ce qui seroit très-absurde.

L'AUTEUR.

Passe pour les Israélites qui descendent d'un pére
commun, & sont une nation dans la rigueur du tér-
me ; mais quant aux Parsis, je ne vois pas bien pourquoi vous les regardez comme la postérité des Perses plutôt que les Musulmans qui habitent la Perse.
Ne vaudroit-il pas mieux dire que les Persans, ainsi
que nous appellons la nation établie entre la Turquie
& les grandes Indes, sont les vrais représentants des
Perses ?

L'ABBÉ.

J'aimerois mieux dire que le marchand de Nantes qui posséderoit une terre de Bertrand du Gues-
clin, & s'appelleroit Bertrand, seroit le véritable
représentant de ce connétable, puisque, du moins,
il le représenteroit comme propriétaire, en vertu
d'un acte autorisé par les loix du pays. Quelques
Parsis purent se faire Musulmans, & leur postérité
peut s'être confondue avec celle des conquérants de
la Perse ; mais il est de notoriété historique qu'en
général les Persans ne descendent point des anciens
Perses, au lieu qu'il est de la même notoriété que
les Parsis en descendent, & cette notoriété est justifiée par des preuves si fortes, qu'on ne peut raison-
nablement la rejetter.

C 3

L'A U T E U R.

Quelles font, je vous prie, ces preuves qui vous paroiſſent ſi reſpectables ?

L'A B B É.

Leurs mœurs, leur religion & leur culte, qui les diſtinguent de tous les autres hommes, leur tradition, que rien ne contredit, & enfin le dépôt qu'ils ont conſervé d'une partie au moins de leurs livres ſacrés.

L'A U T E U R.

Tout cela enſemble forme-t-il une démonſtration ?

L'A B B É.

Oui, ſans doute, mais une démonſtration dans ſon genre, & non dans un autre genre ; c'eſt-à-dire, qu'il eſt démontré que les Parſis deſcendent des Perſes comme il eſt démontré par vos titres & la tradition de votre province & de votre famille que vous deſcendez de votre triſaïeul, & par lui des anciens ſeigneurs de la terre dont vous portez le nom.

L'A U T E U R.

Mais, qui vous a dit qu'entre les Parſis il n'y en a pas mille contre un qui n'appartiennent à cette nation que par adoption, & dont les ancêtres furent des étrangers proſélytes ou des eſclaves qui embraſſerent la religion de leurs maîtres, & en obtinrent leur affranchiſſement ?

L'A b b é.

Si nous admettons cette méthode de fuppofer.
comme vrai ce qui n'eft que poffible, il n'y aura
plus rien fur quoi nous puiffions compter ; votre
objection me rappelle le fingulier travers d'un homme de ma connoiffance qui, remarquant combien il
y a de mariages ftériles, s'étoit mis en tête que nous
devions tous defcendre de bâtards, parce qu'il ne
lui paroiffoit pas poffible qu'une feule famille dans
le monde fe fût perpétuée par des mariages féconds
depuis le déluge jufqu'à préfent. On avoit beau lui
dire que les unions irrégulieres n'avoient pas dû être
plus fécondes que les mariages, & que la ftérilité
d'un grand nombre de ceux-ci expliquoit feulement
en partie comment l'efpece humaine en général &
les familles en particulier ne font pas devenues plus
nombreufes qu'elles ne le font aujourd'hui ; il en revenoit toujours à fa bâtardife par l'invraifemblance
qu'il trouvoit qu'un homme dût fon exiftence à la
fécondité de cent-cinquante ou deux cent mariages
confécutifs.

L'A u t e u r.

Nous voyons cependant chez les Romains &
chez nous-mêmes deux exemples frappants du peu
de durée des familles & des peuples dans certaines
pofitions. N'avez-vous pas lu comme moi qu'au
temps de Claude la cité Romaine n'étoit nombreufe que parce qu'on l'avoit recrutée fucceffivement d'un très-grand nombre d'étrangers, & qu'au
temps de Néron on s'abftint de faire une loi pour

mieux contenir les affranchis dans le devoir, parce que c'étoit d'affranchis que s'étoient recrutées les tribus & les décuries, que les miniftres fubalternes de la religion étoient des affranchis, qu'on en avoit compofé les cohortes qui avoient la garde de Rome, qu'un très-grand nombre de chevaliers & la plupart des fénateurs n'avoient pas une autre origine, & que, fi l'on eut féparé les fils d'affranchis des autres citoyens, on auroit mis trop à découvert le petit nombre des ingénus. A cet exemple joignez celui que nous fournit notre patrie ; combien croyez-vous qu'entre les *feigneurs de la cour*, (car cette dénomination vient d'être confacrée par une ordonnance) il y en ait dont les aïeux aient été feigneurs de la cour de François I, ou même de Henri III, & entre les bourgeois de Paris, combien penfez-vous qu'il y en ait qui foient originaires de Paris ?

L'ABBÉ.

Ces exemples font bien choifis pour prouver qu'une cour, amalgamée avec une capitale, & des villes comme eft Paris & comme fut Rome depuis la troifieme guerre Punique jufqu'à Néron, font des endroits très-arides, où les premieres pluies du printemps font croître avec force les plantes, dont la femence y a été apportée par le vent, mais où les chaleurs de l'été les font périr. Si vous avez voulu prouver qu'il en eft ainfi des nations, en tout état, & avec telles mœurs qu'elles puiffent avoir, vous avez très-mal choifi vos exemples. Il falloit en citer un ou deux, au moins, qui prouvaffent qu'une nation agricole & libre, fans luxe & fans vices deftruc-

teurs, devroit s'anéantir ſi elle n'étoit ſans ceſſe recrutée par l'affluence des étrangers ou des habitants
des villes. Mais, vous ne trouverez aucun exemple
d'une pareille décadence ; &, quand vous en trou-
veriez quelqu'un qui paroîtroit vous être favorable,
je le rejetterois comme dénué de circonſtances , &
par conféquent inſuffiſant ; car, enfin, l'eſpece humaine ſe perpétuant , il faut que les nations ſe per-
pétuent. Je ne crois donc à la néceſſité des adoptions qu'où je vois des cauſes de deſtruction; &, où
les adoptions ne ſont pas néceſſaires , je les crois
très-rares; &, où elles ſont très-rares, je crois encore
qu'il n'en faut pas tenir compte. Mais quand même
elles ſeroient très - fréquentes , comme l'empereur
Claude prétendoit prouver qu'elles l'avoient été à
Rome dans tous les temps , afin de ſe prévaloir de
cette aſſertion pour faire agréer au ſénat de Rome
le deſſein qu'il avoit formé d'accorder à tous les
prinçes de la Gaule la qualité de ſénatoriens ; quand
bien même , dis-je, les adoptions ſeroient fréquentes chez une nation, je ne crois pas encore qu'il en
fallût tirer aucune conféquence contre l'identité de
cette nation ſous deux époques éloignées. Claude
citoit , entre autres, l'adoption du Sabin Clauſus ,
auteur de ſa maiſon, qui n'étoit pas Romaine d'origine. Cet exemple méritoit , en effet, d'être cité en
faveur des princes Gaulois.

Atta Clauſus, l'un des premiers d'entre les Sabins,
avoit fait tous ſes efforts pour empêcher ſa nation
de faire la guerre aux Romains ; la faction contraire
l'avoit emporté , & Clauſus avoit éprouvé beaucoup
de perſécutions pour s'être oppoſé à la guerre : excé-

dé enfin des défagréments qu'il effuyoit & défef-
pérant de reprendre le deffus, il quitta Regille avec
un grand nombre de fes clients, & fe réfugia à Rome, où le droit de cité lui fut accordé, auffi-bien
qu'à fes clients : on leur donna des terres fur une
frontiere, où, fans doute, il n'y avoit que des pâturages publics, &, avec d'autres Sabins qui vinrent
fucceffivement fe joindre à eux, ils compoferent
l'ancienne tribu Claudienne : Atta Claufus, qui, chez
les Romains prit le nom d'Appius Claudius, fut aggrégé au fénat, & parvint au rang de prince de la
cité Romaine.

Une pareille adoption vous paroit-elle avoir dé-
naturé la cité Romaine ? C'eft un homme puiffant
chez lui, qui a déjà bien mérité des Romains, avant
de fe réfugier chez eux ; c'eft le chef d'une nombreufe clientelle qui eft fait citoyen Romain ; fes
clients font, comme lui, des guerriers valeureux &
des cultivateurs laborieux : ils ne viennent point pour
être un fardeau à la république & aux citoyens ; ils
apportent des bras vigoureux, & amenent un mobilier avec lequel ils font en état de faire des éta-
bliffements dans un pays inculte, d'où ils tirent bientôt leur fubfiftance. Qu'ont-ils au deffous des anciens
Romains ? Leur origine ? elle eft la même que celle
d'une partie des Romains. L'état de leurs peres ? ils
furent libres, ils furent propriétaires, ils furent guerriers, ils furent cultivateurs ; c'eft ce qu'eft encore
l'élite du peuple Romain. Leur reprochera-t-on la
terre qu'on leur a donnée ? la terre n'eft rien fans
bras pour la cultiver, fans mobilier pour la faire valoir, fans avances, pour vivre, en attendant les pre-

miers retours de fa reconnoiffance : c'eft donc Claudius, ce font fes clients qui font les bienfaiteurs du
peuple Romain ; mais ce peuple eft auffi leur bienfaiteur, puifqu'il leur fait part de fa force pour leur
sûreté, de fon commerce pour la douceur de leur
vie, de fes droits politiques pour la confervation de
leurs mœurs ; tout eft égal, & je vois la cité Romaine augmentée fans la voir dégradée.

L'Auteur.

Il me femble que vous avez raifon ; mais je vois,
dans l'hiftoire de Claudius, celle de la formation
primitive des peuples, beaucoup plus encore que celle
de leur recrutement par l'adoption des étrangers.

Ne trouvez-vous pas même une grande reffemblance entre ce trait de l'hiftoire Romaine, & quelques traits d'une hiftoire beaucoup plus ancienne &
plus refpectable, tel qu'eft celui-ci : Sichem, fils
d'Hemor, ayant enlevé & violé Dina, fille d'Ifraël,
& les fils de ce patriarche paroiffant réfolus de s'en
venger, Hemor leur parla en ces termes : Mon fils
aime votre fille, & ne peut s'en féparer ; donnez-
la lui pour femme, & allions-nous déformais par des
mariages, les uns avec les autres : donnez-nous vos
filles, prenez les nôtres, & habitez avec nous : ce
pays eft en votre pouvoir, cultivez-le, faites-y le
commerce, & poffédez-le. Les fils d'Ifraël feignirent
de ne pas rejetter cette propofition ; mais exigerent
que ce fuffent les Salemites qui fe joigniffent à eux,
pour ne faire avec eux qu'un même peuple, &, pour
cela, il falloit qu'ils devinffent femblables à eux en
fe faifant circoncire ; à cette condition, dirent-ils,

nous vous donnerons nos filles , &, réciproquement ,
nous prendrons les vôtres , nous habiterons avec
vous , & nous ne ferons enſemble qu'un même peuple. La propoſition fut acceptée par Hemor & Sichem , qui rentrerent dans la ville de Salem , & con-
voquerent leur peuple à une aſſemblée , pour lui
communiquer ce qui venoit de ſe paſſer entre eux
& les fils d'Iſraël : Ce ſont des hommes pacifiques ,
dirent-ils , & qui veulent bien habiter avec nous ,
pour commercer dans ce pays & le cultiver : or ,
vous ſavez que notre territoire eſt étendu & ſpacieux ,
& qu'il ne lui manque que des cultivateurs : nous
prendrons leurs filles en mariage , & nous leur donnerons les nôtres , en ſorte que bientôt les liens du
ſang ſe joindront à ceux de l'alliance à laquelle ils
conſentent , pour ne faire de nous qu'un même peuple. Il n'y a qu'une difficulté qui empêche encore un
auſſi grand bien ; ils veulent que nous circoncisions
tous nos mâles , & , qu'en ce point , nous adoptions
leurs coutumes : à cette condition , leurs richeſſes ,
leurs troupeaux & tout ce qu'ils poſſedent ſeront à
nous : c'eſt la ſeule complaiſance qu'ils exigent , avant
de conſentir à ſe fixer dans notre pays , & à ne faire
qu'un peuple avec nous. Tout le peuple de Salem
agréa la propoſition , tant il lui parut avantageux de
s'accroître & d'accroître ſes richeſſes de tous les
hommes , tant libres qu'eſclaves , de tous les troupeaux & de tous les autres biens qui étoient dans la
maiſon d'Iſraël : ainſi Joſeph recommandoit à ſes
freres d'amener en Egypte tout ce qu'ils poſſédoient ,
ſans en rien laiſſer , dans le pays de Chanaan , parce
que , ajoutoit-il , toutes les richeſſes de l'Egypte ſe-

ront à vous, & il le leur difoit par ordre du pharaon d'Egypte, qui favoit que les richeffes & l'induftrie que les freres de Jofeph pouvoient ajouter
à la profpérité de fon peuple, valoient bien le droit
qu'il comptoit leur donner aux richeffes & à l'induftrie de fes anciens fujets. Dans cet exemple & dans
les deux autres, je trouve des avantages réciproques,
& calculés de part & d'autre, ce qui ne s'éloigne
en aucune maniere des principes fur lefquels furent
formées toutes les fociétés : ce font des hommes libres & belliqueux qui s'allient avec des hommes libres & belliqueux : ce font des hommes qui peuvent
& veulent cultiver, qui s'établiffent chez des peuples qui ont des terres de refte, à condition d'avoir
le droit d'échange : ce font des hommes qui poffe-
dent de grandes richeffes mobiliaires, qui entrent en
partage avec un peuple qui a des terres de refte, &
qui fe trouvera & plus riche, & plus puiffant, du
moment où il aura fait l'acquifition de ces nouveaux
concitoyens ; & obfervez, je vous prie, que ce ne
font pas des hommes riches en argent feulement &
qui ont, pour tout mérite, cette efpece d'opulence
que vous voyez rechercher par les anciens peuples,
& la raifon en eft, qu'un homme qui n'auroit apporté que de l'argent dans un pays, n'y auroit apporté
que le droit de vivre du travail d'autrui, & d'être
défendu par la bravoure de fes nouveaux concitoyens. Il eft vrai qu'en achetant & les denrées &
le travail d'autrui, il auroit tranfporté aux vendeurs
une partie de fon droit, mais il n'en auroit réfulté
ni un accroiffement de travail, ni une plus grande
abondance de productions, puifque le travail qu'il

auroit provoqué en payant , pour mettre fes travailleurs en état de vivre des denrées du pays, auroit
pu fe faire fans lui par les confommateurs de ces
denrées , foit les mêmes , foit d'autres qui n'en auroient pas vécu fans rien faire. Il n'en eût pas réfulté non plus un accroiffement de force, parce que
l'argent ne fait pas la force , à moins qu'on n'en
achete des fecours étrangers , ce qui n'eft pas dans
l'ordre le plus naturel, quoi qu'ait pu dire notre banquier Genevois.

L' A B B É.

Je ne fais pas où tend votre derniere remarque,
mais elle me paroît affez jufte. Si cependant vous
accordez à l'empereur Claude le petit mérite qu'on
lui attribue d'avoir été verfé dans l'hiftoire, ou que
vous fuppofiez feulement qu'il avoit à fes gages, pour
lui faire fes harangues, un homme paffablement inftruit , vous ne trouverez pas votre compte dans un
paffage du difcours de cet empereur que je vous ai
déjà cité. A quoi , difoit - il , doit - on attribuer la
ruine de Lacédémone & d'Athenes, qui furent pourtant deux républiques très-puiffantes à la guerre , finon à la faute qu'elles firent d'exclure de leur cité
les vaincus , & de les traiter comme des étrangers.
Notre fondateur , au contraire , Romulus, fut affez
fage pour qu'en un même jour ceux - là fuffent fes
concitoyens qui avoient été fes ennemis. Des étrangers ont été nos rois ; & ce n'eft point une nouveauté,
comme plufieurs fe l'imaginent fauffement, ce fut
une chofe très - ordinaire chez ce premier peuple
Romain que l'on élevât aux magiftratures les petit-

fils d'affranchis. Que répondrez-vous à cette obfervation de Claude ? direz-vous que les Romains furent
moins fages que les Athéniens & les Spartiates, ou
que l'adoption des affranchis peut être affimilée à
la premiere formation des fociétés ?

L'Auteur.

Je dirai que Claude parloit très-exactement lorfqu'il diftinguoit le premier peuple Romain de celui
qui exiftoit de fon temps, parce qu'en effet, ce n'é-
toit plus le même peuple, fi les peuples fe perpé-
tuent effentiellement par la reproduction naturelle ;
je dirai qu'autre chofe eft d'accorder le droit de cité
à des peuples vaincus, enforte que ceux-là foient
concitoyens des vainqueurs, qui étoient vraiment
citoyens de la république fubjuguée & autre chofe
d'ouvrir la cité à tout venant, enforte qu'il fuffife de
paffer une riviere ou une montagne avec le bâton
blanc, pour ceffer d'être citoyen d'une république, &
le devenir d'une autre ; je dirai qu'autre chofe encore eft d'accorder les droits de cité dans leur plénitude au petit-fils d'un affranchi après deux générations d'un noviciat commencé par un affranchiffement motivé & folemnel, & continué fous la difcipline des auteurs de fa liberté, & autre chofe de
faire des affranchiffements généraux, fans regle &
fans mefure, fans conditions & fans choix, & d'é-
tablir en forme de loi, que tout efclave qui aborde
fur une côte, ou paffe un ruiffeau, devient citoyen,
& l'eft autant que le defcendant de l'un des fonda-
teurs de l'empire. Je dirai que l'adoption des affranchis eft un remede dont l'ufage immodéré & conti-

nué devient très-pernicieux, & qu'il vaudroit bien
mieux n'être pas malade que de recourir au remede;
je dirai que ce fut en grande partie par l'effet de ce
remede que le peuple Romain, fous les empereurs,
ne fut plus le premier peuple Romain, & n'en re-
tint ni les mœurs ni les maximes, quoique l'on eût
toujours adminiſtré ce remede avec des précautions
dont nous n'avons pas même l'idée : &, pour prouver cette aſſertion, je me contenterai d'obſerver
qu'Auguſte ayant commandé des affranchiſſements
pour augmenter ſes armées dans une conjonĉture
critique, & les affranchis qu'il avoit fait enrôler
ayant fait la guerre, ce qui étoit alors un droit de
la liberté, il n'eut garde cependant de les incorporer
dans les légions, mais il en compoſa des bannieres
féparées, afin que la milice & la liberté ne fuſſent
point aviliés. J'obſerverai encore que l'on ne rece-
voit point un nouveau citoyen s'il ne faiſoit preuve
d'avoir un certain bien en propre, & qu'il y avoit
des nations, comme les Egyptiens, que l'on croyoit
ſi peu dignes de cette adoption que pour être admis
à la cité Romaine, un Egyptien, par exemple, devoit commencer par ſe faire recevoir citoyen d'A-
lexandrie, ce qui étoit très-difficile.

Les adoptions que vous m'objeĉtez, ne furent
donc pas ſans de très-grands inconvénients, quoique néceſſaires peut-être à une cité qui ſe dévoroit
elle-même, comme la cité Romaine, & cependant
elles furent faites avec une ſolemnité, & ſujettes
à des gradations, qui du moins néceſſitoient une ſorte
de choix, & donnoient lieu à un véritable noviciat. C'étoit encore un avantage de ces formes de

main-

maintenir en honneur le titre de citoyen, & de
provoquer, par conféquent, dans l'ame des citoyens
cette crainte de décheoir que l'on n'a point, quand
on n'eft rien que ce que font tous les autres hommes avec lefquels on vit.

L' A B B É.

J'ai encore quelques objections à faire contre ce
que vous venez de dire ; mais nous y reviendrons,
& puifque vous croyez aux livres facrés des Hébreux, qui font auffi partie des nôtres, & qu'ainfi
la législation Mofaïque doit être à vos yeux un chef-
d'œuvre de fageffe, je vous demanderai comment
vous croyez pouvoir mettre de votre côté cette
grande autorité (a) ; car enfin, vous trouverez par-
tout que l'étranger comme le natif, ou l'indigene
doit être admis à offrir des facrifices, qu'il doit les
offrir de même, que la même loi eft pour les étrangers & pour les enfants d'Ifraël, que l'étranger qui
demeure au milieu d'Ifraël doit manger la paque
avec l'Ifraélite. Comment fuppoferez-vous que ces
droits religieux fe conciliaffent avec une grande inégalité civile, chez un peuple qui n'avoit rien de plus
effentiel que fes prérogatives religieufes ?

L'A U T E U R.

Vous raifonnez à peu près comme raifonnoient au
temps de nos aïeux ceux qui foutenoient que, chez
un peuple chrétien, tout chrétien devoit être libre,

(a) Numer. Cap. xv.

qu'il étoit horrible de tenir fous le joug de la fervitude ceux que Jefus-Chrift avoit affranchis, qu'il n'y
avoit plus que deux conditions, celle du fidele & celle
de l'infidele, & autres chofes femblables qui me paroiffent avoir été découvertes par les Dominicains, les
Francifcains, en un mot, les moines mendiants, pour
ruiner les Bénédictins & rendre la quête plus libre &
plus rapportante. Mais venons aux loix Mofaïques,
au lieu d'oppofer l'autorité de St. Paul à toutes ces
rêveries monaftiques, dont la philofophie s'eft em-
parée de nos jours; vous croyez que leur autorité
vous eft favorable, & comme vous connoiffez mon
refpect pour les livres facrés, & en général pour
l'antique fageffe des premiers inftituteurs du genre-
humain, vous faififfez cette derniere arme pour me
vaincre; mais voyons ce que vous trouvez dans les
loix Mofaïques qui vous foit favorable (a). L'efclave
qu'un Ifraélite avoit acheté à prix d'argent devoit
être circoncis & manger la paque avec fon maître.
A cela près, aucun homme d'une autre nation, aucun étranger, aucun mercenaire qui n'étoit pas de la
race d'Abraham, ne devoit manger la paque. Pour
qu'un étranger pût y participer, il falloit qu'il eût
pris la réfolution de n'avoir point d'autre patrie que
la cité d'Ifraël, & qu'il fe fût fait circoncire; mais
la circoncifion faifoit-elle un Ifraélite, en commu-
niquant à celui qui s'y foumettoit tous les droits
dont jouiffoient les enfants d'Ifraël? Voilà ce que
vous fuppofez, & ce qu'il falloit prouver: or, je
fuis en état de prouver le contraire par des loix pré-

____

(a) Exod. Cap. XII, verf. 44 & 48.

cifes. Pour jouir de tous les droits de citoyen, il falloit du moins pouvoir être admis dans ce que la Vulgate appelle l'églife de Dieu, & qui n'étoit autre chofe que l'affemblée générale du peuple d'Ifraël (*a*). Or, l'eunuque ne pouvoit être admis à cette affemblée fuivant le Deuteronome, le bâtard & fes defcendants jufqu'à la dixieme génération ne pouvoient non plus y être admis ; l'Ammonite & le Moabite en étoient exclus à perpétuité, & même après la dixieme génération. L'Iduméen ne devoit pas être un objet d'a-verfion pour l'Ifraélite, parce qu'il étoit fon frere ; ni l'Egyptien, parce qu'Ifraël avoit été étranger chez lui, mais ni un Egyptien, ni un Iduméen ne pouvoit être admis à l'affemblée pour s'être donné au peu-ple de Dieu, fon fils même en étoit exclus, & ce n'étoit qu'à la troifieme génération que fes def-cendants devenoient concitoyens des Ifraélites, & étoient admis à leurs affemblées ; jufques-là, ils étoient enfants adoptifs d'Abraham par la circonci-fion, par l'obfervance de la loi, par la participation aux facrifices, ainfi que vous l'avez obfervé (*b*) ; mais ils n'étoient pas citoyens, quoiqu'ils habitaffent le pays d'Ifraël, qu'ils y poffédaffent des terres & des efclaves, & qu'ils ne fuffent exclus d'aucun acte religieux, qu'ils vécuffent fous la protection des mê-mes loix, & fuffent tenus aux mêmes obfervances fous les mêmes peines.

____

(*a*) Deuter. Cap. XXIII.
(*b*) Numer. Cap. IX, verf. 14.

L'ABBÉ.

Si vous étiez en état de prouver ce que vous venez de dire, il n'y auroit point de doute que la loi des Hébreux ne mît une très-grande différence entre le citoyen & l'habitant propriétaire & circoncis ; mais vous aurez de la peine à justifier toutes vos assertions & celle en particulier que vous avancez sur les assemblées publiques, que vous prétendez être l'église de Dieu dans le langage de la Vulgate.

L'AUTEUR.

Je ne vous reprocherai point de n'avoir pas lu nos livres saints ; l'habit que vous portez rendroit ce reproche trop sanglant ; mais je puis bien vous soupçonner de les avoir lus comme tant d'autres les lisent sans y voir la moitié de ce qui s'y trouve (a). La fabrication des deux trompettes sacrées ne vous aura pas échappé sans doute ; mais vous n'aurez pas remarqué qu'elles servoient principalement à la convocation du peuple d'Israël. Si on en sonnoit une fois, c'étoient les princes seulement & les chefs de la multitude d'Israël qui devoient s'assembler ; si on sonnoit plusieurs fois, mais simplement, (car le son entre-coupé étoit un signal de marche ou de combat) c'étoit tout le peuple qui devoit s'assembler ; & quand cette assemblée générale étoit convoquée, il falloit encore la former, ce qui se faisoit en appellant par leurs noms les chefs des familles, c'est-à-

____

(a) Numer. Cap. x & xvi.

dire, les princes d'Ifraël. Voilà pourquoi l'écrivain facré, après avoir obfervé que les deux cent cinquante hommes qui fe fouleverent contre Moïfe avec Coré, Dathan, Abiron, & Hon, étoient tous des princes de la fynagogue, c'eft-à-dire, de l'affemblée, de l'églife, ou de la cité d'Ifraël, ajoute, comme un attribut de leur dignité, qui juftifie ce qu'il vient de dire, qu'au temps du concile, c'eft à-dire, de l'affemblée générale, on les appelloit tous par leurs noms. On n'appelloit pas de même les citoyens d'un moindre rang, parce qu'ils fe préfentoient, & fe plaçoient à la fuite de leurs chefs, c'eft-à-dire, que chaque famille fuivoit fon prince. C'étoit là l'églife de Dieu, à laquelle ne devoit être admis ni l'eunuque, ni le bâtard, ni l'étranger ; & la preuve en eft, que toutes ces perfonnes, fi elles étoient circoncifes, devoient être admifes à tous les actes de religion. Ces actes n'avoient donc rien de commun avec l'églife de Dieu, laquelle, dès-lors, ne pouvoit être autre chofe que l'affemblée générale du peuple de Dieu, ou ce qu'on appelloit dans un fens purement politique, la fynagogue ou le concile.

La différence étoit fi marquée entre les Ifraélites, qui étoient les vrais citoyens & la foule du petit peuple : *promifcuum vulgus*, comme s'exprime l'écrivain facré, que l'on ne crut pas pouvoir infliger à un homme de cette claffe le châtiment qu'auroit dû fubir dans le même cas un véritable citoyen. Souffrez encore que j'entre là-deffus dans quelque détail. Les Ifraélites étoient fortis de l'Egypte au nombre de plus de fix cent mille hommes en âge de porter les armes, & qui, en effet, compofoient *l'armée d'If-*

raël, ainsi qu'on appelloit toute la nation, parce qu'en effet, tout citoyen étoit guerrier ; mais un grand nombre d'Egyptiens s'étoit joint aux Israélites, & composoit le *promiscuum vulgus*, ou la foule des roturiers (a). Ce fut cette foule d'hommes vulgaires qui étoit sortie d'Egypte avec les Israélites, qui fut la première à s'ennuyer de la manne, & à demander de la viande ; les enfants d'Israël l'imiterent dans ses murmures ; mais l'exemple avoit été donné par ceux qui étoient sortis d'Egypte avec les descendants d'Abraham. Ce fut l'un de ces étrangers qui donna lieu au doute dont je viens de parler ; il étoit fils d'une mere Israélite, qui l'avoit eu d'un Egyptien, au milieu des enfants d'Israël. Un jour qu'il prit querelle avec un Israélite, il blasphema le nom du Seigneur & le maudit ; sur quoi il fut amené à Moïse, qui le fit mettre en prison, pour y rester jusqu'à ce qu'il sût ce que le Seigneur en ordonneroit. Dieu dit à Moïse, que tout blasphémateur devoit être lapidé, *soit qu'il fut citoyen ou étranger*, que tout assassin devoit mourir, que tout homme qui tuoit un animal domestique devoit en rendre un autre, que tout homme qui en mutiloit un autre devoit être mutilé de même, & qu'à cet égard l'égalité devoit être parfaite *entre le citoyen & l'étranger*.

L' A B B É.

Ne craignez-vous point que de cet aveu que vous venez de faire, je ne tire contre vous des inductions dont vous seriez embarrassé ?

____

(a) Num. Cap. XI.

L'Auteur.

Je pourrois le craindre, fi le divin législateur, dont Moïfe fut l'interprete, ne fe fût, pour ainfi dire, hâté de prévenir ces induétions ; mais, immédiatement après le fupplice du blafphémateur dont je viens de parler, il inftitua le triple fabbat, celui des jours pour le repos hebdomadaire des hommes & des animaux, celui des années pour le repos de la terre, & le fabbat des fabbats d'année, c'eft-à-dire, le repos de la quarante-neuvieme année & la rémiffion de la cinquantieme.

L'Abbé.

Qu'a, je vous prie, cela de commun avec la queftion que nous traitons ?

L'Auteur.

Un peu de patience, & vous allez le voir. Il s'a-giffoit de donner un établiffement fixe, une patrie territoriale aux defcendants d'Abraham : pour que fa poftérité fe perpétuât toute entiere, il falloit que la fubfiftance de toutes les familles forties de lui fût également fondée à perpétuité fur la propriété ina-miffible d'une portion de terre ; il ne falloit donc pas que les aliénations fuffent à perpétuité, ni que les filles héritaffent des fonds de terre & les portaf-fent dans d'autres familles tant qu'elles avoient des freres, ni même dans des familles étrangeres, lors même qu'elles n'avoient point de freres. Mais, d'un autre côté, il ne falloit pas que l'induftrie fût étouf-fée, ni que la terre reftât inculte par l'impuiffance du propriétaire, ni que la misere de celui-ci fût sans une derniere reffource dans la vente de son fonds, ni que la terre perdît de son prix, faute d'avoir une valeur venale (*a*). Il fut donc ftatué qu'en la cinquantieme année tout Ifraélite devoit rentrer dans fes poffeffions, & retourner à la famille à laquelle il avoit autrefois appartenu. Par où vous voyez, pour le dire en paffant, que chez les Ifraélites, les familles n'étoient pas feulement liées par la proximité du fang, qu'elles l'étoient auffi par le voifinage des poffeffions & par tous les rapports civils & militaires qui naiffoient de ce voifinage. Lors donc qu'un *citoyen* achetoit de fon *concitoyen*, c'étoit un nombre déterminé de récoltes qu'il achetoit : ce n'étoit point la propriété du fonds, & le prix qu'il en donnoit devoit être plus ou moins fort, felon qu'il reftoit plus ou moins d'années, jufqu'à l'année de rémiffion.

La terre ne pouvoit donc être vendue à perpétuité, parce qu'elle étoit à Dieu : par la même raifon, le vendeur pouvoit rentrer dans fon bien toutes les fois qu'il avoit affez d'argent pour rendre à l'acheteur ce que valoit le refte de fa jouiffance jufqu'à l'année du jubilé ; & pour l'intérêt des familles & du bon ordre, le plus proche parent avoit le droit de retrait. Ce droit n'avoit pas lieu, & celui de *réméré* en faveur du vendeur étoit prefcrit par le laps d'une année pour les maifons fituées dans une ville murée ; mais il en étoit des maifons fituées dans des lieux ouverts, comme des fonds de terre.

(*a*) Levit. Cap. XXV.

Le rachat pouvoit toujours avoir lieu, &, au défaut
du rachat, l'année jubilaire remettoit le vendeur
ou ses ayants-cause en possession de leur bien.

Ce n'étoit pas assez d'avoir assuré aux familles les
biens-fonds, sans lesquels elles ne pouvoient se perpétuer, ou dont la perte auroit rendu leur avilissement inévitable. Il falloit encore assurer l'état des
personnes contre l'avarice & l'orgueil des heureux,
la bassesse ou le désespoir des infortunés. Si ton
frere devient foible, & se trouve hors d'état de travailler, que tu le reçoives comme un voyageur, ou
un étranger, & qu'il vive avec toi, tu ne recevras
point de lui l'intérêt de ce que tu lui auras avancé,
tu ne lui donneras point ton argent à usure, ni
n'exigeras de lui plus de denrées que tu ne lui en
auras donné. Crains ton Dieu, & fais que ton frere
puisse vivre chez toi. Si la pauvreté dans laquelle
ton frere sera tombé l'oblige de se vendre à toi, tu
ne le feras point gémir sous le poids de la servitude,
comme un esclave ; mais il sera chez toi comme un
mercenaire & un colon, & travaillera pour toi jusqu'à l'année jubilaire, pour sortir alors avec ses enfants, retourner dans sa famille, & rentrer dans le
bien de ses peres. Prenez vos esclaves chez les nations qui vous environnent, & parmi les étrangers
qui habitent au milieu de vous, soit ceux qui s'y seront établis, soit leurs enfants ou leurs descendants,
qui seront nés chez vous, & vous les transmettrez
héréditairement à vos descendants, qui les posséde-
ront à perpétuité eux & leurs descendants ; mais pour
vos freres, qui, comme vous sont enfants d'Israël,
n'abusez point de votre puissance pour les opprimer.

Si l'étranger ou l'habitant qui n'a pas la même origine
que vous devient riche & puissant chez vous, & que
votre frere se trouve réduit par le délabrement de
ses affaires à se vendre à lui, ou à quelqu'un de ses
descendants, il pourra toujours être racheté par l'un
de ses freres, à quelque degré qu'il soit son parent ou
son allié, &, à plus forte raison, il aura droit de
se racheter lui-même, s'il le peut, & dans sa ran-
çon on comptera ce qu'il auroit gagné pendant le
le temps de sa servitude, s'il eût été mercenaire,
pour ne tenir compte à son maître que de ce qu'il
pourroit encore gagner jusqu'à l'année jubilaire. S'il
n'est point racheté, il sortira avec ses enfants, & re-
couvrera sa liberté en cette année.

Il y avoit quelques exceptions à ces regles générales, l'une pour les biens-fonds, qui étoit, que toute
terre vouée à Dieu & vendue par le prêtre (a), qui
ne pouvoit la garder pour lui, ne retournoit point
en l'année jubilaire à celui qui l'avoit vouée, mais
restoit à l'acheteur, si elle avoit fait partie du sort de
celui qui en avoit fait un vœu, ou retournoit à son
ancien possesseur, si c'étoit un acquêt. L'autre exception regardoit l'état des personnes (b). Elle con-
sistoit en ce que, si l'Hébreu qui s'étoit vendu à un
Hébreu, ne vouloit pas sortir de chez lui, & le déclaroit devant les juges, son maître lui perçoit l'o-
reille avec certaines formalités, & il restoit esclave
à perpétuité. Une autre loi sur cette même matiere,
étoit que si un Hébreu étoit entré chez son maître

___

(a) Levit. Cap. XXVII.

(b) Exod. Cap. XXI.

avec une femme , il en fortoit avec fa femme ; mais que fi fon maître lui avoit donné une femme & qu'il en eût eu des enfants, fa femme & fes enfants appartenoient à fon maître , & il fortoit feul, avec un habit femblable à celui qu'il avoit eu en entrant chez lui.

L' A B B É.

Avez-vous tout dit ?

L' A U T E U R.

Non, pas encore ; car je n'ai pas prouvé ce que j'ai aufli avancé, que les filles n'héritoient point des biens-fonds , tant qu'elles avoient des freres ou des neveux , enfants de leurs freres. Or , vous n'êtes pas homme à me rien accorder que je ne l'aie prouvé. Selphaad, de la tribu de Manaffés, étoit mort dans le défert fans laiffer d'enfants mâles, mais il avoit laiffé cinq filles, & comme la terre promife devoit être partagée entre les mâles âgés de vingt ans & au deffus, & qui pouvant porter les armes, étoient ténus d'aller à la guerre, les filles de Selphaad fe féroient trouvées exclues du partage, fi on n'avoit eu égard qu'au dernier dénombrement qui venoit d'être fait. Moïfe, à qui elles s'adrefferent, déclara de la part de Dieu que leur demande étoit jufte, & qu'elles devoient recevoir un fort entre les parents de leur pere, pour le tranfmettre héréditairement à leurs defcendants. A cette occafion furent faites les loix fuivantes : Si un homme meurt fans laiffer d'enfants mâles, fon héritage paffera à fa fille ; s'il n'a point de fille, à fes freres ; s'il n'a point de freres, aux freres de fon pere ; s'il n'a pas d'oncles non plus, à ceux qui lui font les plus proches.

Les princes des familles de Galaad (a), aïeul de Selphaad, ayant réfléchi fur cette décifion, allerent trouver Moïfe, &, en préfence des autres princes d'Ifraël, lui parlerent en ces termes : Le Seigneur vous a ordonné, à vous, notre feigneur, de partager le pays au fort entre les enfants d'Ifraël, & de donner aux filles de Selphaad, notre frere, la part qui auroit dû revenir à leur pere ; mais fi elles prennent des maris dans d'autres tribus, leurs biens les y fuivront, & ce fera autant de moins dans notre héritage, en forte que l'année jubilaire, au lieu de rétablir notre fort, ne fervira qu'à le déranger à perpétuité. Dieu approuva la remarque des enfants de Jofeph, & ordonna que les filles de Selphaad épouferoient néanmoins qui elles voudroient, mais, à condition de ne prendre leurs maris que dans leur tribu, afin que les poffeffions des enfants d'Ifraël ne paffaffent point d'une tribu à une autre, & ceci fut érigé en loi générale & perpétuelle, c'eft-à-dire, qu'il fut ftatué que tous les hommes prendroient des femmes dans leur tribu & leur parenté, & que toutes les femmes prendroient des maris dans leur tribu, (en donnant la préférence aux hommes de leur parenté) afin que les héritages demeuraffent dans les familles, & que les tribus ne fe confondiffent pas, mais reftaffent féparées, comme Dieu les avoit féparées : &, en effet, les filles de Selphaad firent ce qui leur avoit été commandé, en époufant les fils de

____

(a) Exod. Cap. XXXVI.

(61)

leur oncle paternel, de maniere que leurs poffeffions demeurerent dans leur tribu & dans la famille de leur pere.

L'A B B É.

Vous me prouveriez bientôt que la terre falique eft auffi ancienne que la loi Mofaïque.

L'A U T E U R.

Et, quand je vous le prouverois, que ferois-je autre chofe que de vous faire voir, par un exemple, fur deux cent & plus, que les premiers légiflateurs chrétiens de cette monarchie copierent, autant qu'ils purent, la loi Mofaïque, & que de cette loi, combinée cependant avec les douze tables & les loix particulieres aux Gaulois, ils compoferent tout leur corps de législation ?

L'A B B É.

La découverte feroit finguliere, & j'en ferois étonné ; car je ne me rappelle pas d'avoir rien lu de femblable.

L'A U T E U R.

Pas même dans les mémoires de votre académie ? Mais, parmi quelques bonnes chofes, ils en contiennent tant de mauvaifes & d'inutiles, qu'il doit y manquer les trois quarts de ce qu'on y cherche. Obfervez, d'ailleurs, qu'il eft devenu prefque ridicule de citer nos livres faints, & que s'appuyer de leur autorité directement, ou indirectement, reffembleroit trop à la barbare fimplicité de nos peres, qui croyoient, & étoient fouvent conféquents.

L'ABBÉ.

Pourquoi donc prenez-vous l'habitude de citer ces
livres facrés, auxquels peu de gens croient, & où
bien moins de gens encore penfent que l'on doive
chercher les maximes du gouvernement?

L'AUTEUR.

Parce que je crois à ces livres & à la fageffe in-
finie de celui qui dicta tout ce qu'ils contiennent,
&, qu'auffi long-temps que l'Europe, & ma nation
en particulier, n'auront pas abjuré le chriftianifme,
ou j'efpérerai de citer ces livres avec fuccès, ou je
me ferai un plaifir malin d'embarraffer mes contra-
dicteurs, en les réduifant à la dure alternative, ou
d'avouer leur incrédulité, ou de déraifonner.

L'ABBÉ.

Ils ne feront ni l'un, ni l'autre : ils vous répondront très-fimplement, & avec affez de jufteffe, ce
me femble, que la police des Hébreux ne fut inftituée que pour eux, & que Moïfe ne fut point notre
législateur.

L'AUTEUR.

Cette réponfe ne les tirera point d'embarras, car
je leur demanderai, en premier lieu, s'ils croient
que Moïfe ait été un fage législateur ; & s'ils difent
qu'oui, j'ajouterai que fa législation peut donc être
citée, ou comme modele, ou comme exemple, ou
comme autorité : je leur demanderai, en fecond
lieu, s'ils croient que Moïfe ait pu outrager ce qu'ils

appellent la nature, faire des loix contre ce qu'ils appellent le droit de la nature, & confacrer l'injuf-tice par la difcordance de fes loix avec les rapports effentiels des hommes & des chofes.

L'A B B É.

Ceux qui n'ont pas abjuré la religion de nos peres n'héfiteront point à vous répondre, que les loix po-litiques de Moïfe furent très fages pour le peuple à qui il les donnoit, & même les meilleures qu'il pût lui donner ; mais que les mêmes circonftances, le même but, les mêmes rapports ne pouvant plus exifter, cette fageffe relative peut très-bien n'en être pas une pour nous : ils vous répondront, en fecond lieu, qu'ils ne penfent pas que le créateur des hom-mes & des chofes ait pu rien ftatuer qui repugnât aux rapports effentiels qu'ont entre eux les hommes & les chofes ; rien, par conféquent, qui fut con-traire au droit de la nature.

L'A U T E U R.

La premiere réponfe eft trop vague, & fuppofe trop gratuitement des circonftances ; un but, des rapports uniques, pour qu'elle me fatisfaffe, ou que je la croie de bonne foi : la feconde me fuffit, & j'en prends acte.

C'eft donc contre un exemple authentique & fa-cré, que l'on a prétendu que tous les hommes, nés dans un pays, & l'habitant, étoient tous également citoyens, par la feule localité de leur naiffance, qu'il valoit mieux que les vrais citoyens, qui furent auffi guerriers, comme ils étoient feuls propriétaires parfaits , ceffaffent d'être guerriers par le devoir & le droit de leur naiffance , & devinffent tributaires comme les fimples habitants , pour que , du produit des impôts on foudoyât des guerriers , qu'on prendroit indifféremment entre les citoyens & les habitants.

C'eft donc contre un exemple facré qu'on a foudoyé des étrangers avec l'argent des citoyens , pour avilir ceux-ci fous un tribut honteux & accablant , & encourager la bravoure chez fes voifins , qu'on a rejetté le citoyen qui demandoit à être reçu entre les défenfeurs de fa patrie , pour préférer le fils de l'efclave.

C'eft donc contre l'autorité d'un législateur divin, que, d'abord , pour un intérêt fifcal on a permis au fils de l'efclave , au fimple habitant d'acheter & de pofféder à perpétuité les forts des vrais citoyens , les terres fur lefquelles étoit fondée la reproduction des familles nationales , & qui devoient être , dans tous les fiecles , la folde de leur bravoure , & qu'enfuite , par la manie du commerce , on a voulu mettre auffi toutes les terres dans le commerce , en aboliffant les fubftitutions à l'infini , fans pourtant limiter la quantité des biens qui pouvoient être fubftitués , ce qu'il falloit faire , afin qu'une feule famille ne s'affurât pas la poffeffion du patrimoine de dix familles.

C'eft donc contre une autorité facrée que l'on a foutenu que la fervitude repugnoit au droit de la nature , & qu'il étoit injufte & barbare que les fils de l'efclave , nés dans la fervitude , fuffent efclaves comme leurs peres. C'eft donc contre une autorité facrée que l'on a profcrit les droits qui reftoient aux citoyens fur la poftérité des efclaves de leurs peres ,

fous

fous prétexte que la fervitude avoit vieilli, ou plutôt, parce qu'on ne vouloit plus la reconnoître,
comme ayant donné naiffance à ces droits. Ce fut
donc contre une autorité facrée, en conféquence
d'un raifonnement ridicule, par un jeu de mots puérile & fans autorité fuffifante, que Louis X donna
ces lettres, tant vantées & fi abfurdes, dans lefquelles il difoit d'abord, que, felon le droit de nature, chacun doit naître franc, & ajoutoit que fon
royaume étant dit & nommé le royaume des Francs;
il vouloit que la chofe en vérité fût accordante au
nom. N'étoit-ce pas comme fi David eût dit, que
fon royaume s'appellant le royaume d'Ifraël, il vouloit que tous ceux qui l'habitoient fuffent Ifraélites, fans
diftinction du Chananéen & de l'Hébreu, & que
tous les hommes devant être libres, felon la nature, il entendoit que l'efclave devînt libre comme
fon maître, & que tout cela enfemble s'appellât
le peuple d'Ifraël ? Il eft vrai qu'il n'eût pas joué fur
le mot comme Louis Hutin; mais vous convien-
drez que fes raifons n'en euffent pas été moins
bonnes.

L' A B B É.

Il me femble que vous fupprimez une partie du
préambule des lettres de Louis X, & que, pour
avoir occafion de lui objecter le défaut d'autorité,
vous lui faites faire plus qu'il ne fit; car il n'affranchit que les ferfs de fes domaines, ce que, fans doute, il étoit en droit de faire, & que, quant aux autres feigneurs qui avoient des ferfs, ainfi que lui, il fe
borna à defirer qu'ils priffent exemple de lui, & les
ramenaffent à franchife.

Partie II.   E

L'Auteur.

Je reviendrai , puisque vous le voulez, à cette partie du préambule que j'ai omise ; mais je commence par justifier ce que j'ai dit, que Louis X fut sans autorité pour faire ce qu'il entreprit. Louis convint dans le dispositif de ses lettres , qu'il lui revenoit des émoluments des servitudes qu'il prétendoit abolir , & qu'il en seroit revenu à ses successeurs. Ses prédécesseurs lui avoient transmis le droit qu'il avoit à cette partie de son revenu , & il falloit qu'il ne doutât pas de son droit , puisqu'il chargeoit ses officiers de traiter & accorder, avec les villes, communautés & personnes singulieres qui ladite franchise requerroient de certaines compositions, par lesquelles suffisante *récompensation* lui seroit faite de ces émoluments. On ne vend point ce qu'on ne possede pas à juste titre, quand on respecte autant le droit de nature que le respectoient Louis Hutin & son grand conseil. Or, si Louis ne pouvoit aliéner ses revenus légitimes , au risque d'être ensuite plus à charge à la nation , s'il ne pouvoit affranchir ses esclaves , sans concevoir en même temps le projet de reprendre en taille , sur eux , & en impositions sur les citoyens vraiment libres, autant & plus qu'il ne vendoit , n'est-il pas clair qu'il agissoit sans autorité , puisqu'il n'étoit pas en droit d'appauvrir ses successeurs, qu'il étoit de mauvaise foi , puisqu'il vendoit sous un nom ce qu'il vouloit reprendre sous un autre nom , & qu'il étoit un tyran détestable, puisqu'il ne paroissoit élever un peu ses esclaves que pour approcher les citoyens de leur niveau , & les écraser tous également fous le poids de fes befoins qu'il accroiffoit lui-même à perpétuité, en fe dépouillant de fon revenu légitime dès le commencement de fon regne pour fe faire une groffe fomme d'argent, qui fut bientôt dépenfée ? Qu'arriva-t-il de là ? il fut obligé de faire des demandes exceffives à ce tiers-état qu'il avoit créé ; & elles lui furent refufées ; il affembla les nobles féparément pour qu'ils lui accordaffent ce que le tiers - état lui avoit refufé, mais à prendre fur ce tiers-état ; & les nobles refuferent de lui accorder le bien d'autrui. Il prit enfuite la réfolution de ne plus tenir d'états & de prendre clandeftinement où & quand il pourroit , & la nation commença à fe confédérer pour le forcer à la convocation des états , & l'y força par la crainte de pis. Voilà quel fut l'homme qui, de par le droit de nature, commença l'affranchiffement univerfel des efclaves pour nous faire perdre toute idée de liberté & de patrie, & réduire à rien le titre fi éminent de citoyen. Avez-vous encore envie de me citer fon beau préambule ?

L' A B B É.

Il peut n'avoir pas été très-honnête homme , & pourtant avoir dit la vérité ; & je croirois, en effet, qu'il ne s'en éloignoit pas en difant que c'étoit » par » aucuns ufages ou coutumes, qui, de grande an- » cienneté, avoient été introduites & gardées juf- » qu'alors en fon royaume , &, par aventure, pour » le meffait de leurs prédéceffeurs , qu'un grand » nombre de perfonnes de fon commun peuple » étoient enchues en lien de fervitudes & de di-

» verfes conditions , ce qui beaucoup lui déplai-
» foit «.

L'AUTEUR.

Vous croyez donc que tout cela étoit bien vrai,
& que Louis Hutin ne mentoit pas ?

L'ABBÉ.

Il n'y a pas lieu de l'en foupçonner , puifqu'il n'a-
voit aucun intérêt à déguifer la vérité.

L'AUTEUR.

A la bonne heure ; mais le miniftre qui lui confeilloit l'affranchiffement des ferfs du domaine,
croyez-vous qu'il ne mentît pas ?

L'ABBÉ.

Pourquoi voulez-vous trouver un menteur , où
vous ne devriez voir qu'un bienfaiteur de l'efpece
humaine ?

L'AUTEUR.

Ce n'eft pas de quoi il s'agit maintenant ; mais,
pour ne pas multiplier les queftions, je vous dirai
que les lettres de Louis Hutin ne furent autre chofe
qu'un édit burfal, & que c'en eft affez pour foupçonner quelque infidélité dans le préambule ; il y
eft parlé d'ufages ou coutumes, expreffions vagues,
qui font au moins un aveu d'ignorance ; on avoue
la grande ancienneté de ces ufages, & l'on eft enfuite réduit aux conjectures fur l'origine de la fervitude & de la diverfité des conditions. C'eft peut-
être , dit-on, pour meffait de leurs ancêtres que les

ferfs font tombés dans la fervitude , & le réfte du commun peuple réduit à une condition approchante de celle-là. Plus loin, on parle de ceux qui, d'origine ou ancienneté , font tombés dans les liens de ferve condition , & on les diftingue de ceux qui y font nouvellement tombés par mariage , ou par réfidence en certains lieux ; enfin on parle d'excès & de vexations auxquels le commun peuple a été expofé de la part des collecteurs, fergents & autres officiers, qui, au temps paffé , ont été députés fur le fait de mainmorte & formariages ; entendez-vous bien tout cela, & convenez-vous que la fervitude fe foit établie à la faveur de ces coutumes auffi barbares que les mots qui les expriment ?

L'Abbé.

Je vois de l'injuftice, de l'oppreffion; mais tout cela dans de profondes ténebres , qui m'empêchent de diftinguer les objets.

L'Auteur.

Votre préambule n'eft donc pas fort lumineux, puifque, à fa clarté, vous ne voyez rien que ce qui n'eft pas ; car, fur ma parole, il n'y a ici ni oppreffion ni injuftice, fi ce n'eft peut-être dans quelques cas particuliers de la part des collecteurs, fergents & officiers qui faifoient leurs affaires beaucoup mieux que celles du roi & des feigneurs, qui chicanoient ceux qu'il falloit laiffer en repos & ne faifoient pas leur devoir contre ceux qui favoient les corrompre ; mais en quelque genre & en quelque temps que ce foit , fi l'on veut prévenir tous les abus, il ne faut avoir ni collecteurs, ni fergens ni officiers.

E 3

L'ABBÉ.

Vous venez d'avancer une étrange assertion, &
qui reffemble bien à tous vos autres paradoxes ; mais
je n'ai pas le temps aujourd'hui de la difcuter & de
vous prouver que ce fut par la multiplicité & la con-
tinuité des oppreffions particulieres, pendant plufieurs
fiecles, que la fervitude exifta en France. Nous re-
prendrons une autre fois cette difcuffion, fi vous
le jugez à propos ; car il importe de ne pas fe tromper fur un fujet de cette nature, quoique les conféquences de la vérité ou de l'erreur en cette matiere
ne paroiffent pas devoir être ni bien utiles ni bien
dangereufes dans l'état actuel des chofes ; mais encore eft-il vrai que de l'opinion qu'on adopte fur
l'origine des conditions, réfultent, pour ainfi parler,
des inclinations de la puiffance légiflative qui ne font
nullement indifférentes, & qui, avec le temps &
par des progrès imperceptibles, peuvent amener des
combinaifons très-différentes, fuivant que ces inclinations font favorables ou contraires à certaines
claffes ; car l'idée de juftice eft fi puiffante fur les
hommes, malgré leur perverfité, & fon action eft
fi continue, quoique fouvent imperceptible, qu'à la
longue ce qui eft réputé jufte l'emporte fur tous les
intérêts contraires.

L'AUTEUR.

Vous avez raifon, & c'eft parce que je fuis perfuadé de cette vérité que je me permets quelquefois
des difcuffions, dont il ne paroît pas à la plupart de
mes lecteurs qu'il puiffe réfulter aucune conféquence

pratique. Il y a cependant encore une autre raiſon qui m'oblige de rechercher les origines différentes des hommes qui rempliſſent aujourd'hui l'Europe , & que l'on confond preſque par-tout ſous le titre avili de *citoyen ;* c'eſt que les hommes doivent né-ceſſairement être partagés en deux claſſes principa-les, celle des ſerviteurs, quelque nom qu'on leur donne, & celle des maîtres, quelque accidentelle que puiſſe être leur ſupériorité. Or , comme une maiſon ne peut être heureuſe, où c'eſt l'eſclave qui commande aux enfants , je crois qu'il importe de ne rien confondre, ſi l'on veut concilier la juſtice & l'intérêt public dans les maximes du gouvernement , ce qui eſt abſolument requis pour que ces maximes ſoient bonnes.

CHAPITRE III.

On prouve que du moment où l'étendue d'une cité met le citoyen dans l'impuissance de se suffire à lui-même & à sa patrie à la fois, il existe nécessairement une classe servile, qui travaille pour les citoyens, & ne fait point partie de la cité; que les besoins des citoyens ne peuvent s'accroître sans que la classe servile n'augmente en nombre. Que cette classe ne peut devenir plus nombreuse sans que l'ordre des citoyens ne soit resserré.

TARQUIN avoit raison de demander à Aristodeme où il avoit ses malheureux; s'il croyoit que l'on fût malheureux pour être obligé de travailler tous les jours, pour se passer de beaucoup de choses, pour ne pas s'occuper des affaires publiques, pour n'espérer ni grandeur, ni pouvoir, ni richesses; pour obéir souvent, & ne commander que dans sa famille. Et il étoit naturel que Tarquin pensât ainsi, parce qu'il aimoit, avec tant de passion, les choses dont le plus grand nombre des hommes devoit être privé, qu'il n'imaginoit pas qu'on pût en être privé toujours sans une douleur toujours renaissante. Aristodeme lui-même n'étoit pas, à beaucoup près, assez sage pour relever cette méprise de Tarquin; il se contenta de faire le dénombrement de ses malheureux, de maniere à le convaincre qu'aucun d'eux n'étoit citoyen, & qu'il n'y avoit d'infortunés chez lui que ceux qui n'étoient pas les enfants de la patrie. S'il eût été aussi exercé dans la science du gouver-

nement qu'il étoit favant dans l'art de la tyrannie,
il auroit tiré plus d'avantage qu'il ne fit de la diffé-
rençe qu'il y avoit entre la cité de Cumes, telle
qu'il la gouvernoit, & celle de Rome en l'état où
Tarquin l'avoit mife ; car, il auroit prouvé, premiérement, qu'il n'y avoit dans l'abjection, la pauvreté
& la néceffité de travailler affidument pour autrui,
que des hommes nés dans cette condition, ou qui,
plus malheureux ailleurs, étoient venus à Cumes, où
on ne leur devoit rien, pour y trouver du pain en
échange de leur travail journalier. Il auroit prouvé
en fecond lieu, que ni les efclaves, ni les étrangers,
ni les fimples habitants, nés de parents étrangers,
n'étoient malheureux par la néceffité de travailler,
& par la privation des prérogatives qui n'appartenoient qu'aux citoyens, parce que l'habitude du travail leur en faifoit un paffe-temps néceffaire & très-
peu pénible ; & que, n'ayant jamais pu efpérer le
refte, ils n'en avoient jamais conçu un véritable defir ;
que, fachant très - bien qu'ils n'y avoient aucun droit,
ils n'éprouvoient point dans cette privation le mal-
aife vraiment pénible de l'injuftice fentie.

Mais, Ariftodeme auroit été embarraffé à fe défendre d'une objection qu'on auroit pu lui faire. Auffi
long-temps, auroit-on pu lui dire, qu'il n'y a point
eu à Cumes d'efclaves auffi heureux que paroiffent
l'être ceux qui font parvenus au rang & à la fortune
dont vous les faites jouir pour avoir affaffiné leurs
maîtres, & que des affranchiffements rares & moti-
vés n'ont fait que des citoyens très-ordinaires ; je
conçois que dans cet état on ne fe permettoit point
d'efpérances, & on ne nourriffoit point de defirs qui

puſſent en faire le tourment. Mais, en eſt-il de même depuis que vous avez donné cet exemple ? Un eſ-clave pouvoit croire ſon maître plus heureux que lui , mais il ne lui envioit point un bonheur pour le-quel il ne ſe croyoit pas fait. On peut en dire autant des étrangers que le deſir de gagner leur vie amenoit à Cumes. S'ils l'y gagnoient , ils étoient contents , ou devoient l'être , & toute prétention eût été ab-ſurde de leur part. Depuis que des étrangers , que vous avez tirés des fers , & tant d'autres que vous avez attirés , jouiſſent d'un loiſir auſſi ſcandaleux que leur aiſance , & que pluſieurs d'entre eux font des fortunes brillantes , y a-t-il à Cumes un étranger dont l'ame ne ſoit agitée de deſirs nouveaux , & ne ſe navre de mécontentement ? car , d'étranger à étranger , on ne voit aucune différence eſſentielle qui faſſe un devoir de la réſignation à celui qui ſe croit le moins heureux. Si nous conſidérons enſuite en quel état ſont réduits les enfants des citoyens que vous avez fait maſſacrer , nous trouverons qu'ils doi-vent auſſi être très - malheureux ; car ils ſavent ce que furent leurs peres & leur ame s'en éleve ; mais ce n'eſt point pour concevoir des ſentiments magna-nimes , c'eſt pour ſe briſer contre une voûte d'ai-rain & retomber ſtupide & déchirée dans la fange où vous l'avez plongée. Ariſtodeme n'auroit point eu de bonne réponſe à ces reproches , auxquels on auroit pu en ajouter beaucoup d'autres , comme d'avoir encouragé le vice & le crime , d'avoir dé-truit toute ſubordination, d'avoir anéanti toute idée de juſtice & de patriotiſme, de n'avoir laiſſé ſub-ſiſter aucune loi , & de s'être , par conſéquent, réduit lui-même à n'en pouvoir citer aucune en fa faveur; d'où il arrivoit que fa royauté n'étoit qu'un fait, auquel en pouvoit fuccéder un autre , fans 'que l'on pût attacher aucune idée d'injuftice à l'événement par lequel il auroit ceffé de régner.

Mais, ce que nous venons de dire fuffit pour indiquer les réfultats d'une théorie que nous avons développée dans la premiere partie de cet ouvrage.

Celle dont nous devons maintenant nous occuper eft différente, quoique étroitement liée avec celle-là.

Dans une cité dont le territoire eft peu étendu, & contient pourtant un grand nombre de citoyens qui vivent du produit de ce territoire, (& tels furent originairement tous les peuples) où il n'y a, par conféquent, point de luxe , parce que chaque famille doit fe fuffire à peu près à elle-même dans une telle cité ; tout homme peut être citoyen, parce que tout homme a du loifir pour penfer & agir en citoyen. C'eft encore là ce que j'ai expliqué dans le livre précédent. Mais dès que le nombre des citoyens diminue , ou que le territoire s'accroît fans que le nombre des citoyens s'accroiffe à proportion, il faut ou qu'une partie du territoire refte en non-valeur , ce qui arrivera rarement , ou que les citoyens travaillent davantage fans avoir plus de befoins , ce qui feroit abfurde , ou que leurs befoins s'accroiffent, ce qui eft incompatible avec une vie plus laborieufe, & fuppofe, au contraire, plus de loifir pour les jouiffances ; &, par conféquent, moins de travail, ou moins de temps donné à la chofe publique. Or, il n'eft pas vraifemblable, & il n'y a aucun exemple qu'un peuple, après avoir accru fon territoire, ait

négligé la chofe publique pour fe procurer plus de
temps pour travailler, & avoir plus de loifir pour
jouir. C'eft donc une fuppofition qu'il ne faut pas admettre; &, dès-lors, reftent, dans la derniere hypothefe, accroiffement de territoire, accroiffement de
befoins; &, ce que j'ai fait voir ailleurs, néceffité,
pour les citoyens, de donner plus de temps à la
chofe publique, en raifon de l'accroiffement des dif-
tances, & auffi de la plus grande étendue des fron-
tieres.

Or, de l'accroiffement des befoins combiné avec
celui des propriétés réfultent la néceffité d'un plus
grand travail, la poffibilité de fon emploi & fon
utilité : ce temps a cependant fa quantité bornée, &
ne s'accroît point au gré des hommes : il faut donc
que le citoyen, dans le cas fuppofé, s'approprie le
temps d'autrui ; &, pour fe l'approprier, il doit
l'acheter, c'eft-à-dire, qu'il doit faire fubfifter l'homme, qu'il oblige à lui donner fon temps ; mais, pour
le faire fubfifter, il faut qu'il tire de fa terre plus de
denrées qu'il n'en tiroit autrefois, & il n'y peut
réuffir qu'autant qu'il emploie plus de temps à la
culture; or, dans l'hypothefe, ce n'eft pas de fon
propre temps qu'il peut donner une plus grande quantité à la culture ; c'eft donc le temps de cet homme,
qu'il nourrit, qu'il emploie tout entier à fertilifer fa
propriété qui s'eft accrue ; &, comme en ce genre
le travail d'un homme nourrit plus d'un homme, il
refte un profit au propriétaire. Si ce profit équivaut
exactement à la plus grande quantité de temps que
le citoyen donne à la chofe publique, il ne peut
vivre que comme il vivoit auparavant, & fes jouif-

fances ne font accrues qu'en ce qu'il a plus de loifir
pour les affaires publiques , foit les affemblées , foit
les exercices militaires , foit la guerre , foit toutes ces
chofes enfemble. Si, au contraire , le profit qui lui
revient du temps d'autrui excede cette plus grande
quantité de temps , il refte fans emploi, ce qui ne
peut être ; ou il imagine des jouiffances nouvelles ,
pour l'apprêt defquelles il lui faut le temps d'un autre homme ; il achete ce temps de l'excédent du
profit qu'il fait fur le temps de cet homme qui cul-
tive déjà pour lui ; & , dès-lors , le voilà qui occupe
& nourrit deux hommes. Mais , il ne nourrit l'un
qu'en lui permettant de prélever fa fubfiftance fur le
produit de fon travail , au lieu qu'il nourrit l'autre
fans profit , fi ce n'eft le plaifir qu'il trouve dans les
jouiffances qu'il lui apprête. Ce fera peut-être une
raifon pour lui d'exiger du premier un furcroît de
travail , ou de lui prefcrire une maniere de travailler
plus expéditive , afin qu'une plus grande étendue de
terre foit fertilifée par le travail d'un feul homme.
Bientôt , fi l'étendue de fa propriété le lui permet ,
il achetera le temps d'un fecond, d'un troifieme ,
& d'un quatrieme cultivateur pour avoir un plus
grand profit , fe difpenfer lui-même de toute efpece
de travail productif , & augmenter fes jouiffances ;
& , par conféquent , le nombre des hommes qui lui
donneront leur temps , fans autre profit pour lui que
l'accroiffement des jouiffances. Mais , obfervez qu'il
ne nourrira tous ces travailleurs qu'à condition d'a-
voir à lui tout le temps pendant lequel il les nourrira ; car , s'il devoit les nourrir long - temps pour
travailler peu , les cultivateurs ne lui donneroient

que peu ou point de profit ; & , les apprêteurs de jouiſſances lui en procureroient peu pour beaucoup de denrées qu'ils lui conſommeroient. Il s'enſuivra de là que les uns & les autres n'auront point de temps à donner à la choſe publique, & qu'ils n'en auront pas même pour ſe mettre en état d'y vaquer. Mais, d'un autre côté, leur condition paroîtra très-dure ; il ne faudra donc pas qu'ils ſoient auſſi forts que leurs maîtres, quoique, ſuivant toutes les apparences, ils ſoient déjà beaucoup plus nombreux. Il ne faudra donc pas qu'ils aient ni courage, ni armes, ni adreſſe à ſe ſervir de celles qu'ils pourroient trouver ſous leurs mains. Enfin, la patrie ne les reconnoîtra point pour ſes enfants, 1°. parce qu'ils ne feront point de la race de ſes anciens citoyens ; 2°. parce qu'ils ne la ſerviront point ; 3°. parce qu'ils n'auront point de propriété immeuble , comme le territoire.

Quels feront donc ces hommes qui ne ſe feront voués tout entiers aux citoyens que parce qu'ils ne devoient rien à la ſociété ? Ce ſeront ou des eſclaves dont tout le temps aura été acheté à perpétuité par les citoyens qui prévoyoient avoir toujours beſoin du temps d'autrui, ou les rejettons d'un peuple ſubjugué & dépouillé de ſes terres, en tout ou en partie , qui n'ayant pas aſſez d'emploi ſur leur propre fonds , & ne pouvant vivre de ſon produit ſe louerent pour travailler chez les citoyens, ou des étrangers , qui n'ayant point de pain chez eux , viendront travailler à condition d'être nourris & vêtus, ou ce feront toutes ces eſpeces d'hommes à la fois.

Tous feront étrangers à la patrie par les raiſons

que nous avons dites, & la fociété politique ne les
connoîtra même pas. Un citoyen aura befoin d'un
homme de plus, il ira à un marché étranger, &
achetera un homme, qu'il amenera chez lui; il en
aura un de trop, il le menera au marché & le ven-
dra. La fociété n'en prendra aucune connoiffance, &
ne fera caution de rien à celui qu'on aura acheté,
comme elle ne s'oppofera point à ce que l'autre foit
vendu; tout ce qu'elle pourra faire fera d'affujettit
ce commerce à des réglements. Mais fi on y contre-
vient ce ne fera ni l'homme acheté, ni l'homme
vendu qui fera puni, parce que ni l'un ni l'autre ne
doivent rien à la fociété. Ce fera le citoyen qui aura
contrevenu à des loix que feul il étoit tenu d'obferver.

Mais, foit que la fervitude perpétuelle foit établie
chez un peuple comme elle le fut autrefois chez tous
les peuples, à l'exception des Alains, foit que l'on
y fupplée par la fervitude annuelle, hebdomadaire,
ou journaliere, il eft toujours vrai; 1°. que fur plufieurs hommes il n'y en a qu'un qui donne fon
temps à la fociété politique; 2°. que celui-là feul
peut le lui donner utilement, parce qu'il le veut, &
auffi parce qu'il s'eft mis en état de la fervir; 3°. que
ceux qui n'habitent le territoire qu'à condition d'y
vivre en travaillant, n'ont aucune des qualifications
requifes pour être citoyens, & ne prétendent pas
l'être dans le véritable fens de ce mot; 4°. que favorifer leur multiplication, c'eft provoquer la diminution du nombre des citoyens; 5°. que les autorifer
à gagner beaucoup en travaillant peu, c'eft encore
provoquer la diminution du nombre des citoyens;

6°. que tirer ces hommes avec les terres qui leur ont été confiées par les citoyens, de la main de ces derniers, quelle que foit la méthode qu'on fuit pour opérer cette révolution ; c'eft encore provoquer la diminution du nombre des citoyens, en commettant une injuftice criante ; 7°. que de ces affranchis on ne fera jamais autant de citoyens, quoique quelques-uns d'entre eux puiffent le devenir, & qu'ainfi l'affranchiffement fuppofé donnera toujours plus de perte que de gain à la fociété ; 8°. que, quelque chofe que l'on faffe, à luxe égal, il y aura toujours le même nombre d'hommes de peine, contre un nombre égal d'hommes qui jouiront, & que s'il y a beaucoup d'hommes qui jouiffent fans être citoyens, le nombre de ceux qui ne le font pas par inaptitude & impuiffance, reftant le même, la cité fera réellement diminuée d'autant de membres qu'il y aura d'hommes qui jouiront fans être citoyens ; 9°. que fi le luxe s'accroît, ou de lui-même ou par un effet des loix qui le favoriferont pour donner lieu à l'accroiffement de la claffe laborieufe, le nombre des citoyens diminuera dans la même proportion dans laquelle le luxe s'accroîtra, & beaucoup plus que ne s'accroîtra la claffe laborieufe, parce qu'il n'y aura plus une jufte proportion entre le nombre de ceux qui travailleront avec profit, & le nombre de ceux dont le travail n'aura d'autre produit que le plaifir ; d'où réfultera une furcharge de travail pour les premiers, ou la diminution ruineufe des frais de la culture ; 10°. que par l'effet des mêmes loix toutes les conditions perdront l'efprit qui leur eft propre, qu'il n'y aura plus ni fubordination ni difcipline ; d'où il

arrivera

arrivera que la plupart des hommes fauront mal ce qu'ils devront faire , & le feront encore plus mal, fource féconde de non-valeurs ; 11°. que nul homme ne pouvant compter fur un autre homme, & tous les liens étant relâchés, il n'y aura plus ni attachement ni bienveillance , ni crainte, ni pitié, ni fidélité , ni confiance, que l'opulence ne fera que le produit des profits , n'exiftera nulle part par le feul produit des biens-fonds , & que la mifere fera très-commune , très-affreufe & fans reffource ; 12°. que la mauvaife foi & l'avidité étant univerfelles, le produit du travail fera très-médiocre, pour celui qui falariera ; le produit de la fripponnerie, auffi grand que le comportera la geftion d'un chacun ; le produit du négoce très-grand, mais très-cafuel, dont réfultera un flux & reflux continuel de fortunes , qui portera les hommes de l'état le plus abject à la plus grande opulence & les rejettera de l'opulence dans le néant, par où acheveront de s'anéantir les mœurs fociales , au lieu defquelles il n'exiftera que l'avidité fous toutes fes formes, la fureur des jouiffances , & la guerre de tous contre tous.

D'après ces confidérations , j'ofe propofer un problême qui a paru depuis long-temps n'en être pas un , & que beaucoup de gens encore trouveront abominable. Voici ce problême : Une fociété politique étant tellement conftituée, les mœurs de fes membres étant telles, & fon territoire tellement étendu qu'elle foit obligée de fouffrir chez elle un grand nombre d'hommes qui ne font pas citoyens ; mais les ferviteurs des citoyens, par le befoin que ceux-ci ont de leur travail, & par la néceffité où font ceux-

là de travailler tous les jours pour vivre tous les
jours, lequel eſt le plus avantageux pour les uns &
les autres, que cette multitude d'hommes n'appartienne qu'à la ſociété en corps, ne doive ſon travail
à perſonne en particulier, & n'ait droit d'être occupée & nourrie par perſonne, ou qu'elle ſoit diſ-
tribuée en autant de brigades, plus ou moins fortes,
qu'il y a de citoyens qui ont beſoin de ſon travail,
enſorte que ces citoyens étant obligés de nourrir
chacun ſa brigade, ils ſoient auſſi en droit d'en
exiger avec ordre, diſcipline & autorité tout le travail qu'elle peut & doit faire pour l'intérêt commun ?

Pour réſoudre ce problême il ne faut pas ſe mettre ſoi-même avec ſes mœurs & la foibleſſe de ſon
corps à la place de chacun des individus qui compoſent la claſſe uniquement laborieuſe ; il faut auſſi
écarter ſoigneuſement les chimeres qui font illuſion
à tant de petits eſprits, comme l'honnêteté & l'inno-
cence de cette claſſe, la cruauté des hommes qui
font au deſſus d'elle, la poſſibilité que cette bien-
faiſance qu'on nomme humanité ou charité, devienne
univerſelle, remplace en partie l'intérêt propre &
le ſubjugue en partie, la poſſibilité encore de donner de bonnes mœurs à la claſſe inférieure par la
ſeule inſtruction, & enfin, la poſſibilité des gros ſalaires pour peu de travail, quand le produit de ce
travail eſt très-mince ; il faut auſſi ſe bien mettre
dans l'eſprit qu'aux yeux de la raiſon rien n'eſt plus
indifférent que le bonheur qu'a un individu de faire
fortune, c'eſt-à-dire, de s'élever au deſſus de ſon
état, & d'acquérir des richeſſes qu'il n'avoit point
trouvé dans l'héritage de ſes peres, puiſque l'état

de la société politique & le produit du territoire reſ-
tant les mêmes , il ne peut y avoir qu'un nombre
déterminé d'hommes riches , & qu'un homme le
devenant qui ne l'étoit pas , il faut qu'un autre qui
l'étoit ceſſe de l'être , & , qu'en général , beaucoup
de gens ne font fortune qu'où il y a des raiſons pour
qu'un plus grand nombre encore de familles fortu-
nées tombent dans l'infortune & le néant, ce qui
n'eſt pas un bien , mais un très-grand mal.

Il n'en eſt pas tout-à-fait de même de la poſſibilité d'améliorer ſon état , conſidérée comme un
moyen d'encouragement , un motif d'eſpérance , un
ſujet de conſolation ; mais pour que cette poſſibilité
exiſte, il n'eſt pas néceſſaire que tout ſoit au pillage ,
ni que l'indiſcipline & le déſordre regnent par-tout ,
& elle n'eſt même deſirable qu'autant. qu'elle eſt
étroitement liée avec l'idée de moyens honnêtes ,
&, par conſéquent, utiles à la république.

J'ai cru devoir préſenter ces obſervations à mes
lecteurs avant de leur faire part de la converſation
ſuivante.

CHAPITRE IV.

Que la classe servile devant nécessairement exister sous quelque forme que ce soit, avec ou sans discipline, avec ou sans apparence de la liberté, mais toujours également vile, & très-inégalement utile, selon qu'elle est ou n'est pas disciplinée, l'humanité ne répugne point à ce que l'on ait tout l'égard que la justice exige à l'origine des hommes & des classes, pour régler la législation qui les concerne sur leurs droits & leurs devoirs primitifs & héréditaires. On entreprend sur ce plan, & comme un exemple qu'on propose, l'histoire de la nation Françoise en tant que cette nation descend des Gaulois & des Barbares établis dans les Gaules, & doit être distinguée des habitants serviles du même territoire & de leur postérité.

DIALOGUE

Entre l'Auteur & un Abbé.

L'Abbé.

Y a-t-il quelque chose de nouveau, Monsieur ? vous venez du pays des nouveautés.

L'Auteur.

Oui, du pays où on les fait, mais non pas de celui où on les dit : tout est intérêt personnel dans ce pays-là, & y parler des affaires, c'est blâmer, ou louer les personnes ; or, on ne blâme rien là que tête à tête, & tout haut on loue tout, ce qui n'est

pas amufant ; il vaut donc beaucoup mieux favoir
où le roi a chaffé, & ce qu'il a fait à la chaffe, que
de favoir de quoi s'occupe le miniftre des finances ; car on fauroit par cœur tous les bons plans qu'il
rejette, toutes les bonnes inftitutions qu'il veut détruire, au lieu de les réformer ; il n'y auroit pas là
un mot pour la converfation, à moins qu'on ne fût
précifément ce que perdroit tel grand feigneur de la
cour ou de la finance, par telle fuppreffion.

L'ABBÉ.

On parle de celle des maîtrifes, corps & communautés ; n'en avez-vous rien oui dire ?

L'AUTEUR.

Oui, j'ai entendu dire que le grand-prevôt de France perdroit beaucoup par cette fuppreffion, attendu
qu'il ne vendroit plus les exceptions aux regles.

L'ABBÉ.

C'eft bien là ce qui a droit de nous intéreffer ! Ne
favez-vous pas qu'il y a deux cent lieues de Verfailles
à Paris, & que c'eft fe donner un air étranger dans
nos fociétés, que de venir nous parler ici le langage
de Verfailles ?

L'AUTEUR.

Vous vous moquez, abbé; paffez le mur mitoyen,
& vous me direz lequel eft le plus étranger ici de
vous ou de moi.

L'ABBÉ.

Encore une fois, que dites - vous des maîtrifes,

F 3

çorps & communautés , & qu'en penſez-vous vous-
même ?

L'AUTEUR.

Rien , ou tout ce que vous voudrez ; je n'attendois pas là un miniſtre des finances à ſon début , &
& il n'y a point de pierre dans ma fronde contre ce
projet.

L'ABBÉ.

Vous y avez pourtant penſé autrefois , & il me
ſemble que vous vouliez vous ſervir de cette machine,
au lieu de la détruire.

L'AUTEUR.

Quand on ne ſe ſent pas en état de créer, ou de
ſe paſſer de tout , on ſe ſent de ce qu'on a ; mais
l'incapacité n'eſt pas un titre pour cenſurer le génie,
& je me tais devant les grands hommes.

L'ABBÉ.

Croyez - vous donc être encore à Verſailles : je
dis , moi , que les maîtriſes, corps & communautés
ſont une excellente choſe , & qu'en retranchant les
abus qui s'y ſont introduits, il faudroit les laiſſer ſub-
ſiſter : que St. Louis ſavoit bien ce qu'il faiſoit, & à
quels déſordres il vouloit remédier en en rédigeant les
ſtatuts , & que nous ne ſavons pas tout le mal qui
en arrivera ſi on les abolit.

L'AUTEUR.

Vous êtes hiſtorien , & vous aimez les reſtes de
de la vénérable antiquité : mais avec votre méthode

de ne pas favoir le mal qui en arrivera, on ne feroit, ni ne détruiroit rien, &, dès-lors, on feroit
miniftre comme un autre ; & avec moins de moyens
que n'en ont beaucoup d'autres pour fe foutenir, on
feroit culbuté demain.

L'A B B É.

Je vous entends, vous n'approuvez pas non plus
qu'on aboliffe les maîtrifes.

L'A U T E U R.

Je ne dis pas cela : on a bien fupprimé quelques
milliers de pageries, les joûtes & les tournois, le noviciat de la chevalerie & la chevalerie elle – même,
& l'on fe paffe à merveille de tout cela ; on fe paffera de même de l'apprentiffage, du compagnonage
& des maîtrifes : eft - il plus important d'empêcher
qu'il n'y ait des cordonniers qui n'aient pas appris
leur métier, qu'il ne l'étoit d'empêcher qu'il n'y
eût des guerriers élevés comme les penfionnaires de
Panthemont ?

L'A B B É.

Mais, de ce que nous avons beaucoup perdu ,
concluez-vous que nous devions tout perdre ?

L'A U T E U R.

Oui, fans doute, afin que tout foit à l'uniffon ;
car l'inégalité & l'iniquité font prefque toujours fynonymes : or, c'eft une grande inégalité, de laquelle
il réfulte des difproportions fâcheufes, & peut-être
funeftes, que beaucoup de profeffions foient libres ,
& que toutes ne le foient pas.

F 4

L'Abbé.

C'est-à-dire, que vous voulez de la liberté par-
tout, ou que vous n'en voulez nulle part.

L'Auteur.

Affurément, cela me paroît jufte, &, qui plus eft,
très-utile.

L'Abbé.

Mais confidérez donc, Monfieur, que la liberté
eft fans inconvénient, là où l'affluence n'eft point
à craindre, où l'aptitude eft, finon générale, du
moins très-ordinaire, où un intérêt très-fimple &
très-bien fenti tient lieu de regles ; qu'elle feroit, au
contraire, très dangereufe, là où l'affluence feroit per-
nicieufe, où il eft difficile de bien faire, où mal faire,
c'eft gâter & tromper, ce qui eft pire que de ne rien faire, où la fraude eft facile : confidérez de plus, qu'où il
y a foule, c'eft-à-dire, où la diftance locale eft nulle
entre les hommes, la claffification eft encore plus néceffaire qu'ailleurs, pour prévenir le défordre ; & la
fubordination, pour fubdivifer la foule par pelotons.

L'Auteur.

Vous êtes preffant, Monfieur l'abbé ; mais vous
connoiffant auffi zélé partifan de la liberté que vous
l'êtes, je ne défefpere point de vous ramener aux
bons principes, fi je parviens à vous convaincre que
les raifons que vous alléguez contre la liberté des
arts, des métiers & du commerce de détail, ou d'autres raifons également fortes, pourroient tout de

même être alléguées contre toute autre espece de liberté, contre celle de l'agriculture, par exemple,
& de tout ce qui est étroitement lié avec elle.

L'Abbé.

La méthode est nouvelle, & vous avancez là une
these bien étrange ; mais quoiqu'il y eût peut-être
quelque chose à dire contre la méthode, je consens
à abandonner les maîtrises & les corporations, si
vous réussissez à me prouver qu'elles ne sont pas plus
utiles que ne le seroient des institutions semblables,
que l'on feroit pour l'agriculture, & ce qui tient à
cet art.

L'Auteur.

Je ne suis pas content de votre réponse, en ce
que vous critiquez vaguement ma méthode, & ne
dites pas en quoi vous la trouvez défectueuse.

N'est-il pas vrai que de tous les arts & de tous les
métiers, le plus important est celui de l'agriculture,
qu'ainsi, la liberté dont elle jouit, tout autre art &
métier doit en jouir, si elle ne lui est pas plus dommageable qu'à cet art essentiel, parce qu'il n'y a point
de raison pour asservir l'un plutôt que l'autre, si le
danger de la liberté est égal, &, qu'au contraire, si
la liberté est de droit naturel, elle l'est doublement
pour les professions auxquelles elle nuit le moins, ou
auxquelles elle nuit avec le moins d'inconvénient ?

L'Abbé.

Votre réflexion me paroît juste, &, sous cette face, je trouve que votre méthode est bonne : prou-

vez-moi donc à préſent que la liberté eſt autant, ou
plus dommageable à l'agriculture que tous les autres
arts ; car pour ce qui eſt de ſon importance, je vous
diſpenſe de me prouver qu'il eſt plus eſſentiel d'avoir
du bled, que des ſouliers bien faits ; d'avoir de la
laine, qu'une communauté de marchands drapiers &
des auneurs jurés ; d'avoir des bœufs en abondance,
qu'un compagnonage & des maîtriſes de bouchers.

L'Auteur.

Vous diſiez tout à l'heure que la liberté eſt ſans
inconvénient, là où l'affluence n'eſt point à craindre,
par où vous vouliez inſinuer que l'affluence étoit très-
à craindre dans toutes les profeſſions qui s'exercent
dans les villes, à l'ombre, avec commodité, &
avec l'eſpérance d'une fortune très-agréable, &,
qu'ainſi la gêne eſt utile & néceſſaire pour écarter la
foule.

L'Abbé.

C'eſt-là, en effet, ce que je voulois dire, & je
ne crois pas que vous puiſſiez réfuter directement
cette objection contre la liberté des arts & métiers ;
car je ne vous ſoupçonne pas d'être du nombre de ces
gens qui penſent ou qui diſent, du moins, qu'il n'y a
pas de mal que beaucoup de gens tentent fortune,
faſſent mal, & échouent, puiſque dans le nombre
il y en aura toujours qui ſerviront bien le public &
réuſſiront. Vous pourriez trouver cette maniere de
raiſonner aſſez bonne, s'il s'agiſſoit d'un jeu comme
ceux d'Olympie ; mais vous la trouverez déteſta-
ble en matiere de police, parce que vous ſavez com-

bien il importe que les hommes ne fe déplacent pas légérement, qu'ils ne foient pas abandonnés, fans regle, & fans frein, à leur feul caprice, & qu'en ce genre le champ ouvert aux effais eft la pepiniére d'où la fortune tire de quoi peupler les prifons de débiteurs infolvables, les cachots de malheureufes victimes de la juftice; les grands chemins, de vaga-bonds; les pays étrangers, d'émigrants. Vous avez, d'ailleurs, une maxime qui m'affure que vous n'en-treprendrez pas férieufement de me réfuter; c'eft qu'il faut que les citoyens foient fervis le mieux & aux moindres frais qu'il eft poffible, par ceux aux-quels vous n'attribuez point le titre de citoyens, afin que le nombre des hommes que vous jugez dignes de ce titre, foit auffi grand qu'il eft poffible.

L'Auteur.

Tout cela eft bien dit, mais ne prouvera rien, tant que vous ne m'aurez pas fait voir la différence qu'il y a entre la défenfe d'entrer de ce cabinet dans cette chambre, & celle de fortir de ce cabinet, qui n'a pas d'autre porte que celle que vous voyez.

L'Abbé.

Que voulez-vous dire par cette comparaifon?

L'Auteur.

Vous auriez pu le deviner; mais je veux bien vous en épargner la peine; fi vous craignez l'affluence dans les arts & métiers, & plus encore dans le com-merce de détail, vous craignez, fans doute, la di-fette dans quelque profeffion, dans quelque claffe, dans quelque lieu ; car, en général, un homme n'eſt de trop dans un endroit que parce qu'il manque dans un autre, ou bien cet homme ne devoit pas naître.

L'A B B É.

Cela me paroît juſte.

L'A U T E U R.

C'eſt dans la campagne, c'eſt au manche de la charrue, c'eſt dans les atteliers d'entretien & d'amélioration ; c'eſt à la tête des économies rurales que vous craignez la difette d'hommes, n'eſt-ce pas ?

L'A B B É.

Oui, fans doute, c'eſt là que je la crains ; mais je la crains auſſi dans ces fabriques éparſes & groſſieres, où l'on faifoit autrefois tout ce dont uſoient les campagnards, gros draps, ferges, étamines, toiles de menage, coûteaux, vaiſſelle, & tous les outils de fer dont a befoin l'agriculture ; car la proximité de la fabrication, qui épargnoit un double tranfport, & l'intervention de pluſieurs agents, jointe au bas prix de la main-d'œuvre, diminuoit beaucoup la dépenfe des cultivateurs de tout état, & rendoit, par conféquent, la culture beaucoup plus avantageufe.

L'A U T E U R.

Mais beaucoup de gens en vivent aujourd'hui ; puifque vous reconnoiſſez vous-même que plus de rouliers font employés, & que plus d'agents inter-

viennent dans le commerce qui, dès-lors, eſt bien
plus floriſſant.

L'A B B É.

Sont-ce donc là les gens dont vous deſirez la multiplication ? Non certainement, ce ſeroit abjurer vos
maximes; & obſervez, je vous prie, que nous ne
ſommes ſi fiers de l'activité de notre commerce, que
nous ne reprochons ſi dédaigneuſement à nos peres
de n'en avoir pas eu les premieres notions, de ne
l'avoir point favoriſé, de ne s'en être pas même oc-
cupés, que parce que de nos jours les hommes &
les choſes ſont beaucoup plus déplacées qu'ils ne le
furent de leur temps.

L'A U T E U R.

Vous vous écartez, Monſieur l'abbé, revenons,
je vous prie, à la porte de notre cabinet; vous ne
voulez donc pas que de là on entre dans cette chambre, parce que de cette chambre on pourroit ſortir
par trois ou quatre portes dont vous ne pouvez fermer aucune : Eh, que ne fermez-vous la porte du
cabinet, vous aurez bien plutôt fait ? mais parlons
ſans figure; vous craignez que l'agriculture ne manque de bras & de têtes ; pour les têtes, preſque tout
le mal eſt fait ; il n'en reſte pas le quart dans la plupart de nos provinces, &, dans pluſieurs autres, il
n'en reſte pas la dixieme partie, c'eſt-à-dire, que
preſque perſonne n'eſt à la tête de ſa propriété; quant
aux bras, ils manquent par-tout, quoiqu'on ne s'en
apperçoive pas également par-tout; ici, parce que la
culture demande, en effet, peu de bras, comme dans

les pays d'herbages ; là, parce qu'on en emploie très-
peu, comme dans les pays de pâturages ; ailleurs,
parce qu'on a adopté des méthodes très-expéditi-
ves, qui occupent peu de monde, ce qui rend la
culture plus lucrative, mais très-peu productive, eu
égard à la qualité & à l'étendue des fonds.

L'ABBÉ.

Je crois, comme vous, qu'il manque beaucoup
de bras à l'agriculture ; mais si elle avoit plus de têtes, elle trouveroit bientôt tous les bras qu'il lui faut,
parce qu'on feroit travailler davantage dans les campagnes & beaucoup moins dans les villes, & qu'ainsi
le peuple deviendroit nombreux où sa subsistance
seroit assurée, & diminueroit où elle seroit diminuée ;
la misere ne recruteroit plus pour les villes dans les
villages.

L'AUTEUR.

Voilà comme on raisonne à Paris ; quand on a
trouvé un moyen, on veut absolument qu'il soit suffisant & on le prône comme s'il étoit praticable,
sans se donner la peine d'examiner, s'il n'y a pas
des obstacles qui empêchent qu'il ne puisse être mis
en œuvre ; vous voulez que les propriétaires habitent leurs terres & s'en occupent, & vous ne dou-
tez pas qu'ils ne le puissent ; mais pourquoi la plupart
ne le font-ils pas, s'ils le peuvent ?

L'ABBÉ.

C'est qu'ils ne le veulent pas.

L'AUTEUR.

Et pourquoi ne le veulent-ils pas ?

L'ABBÉ.

C'est que les mœurs sont mauvaises, & que le gouvernement n'a pas là-dessus les maximes qu'il devroit avoir ; on est toujours sur ce point à la politique du cardinal de Richelieu, ou plutôt à celle qu'on lui attribue ; car je crois, comme vous, qu'il ne fit rien que pour lui, & que ce fut sur sa taille & non sur celle des rois qu'il prit la mesure, au dessus de laquelle il ne voulut pas que s'élevât aucun citoyen ; je crois, de plus, que ce ne fut jamais son dessein d'attirer toute la grande noblesse à la cour ou dans les anti-chambres, mais que cette funeste attraction fut un inconvénient des moyens qu'il employa pour s'affermir en se faisant des amis à gages & en avilissant ses ennemis. Ce n'est donc point un véritable système que notre gouvernement a hérité de ce prêtre, c'est une routine qu'il a suivie, & à laquelle le petit orgueil des sots a voulu donner de l'importance. Mais tant que l'on se conduira de même, la cour sera remplie de mendiants possesseurs de grandes terres, Paris sera le domicile d'une foule innombrable de fainéants, qui auront aussi de grandes terres, & qui projetteront tous les ans d'y aller, sans jamais en trouver le temps ; & l'agriculture, au lieu d'avoir ses véritables chefs, n'aura jamais que des tyrans dans les fermiers & les régisseurs qui les remplacent.

L'AUTEUR.

Voilà encore comme l'on voit & comme l'on raisonne à Paris ; ne redeviendrez-vous donc jamais provincial ? Vous ne voyez que les grands seigneurs &

les grandes terres ; mais qu'appelle-t-on une grande
terre ? est-ce une grande étendue de terrein appartenant en propriété & en usufruit à un seul citoyen ?
En ce sens, il y a peu de grandes terres ; car, dans
la plupart de celles qu'on appelle ainsi, il n'y a pas
le quart, ni même la sixieme partie des fonds qui
appartiennent en propre au seigneur ; nous pouvons
même évaluer à un huitieme, l'un dans l'autre, les
domaines non-engagés que les seigneurs possedent
dans leurs terres. A quelle quotité des fonds du royaume évaluez - vous ensuite les terres possédées par
ces mendiants de cour, & ces fainéants de la capitale, dont vous parliez tout à l'heure ? Si vous l'é-
valuez à un huitieme, ce sera beaucoup ; c'est donc
une soixante-quatrieme partie du royaume où l'agriculture est privée de ses chefs naturels par une suite
de la routine ministérielle, en supposant même qu'il
faille lui imputer le déplacement de tous les propriétaires qui habitent Paris. Or, il y a tout à parier que
les trois quarts des propriétaires qui habitent la capitale, n'y ont point été attirés par l'attachement du
gouvernement à la routine dont vous venez de parler ; car il faut retrancher de ce nombre ; 1°. tous
les propriétaires qui n'ont rien quitté pour venir
chercher la fortune à Paris ; & qui, l'y ayant trou-
vée, ont fait de grandes acquisitions dans les provinces, où leur nom est aussi déplacé dans les prô-
nes des paroisses, qu'ils le seroient eux-mêmes s'ils
habitoient leurs terres ; 2°. tous les propriétaires
qui, par état, doivent être à Paris, comme les magistrats, & tous les administrateurs qui doivent être
à la cour ou dans son voisinage ; 3°. tous les officiers

grands

grands & petits , utiles & inutiles, qui contribuent
à la splendeur du trône , comme y contribuent les
cent Suisses, avec leurs galons d'or & leurs halle-
bardes ; 4°. retranchez encore tous les propriétaires
qui habitent Paris, parce qu'ils aiment l'opéra & la
comédie, le jeu & les nouvelles , les filles & la
licence des ténebres , & à qui le gouvernement ne
fournit , d'ailleurs , aucun motif pour y demeurer :
faites, vous dis-je, ces quatre retranchements, & vous
trouverez qu'un quart au plus de ce grand déplacement qui vous frappe, doit être imputé à la routine
héritée du cardinal de Richelieu. Or , le quart d'un
64e. n'est qu'une 256e. partie , & qu'est-ce que cela
pour que l'on doive en faire tant de bruit, & espérer tant d'un moyen qui ne remédieroit qu'à cette
portion du désordre ?

L'Abbé.

Enfin , il est décidé que vous ne serez jamais de
l'avis de personne , que vous ne verrez jamais le mal
où tout le monde le voit , ni le remede dans au-
cunes des recettes que l'on propose pour la guérison
du malade ?

L'Auteur

Je tâche de voir ce qui est, & non précisément ce
que d'autres voient ou racontent sur la foi d'autrui;
& croyez-moi , dans le nombre de ceux qui raison-
nent sur les affaires publiques , il y en a bien peu qui
ajoutent une seule notion exacte à la somme des con-
noissances que leur ont communiquées leurs auteurs
favoris. Mais ne perdons point le temps à débiter des.

lieux-communs , & difons que les non-valeurs pro-
digieufes que nous éprouvons, & qui réduifent ce beau
royaume en tel état qu'il n'a pas la moitié, peut-
être pas le quart de fa population naturelle , & que
bientôt il ne pourra pas même nourrir fes habitants ;
difons que ces non-valeurs ont des caufes plus générales & plus funeftes que le déplacement des propriétaires qui habitent la capitale ; que ce déplacement eft un mal , & un très-grand mal à beaucoup
d'autres égards , mais que relativement à la culture par laquelle l'efpece humaine fe combine avec
la terre pour fe fubdivifer en empires foibles ou puiffants., ce mal n'eft purement que fymptomatique,
& n'eft nullement la caufe de la maladie. La preuve
en eft , que la capitale n'eft pas, à peaucoup près, la
feule ville où l'on remarque un pareil défordre ,
& qu'on peut faire le même reproche à toutes les
autres villes du royaume , chacune à proportion
de fa grandeur & de fon importance apparente. Or,
on ne peut pas dire que ce foit par obéiffance fervile aux prétendues maximes de Richelieu que le
gouvernement ait provoqué l'efpece d'hydropifie ,
qui a groffi tant de villes, en appauvriffant toutes
les campagnes.

L'ABBÉ.

On peut bien dire , cependant, que fi c'eft là une
hypdropifie , c'eft-à-dire, un mal très-dangereux ,
c'eft auffi le gouvernement qui y a donné lieu , mais
bien antérieurement au miniftere du cardinal miniftre, ou du prêtre tyran, comme vous voudrez l'appeller ; car ce fut en attribuant le droit d'afyle aux

villes, contre la tyrannie des feigneurs, que les rois
changerent en villes plus ou moins grandes les miférables bourgades où l'on ne trouvoit auparavant
qu'un petit nombre d'artifans & quelques marchands
détailleurs, & qu'ils firent prendre des accroiffements
rapides aux cités anciennes que le régime féodal
avoit réduites à très-peu de chofe.

L'A U T E U R.

Vous parlez là d'une vieille injuftice à laquelle je
ne penfois pas dans le moment ; mais, puifque vous
en avez fait mention, ce ne fera pas impunément ;
car, loin d'en comparer les auteurs à Romulus,
comme vous en avez eu l'intention, je les compare-
rai à cet Herdonius, qui raffembla quatre mille cinq
cent efclaves dans le capitole, pour s'emparer enfuite
de Rome, & chaffer de chez lui ou affervir le peuple Romain ; mais encore fe borna-t-on pour lors à
débaucher des hommes ; on ne débaucha point les
terres avec les hommes.

L'A B B É.

Qu'eft-ce que c'eft, je vous prie, que débaucher les terres avec les hommes ?

L'A U T E U R.

C'eft dire à un efclave à qui fon maître a donné
des terres : Viens chez moi jouir de toute la liberté
dont je fais jouir ceux qui abandonnent leurs maîtres pour fe donner à moi, & mets à ta place un
colon mercenaire, à qui tu impoferas des conditions

G 2

bien dures, afin qu'il foit toujours bien gueux, &
tu jouiras chez moi de prefque tout le revenu dont
tu jouirois en reftant chez ton maître : tu jouiras, de
plus, de ma protection, & je ferai enforte que tu
deviennes riche à la faveur des privileges que je
t'accorderai.

L' A B B É.

Comment ce traité pouvoit-il avoir lieu, fi le te-
nancier fervile n'étoit pas, en effet, propriétaire de
fon bien, & qu'il le cultivât pour un maître ?

L' A U T E U R.

La queftion eft finguliere dans votre bouche; igno-
reriez-vous donc que nos rois firent fi long-temps de
la fauffe monnoie, qu'à la fin un gros fol d'argent
qui étoit la vingtieme partie d'une livre pefant d'argent, & dont deux valoient une vache, devînt un
gros vilain fol de cuivre, qui ne valoit pas une demi-
douzaine d'œufs, que les propriétaires qui avoient
ftipulé en argent les plus fortes redevances de leurs
ferfs, fe trouverent dès-lors dépouillés de la plus
grande partie de leur bien, & que, pour remédier
au défordre de leurs affaires qu'entretenoient la néceffité où ils étoient de faire la guerre, & leur
manie pour ce malheureux métier, ils vendirent
fucceffivement à leurs ferfs la plupart de leurs autres droits, & ne fe réferverent que les profits des
mutations, les droits de taille & morte - taille, les
amendes, & autres menus droits, qui ne valoient
pas la cinquieme partie des fonds dont jouiffoient
leurs efclaves ? Ceux-ci étoient donc devenus pro-

priétaires autant & plus même que nous ne le sommes
aujourd'hui ; car il s'en faut bien que nous ayions,
quitte & net, les quatre cinquiemes de notre revenu. Ils purent donc affermer leurs terres & jouir
d'un revenu, la subsistance du fermier prélevée. C'est
aussi ce qu'ils firent, c'est-à-dire, que des esclaves
fugitifs firent ce que faisoient trop souvent les citoyens Romains, qui avoient été inscrits sur le rôle
d'une colonie, & y avoient obtenu des *sorts*. Ils donnoient ces sorts à rente aux anciens habitants du
pays, & vivoient à Rome du revenu qu'ils en tiroient.

L'ABBÉ.

Il me semble que le droit barbare, qu'on appelle
droit de suite, s'opposoit à cette manœuvre , &
qu'ainsi elle ne put avoir lieu tant que ce droit
subsista.

L'AUTEUR.

Je ne finirai jamais si vous me forcez toujours à
des digressions. Ce droit que vous appelez barbare
est celui que Socrate exerça en son temps, s'il en eut
l'occasion; il envoyoit son esclave gagner des jour-
nées, ou exercer son métier où il trouvoit de l'emploi.
Cet esclave lui rapportoit ce qu'il avoit gagné, & ils
en vivoient tous deux. Si cet esclave , après avoir
travaillé un ou deux ans à Corinthe, par exemple,
venoit à y mourir, Socrate alloit à Corinthe, &
reclamoit tout ce qui avoit appartenu à son esclave ,
comme étant son bien. Voilà le droit de suite dans
toute sa simplicité.

L'ABBÉ.

Vous ne dites pas tout, car il y avoit aussi un droit de suite sur l'homme qui avoit eu feu & lieu pendant an & jour dans une terre de servitude.

L'AUTEUR.

Voilà en partie un autre droit, & en partie un abus qui naquit de la confusion universelle, que provoquerent l'ignorance, l'inattention & la mauvaise foi de nos législateurs & de nos légistes. C'étoit un droit de tout homme libre & propriétaire foncier d'attirer ou de recevoir sur sa propriété tout autre homme qui n'avoit point de maître, & de se faire faire par lui tel service qu'il jugeroit à propos, aussi long-temps qu'il étoit chez lui ; mais si cet homme ne se donnoit point à lui pour être son esclave, il conservoit le droit de s'en aller, & de passer sous telle autre *seigneurie* qu'il jugeoit à propos, à condition cependant de ne rien emporter, de ne rien garder de ce qu'il possédoit sous le seigneur qu'il quittoit ; mais de laisser en totalité à ce premier seigneur, pour *rentrer dans le domaine & puissance* de celui-ci, tout ce qu'il avoit reçu ou gagné pendant le séjour qu'il avoit fait chez lui. Je traduis littéralement les lettres par lesquelles Charles le chauve maintint les Espagnols réfugiés dans la condition d'hommes libres & propriétaires que Charlemagne leur avoit assurée, en les égalant aux autres citoyens, & dont Louis le débonnaire les avoit fait jouir. C'étoit là le droit de tous les citoyens propriétaires, qui avoient aussi celui de chasser de chez

eux les fujets qu'il ne leur convenoit pas d'y garder.
Ce droit, à la vérité, fut reftreint par une loi nationale de l'an 806, qui pour le maintien du bon ordre, & fur-tout pour empêcher la multiplication des
vagabonds, ftatua au fujet des étrangers ou fimples
habitants, appellés *advena*, que ceux d'entre eux
qui étoient mariés depuis long-temps dans le lieu
de leur domicile, devoient y refter, & ne devoient
point en être chaffés fans caufe, ou fans s'être rendus
coupables de quelque faute. Mais la même loi, ainfi
que plufieurs autres, ordonnoit que les efclaves fugitifs fuffent renvoyés chez eux, & toutes les loix
défendoient à qui que ce fût de recevoir chez foi
un efclave qui fe feroit enfui de chez fon maître.

Remarquez, je vous prie, ces deux claffes fubalternes, qu'il ne faut jamais confondre enfemble, ni
avec l'ordre des citoyens appellés hommes libres,
& qui étoient propriétaires & guerriers.

L' A B B É.

Mais quelle étoit ? ....

L' A U T E U R.

Ne m'interrompez pas encore, je vous prie ; tout
étranger appellé *advena*, dans la loi de l'an 806,
du même mot par lequel on défigne la même claffe
d'hommes dans la loi Mofaïque ; tout homme, dis-
je, qui habitoit la propriété d'autrui, & étoit *d'une
autre race* que le propriétaire, fans être fon efclave,
étoit tenu à tous les devoirs, fervices & redevances que le propriétaire vouloit exiger de lui, à raifon
de fon domicile, de l'emploi qu'il trouvoit chez lui,

G 4

& de la subsistance qu'il y gagnoit : sa condition différoit donc très-peu de celle des esclaves, & d'autant moins, que le propriétaire avoit sur lui tout droit
de contrainte. Quant au *peuple vulgaire*, est-il dit dans
une loi de l'an 810, que chacun contienne ceux qui
sont sous lui, afin qu'ils soient toujours plus obéis-
sants, & qu'ils se conforment aux ordonnances im-
périales : ce peuple vulgaire est littéralement *la roture*,
ou le commun peuple de Louis X, qui, hors certains
cas spécifiés dans les lettres pour les Espagnols, étoit
justiciable des propriétaires chez qui il demeuroit,
c'est-à-dire, d'eux seulement, dans les cas les plus
ordinaires, & d'eux encore, mais assistés de leurs
voisins, dans les cas les plus graves. Lorsqu'on eut
perdu de vue l'origine de toutes choses, & que la
servitude, proprement dite, eut été tellement adou-
cie par les mœurs de nos peres, l'intérêt du clergé,
& l'influence de plusieurs autres intérêts, qu'elle ne
différoit presque plus de la condition des simples roturiers : on confondit les domiciliés avec les esclaves, sous le nom de serfs, & l'on dit que la servitude étoit acquise au seigneur, comme le domicile
à l'étranger, par un long séjour que l'on fixa à an &
jour, & comme les propriétaires avoient toujours eu
droit de suite sur leurs esclaves, on le leur attribua
sur les étrangers qui avoient eu feu & lieu chez eux
pendant an & jour ; mais il est évident que ces étrangers n'étoient, ni ne pouvoient être nos esclaves,
puisque autrement leur premier maître auroit eu sur
eux droit de suite, qui auroit exclu celui du second,
& que celui-ci, suivant les anciennes loix, qui furent celles des Romains comme des Barbares, n'au-

roit pas même pu les recevoir chez lui. Vous vouliez me faire une question ; parlez maintenant , si je n'y ai pas répondu d'avance.

L'ABBÉ.

Je voulois vous demander quelle étoit l'origine de ces hommes, qui n'étoient, ni esclaves , ni hommes libres , qui pouvoient se donner , changer de seigneur comme de domicile , & qui ne gardoient le fruit de leur industrie qu'autant qu'ils restoient dans le domicile où il l'avoit exercée avec succès.

L'AUTEUR.

J'ai déjà répondu à cette question , en disant que ces hommes devoient être *d'une autre race ;* c'est l'expression dont se sert Charles le chauve, lorsqu'il parle d'eux , pour confirmer les Espagnols dans le droit qu'ils avoient de recevoir chez eux des hommes de cette classe , & d'en exiger tels services qu'ils jugeoient à propos , aux conditions que je viens de vous dire ; ainsi ils ne devoient point être de *bonne race ,* qualification par laquelle une loi de l'an 813 , désignoit les hommes que les comtes n'avoient pas droit de faire emprisonner , quoiqu'ils eussent une prison ; & que les juges & les vicaires n'avoient pas droit de faire pendre, quoique chacun d'eux dût avoir une fourche patibulaire ; mais qui devoient être conduits en la présence du roi , pour tous les forfaits qu'ils avoient pu commettre dans l'étendue du comté , afin que le roi lui-même employât avec eux les moyens de contrainte qu'il jugeroit convenables , soit la prison , soit l'exil jusqu'à leur amendement ;

mais, pour vous dire là-deſſus quelque choſe de plus précis, je vous ferai obſerver que les races, ou gé- gérations, comme on parloit alors, n'étoient autre choſe que des nations, & que c'étoit en ce ſens que Charlemagne, pour ne pas entrer dans le détail de tous les différents peuples qui habitoient l'Italie, & dont chacun avoit ſes loix, ordonnoit, en 793, qu'eu égard à cette diverſité de générations, on tiendroit pour regle générale que toutes les fois qu'il auroit été commis un crime, pour lequel il y auroit lieu à la vengeance, le coupable le compoſe- roit ſelon la loi de l'offenſé : toutes les générations qui avoient droit de vengeance & de compoſition, étoient certainement des races d'hommes libres & guerriers ; mais tout homme libre n'étoit pas citoyen parfait par le ſeul droit de ſa naiſſance, & on n'ap- pelloit pas homme libre celui à qui il manquoit quel- qu'une des prérogatives qui faiſoient un citoyen par- fait ; ainſi, les Saxons, après avoir été ſubjugués & aſſervis, furent bien remis en liberté par une loi de Charlemagne ; mais ne devinrent hommes libres dans le royaume des Francs que par un nouveau bienfait de Louis le debonnaire, qui leur accorda la *coha- bitation*, c'eſt-à-dire, le droit de cité, & les éleva par là à la dignité de propriétaires. Juſques - là, un Saxon, après avoir défriché une terre inculte, ce qu'il n'avoit pu faire qu'en vertu d'une charte roya- le, ne l'avoit point laiſſée à ſes enfants, mais avoit eu le roi pour ſon héritier, au lieu que c'étoit un droit des hommes libres, ſpécialement communiqué aux Eſpagnols réfugiés, de défricher par-tout où ils trouvoient des terres incultes, de poſſéder en toute

propriété ce qu'ils avoient défriché, & de le tranfmettre à leurs héritiers : ce droit de défrichement,
appellé *droit d'aprifion*, & d'où dérivoit le droit
de pourpris, avoit été foumis autrefois à une regle
bien fage : aucun homme libre n'avoit pu défricher
& devenir propriétaire dans l'arrondiffement d'une
bourgade, fans le confentement unanime des hommes libres qui compofoient cette bourgade, & qui,
en qualité de voifins les uns des autres, étoient mutuellement juges les uns des autres, en temps de paix,
& camarades les uns des autres à la guerre : c'étoit
une des loix Saliques ; mais nous voyons qu'on ne
l'entendoit plus dès le temps de Louis le débonnaire,
& , en effet, le droit d'aprifion fut confirmé aux Efpagnols, fans cette reftriction, ainfi c'étoit le roi &
la nation qui donnoient le droit de cohabitation,
dans tout l'empire ; c'étoient les *voifins* qui le donnoient dans la bourgade, & nous voyions un feigneur
Saxon fe préfenter à une bourgade pour y être reçu
par les Francs & les Saxons qui la compofoient ; car
elle étoit limitrophe & mi-partie, & être refufé par
les uns & par les autres, qui ne voulurent point de
lui pour voifin.

Il ne falloit donc pas feulement être libre & guerrier,
il falloit être d'une race à laquelle le droit de cohabitation eût été accordé, ou l'avoir obtenu per-
fonnellement, pour être homme libre, dans toute la
plénitude de cette dignité, ou pour être véritablement citoyen ; mais auffi, quiconque avoit cet avantage, ne pouvoit être privé des prérogatives de fon
état que par un jugement folemnel, & en jouiffoit,
quel que fût d'ailleurs fon dénuement, & quelque part
qu'il eût fon domicile.

Quand on fait ce que c'étoit qu'un homme libre ou un citoyen, l'on conçoit aifément que l'empire François devoit avoir beaucoup d'habitants qui ne fuffent pas efclaves, parce qu'ils n'avoient jamais été ni achetés, ni pris à la guerre.

Ainfi, tous les hommes, par exemple, nés d'un peuple qui n'avoit point le droit de cohabitation, comme les Slaves, ou Efclavons en Europe, les Juifs, les Syriens, les Arméniens en Afie qui remplirent nos villes, les fifcalins, ou plébéiens fujets & tribu-taires du fifc, les colons qui n'avoient point d'em-ploi chez leur feigneur, les affranchis, qui n'avoient obtenu que la liberté Romaine, les vagabonds & gens fans aveu, comme font encore les Bohémiens, tous les plébéiens fujets des églifes, qui compofoient en grande partie la population des villes, toutes ces efpeces d'hommes étoient ce qu'on appelloit le peu-ple vulgaire, la foule, la roture, & qu'on défignoit fpécialement en Baviere par le nom de Barafchal-ques, c'eft-à-dire, de *libres efclaves.* J'ai vu d'an-ciens actes paffés entre des propriétaires, hommes libres, & des hommes de cette claffe, pour donner à ceux-ci des terres à cultiver, & ftipuler au profit de ceux-là des rentes, devoirs & fervices qui n'é-toient point différents, fi ce n'étoit pour la quantité des rentes, devoirs & fervices auxquels les efclaves du même maître, auffi détenteurs de fes fonds, étoient affujettis envers lui.

J'en ai vu auffi d'un fiecle très-poftérieur, par lef-quels des ferfs, c'eft-à-dire, de véritables efclaves, fe foumettoient à une rente perpétuelle en argent, pour obtenir le privilege de ne pouvoir être déplacés, c'est-à-dire , de ne pouvoir être tirés du domaine qu'ils exploitoient pour être placés fur un autre domaine. J'ai vu auffi des monuments également refpectables par lefquels il eft prouvé que c'étoit une loi , que les plébéiens fujets d'une églife , par exemple, ne puffent vendre leur propriété aux fujets d'une autre églife. C'étoit une des reftrictions auxquelles étoit fujette la liberté Latine , à laquelle étoient réduit les plébéiens *adonnés*. Ceux du roi qu'on appelloit fifcalins n'étoient pas plus libres ; comme les colons , ils ne pouvoient faire aucune donation ; &, quelque fortune qu'ils euffent faite, on étoit toujours en droit de les ramener à leur charrue , s'ils étoient laboureurs ; ou à leur moulin , s'ils étoient meuniers, comme l'avoit été le pere du premier médecin de Chilperic , & comme il le redevint lui-même après la mort de fon maître.

L'ABBÉ.

Vous dites là des chofes bien étranges , & auxquelles je n'ai point de réponfe prête , parce que d'un côté, leur nouveauté m'étonne , & que de l'autre, je ne puis vous foupçonner de vouloir m'en impofer. Mais , pourriez-vous me dire quelles nations eurent le droit de cohabitation dans l'empire François , de maniere que tout citoyen de chacune de ces cités particulieres fût auffi citoyen parfait de l'empire fous le titre éminent d'homme libre.

L'AUTEUR.

Je crois en trouver une lifte dans le fixieme livre des capitulaires , à l'occafion d'une loi de Théodofe

que Louis le débonnaire vouloit rendre commune
à tous les peuples de son empire, quelles que fussent
leurs loix particulieres. Ces peuples étoient au nombre de quinze, sans compter les petites peuplades
qui ne méritoient pas d'être nommées, ou dont il
y avoit des raisons de ne pas faire une mention expresse. Les voici dans l'ordre dans lequel ils sont
nommés : les Romains, les Francs, les Allemands,
les Bavarois, les Saxons, les Thuringiens, les Frisons, les Gaulois, les Bourguignons, les Bretons,
les Lombards, les Gascons, les Bénéventins, les
Goths & les Espagnols.

L'Abbé.

Cette énumération est, en effet, remarquable. Mais,
qu'entendez-vous par les Romains & les Gaulois,
si ce ne sont pas les sujets qui composoient la classe
intermédiaire que vous placez entre les esclaves &
les hommes libres ; &, dès-lors, ne voilà-t-il pas
l'oppression par laquelle cette classe a commencé
d'exister, & qui l'a toujours augmentée jusqu'au regne
de Louis Hutin ?

L'Auteur.

Vraiment, mon cher abbé, si nous raisonnons
ainsi, nous deviendrons aussi savants qu'un juriscon-
sulte du Berry, qui prouve que cette province doit
être un pays de franc-aleu, parce que les Berruyers furent *libres* sous l'empire Romain.

Les Romains, nommés avant les Francs, circons-
tance qui ne devoit pas vous échapper, se trouvent-
là comme les Bénéventins ; ce sont les Romains de

Rome & de son territoire, les véritables citoyens
de cette contrée, qui eurent leur loi , & purent
en opter une autre, comme tous les citoyens de
l'empire François. Ce sont les Romains, hommes
libres , propriétaires & guerriers , obligés au service militaire comme les Francs & les Gaulois, les
Saxons & les Allemands , les Gascons & les Espagnols, qui devoient le guet & la garde dans leur
comté & le service militaire sous les ordres du
comte, quand le roi faisoit publier son ban militaire.

Quant aux Gaulois , vous n'avez pas mieux de-
viné ; il est vrai que ce ne doivent pas être ceux de
la Gaule septentrionale , qui n'avoient pas d'autre
loi que celle des Francs , puisque le ressort territo-
rial de la loi Salique s'étendoit depuis la Loire jusqu'à la forêt des Ardennes , &, qu'à la partie de
cette forêt qu'on appelloit la Charbonniere, com-
mençoit le ressort de la loi Ripuaire qui s'étendoit
jusqu'à la frontiere de la Saxe. Ainsi, ces deux loix
comprises sous le nom commun de loix des Francs,
régissoient également les Francs dans la France proprement dite , c'est-à-dire, entre la Seine & la
Fulde, & les Armoriques qui remplissoient l'inter-
valle de la Seine, de la Loire & de l'Océan , à l'exception de la presqu'isle des Bretons qui avoient
une autre loi, & d'autres traités avec les rois Francs.
Il n'y a donc pas d'apparence que cette portion des
Gaulois, qui fut réputée proche parente des Francs ,
& se distingua elle-même des autres Gaulois, en s'ap-
propriant le nom de Celtes avant son traité avec les
Francs , soit celle que l'on distingue des Francs,
pour la nommer après les Frisons , & avant les

Bourguignons & les Bretons. Il s'agit ici des Gaulois
proprement dits, qui habitoient d'un côté la Gaule
voisine des Alpes, en descendant jusqu'à Marseille,
& de l'autre l'Aquitaine, entre la Loire & la Gasco-
gne. La premiere partie de cette Gaule proprement
dite nous est connue par plusieurs passages de nos
plus anciens historiens, & en particulier par laquelle
l'expression dont ils se servoient pour distinguer la
ville de *Lugdunum* qui est aujourd'hui Lyon, d'un
autre *Lugdunum* que nous appellons Laon; le premier étoit pour eux le *Lugdunum Galliæ*.

L'ABBÉ.

Votre conjecture est plausible, mais enfin ce n'est
qu'une conjecture, & l'on peut toujours dire que les
Gaulois furent opprimés, & composerent dans leur
état d'oppression cette classe infortunée qui n'est
que trop connue par nos anciens monuments.

L'AUTEUR.

Mais ce n'est point par une conjecture que je place
les Gaulois entre les peuples libres qui composoient
l'empire François avec les Francs, les Allemands,
les Bavarois, les Bourguignons, les Frisons, & les
Bretons. Expliquez donc ce passage des capitulaires
par votre systême d'oppression; ce n'est point par
conjecture que j'ajouterai que, jusqu'au temps de
Charlemagne, on distingua dans les armées Fran-
çoises les bandes Gauloises des bandes Francques, &
que, jusqu'alors, on les reconnut à leur habillement
Gaulois que les Francs n'adopterent que vers ce
temps-là. C'est le moine de Saint-Gal qui m'apprend

ce

ce fait avec des circonstances qui ne permettront
à personne de le révoquer en doute. Ce n'est point
par conjecture que je connois une alliance égale qui
fut contractée entre les Francs & les Armoriques
dont le pays s'appella depuis la Neustrie ; ce n'est
point par conjecture que je dis que les Gaulois libres
& guerriers au temps de ce qu'on appelle la conquête, continuerent à être l'un & l'autre après cet
événement, & que les grands seigneurs Gaulois,
même ceux de l'Aquitaine, conquise sur les Goths ,
allerent de pair avec les grands seigneurs Francs. Ce
n'est point par conjecture que j'ajoute que, jusqu'au
temps de la conquête, les Gaulois, à la différence des
Italiens, des Grecs, des Asiatiques, & même des Espagnols, furent une nation belliqueuse & toujours
armée, qui se défendit elle-même, beaucoup plus
qu'elle ne fut défendue par les troupes réglées des
empereurs. Pour ne pas m'étendre sur ce sujet plus
que ne le comporte une conversation, & que ma
mémoire ne me le permet , je vous demanderai par
qui vous pensez que les évêques fussent élus dans
les Gaules, au temps qui précéda immédiatement la
conquête ?

L' A B B É.

Il n'est pas douteux qu'ils ne fussent élus par les
citoyens de chaque cité.

L' A u t e u r.

Ne pensez-vous pas qu'ils fussent élus par les légions ou ce qui en tenoit lieu ?

L' A b b é.

Ce seroit une erreur grossiere de le penser ; les

légions , & les autres corps de troupes réglées n'a-
voient rien de commun avec l'ordre civil & hié-
rarchique.

L'A U T E U R.

Eh bien , lifez la vie de Saint Germain d'Auxerre,
écrite par un auteur contemporain , & vous y trouverez que les électeurs des évêques étoient tous armés , & que Germain eut beaucoup de peine à les
empêcher d'entrer en armes dans l'églife, où devoit fe faire une élection, qu'ils laifferent leurs armes à la porte de l'églife, & les reprirent en fortant.
Concluez de-là que les citoyens Gaulois furent toujours dignes de leurs aïeux, & que le peuple & le
fénat, les laïcs nobles & féaux des cités de France à qui ils tranfmirent le droit de partager avec le
clergé l'élection des évêques, furent leurs defcendants, & n'allierent pas plus qu'eux cette prérogative avec la fervitude, ou avec la baffeffe d'une
condition peu différente de l'efclavage.

L'A B B É.

Ce que vous venez de dire me paroît bien fort,
& indique une filiation de l'ordre des hommes libres , tant nobles que fimples féaux, qui m'avoit
échappé ; mais enfin, vous ne difconviendrez pas
que les villes, après avoir été le féjour de la liberté , furent celui de la fervitude, jufqu'au temps où
furent établies les communes. Or, cette révolution
ne put arriver que par l'oppreffion de leurs habitants, à qui on rendit ce qui leur appartenoit en
établiffant les communes.

L'A U T E U R.

Vous jouez fur le mot, mon cher abbé, comme
le docteur de Bourges avec fon *Bituriges liberi*, ou
plutôt vous tâchez d'exprimer des idées confufes que
vous avez reçues par tradition , & que vous ne vous
êtes jamais donné la peine de débrouiller ; mais vous
favez bien que dès le temps de Valentinien, il y
avoit telle cité dans l'ordre où le fénat n'étoit compofé que de trois ou quatre fénateurs appellés *Curiales*.
Vous favez bien qu'au temps d'Arcadius & d'Hono-
rius , les Rufin & les Stilicon fe faifoient donner &
à leurs amis des cités entieres , c'eft-à-dire, les villes avec leurs territoires & leurs manants, fous prétexte qu'il n'y exiftoit plus aucun corps de cité, par
l'extinction ou la difperfion totale de l'ordre des
propriétaires , injuftice qui fuppofe qu'il y avoit au
moins quelques cités anéanties ; vous favez bien que
fur le déclin de l'empire d'Occident & avant fa
ruine entiere, au temps de Julien, par exemple, lorfque les Barbares avoient détruit une ville & qu'on
la rebâtiffoit, c'étoit en diminuant de beaucoup fon
enceinte ; vous favez bien que, dès-lors & long-
temps après , les propriétaires profiterent de l'affoi-
bliffement du régime impérial pour abandonner les
villes & fe fixer fur leurs terres & dans leurs châteaux, que tous les propriétaires de l'Abruzze prirent ce parti , que ceux de la Gaule Cifalpine firent
la même chofe , & que les villes tomberent en ruine,
pendant que les citoyens bâtiffoient de forts châteaux dans leurs terres, & y employoient fouvent les
matériaux que leur fourniffoient les ruines des cités ;

vous favez bien , qu'à plus forte raifon, la même
chofe arriva dans la grande Gaule , depuis le Var
jufqu'à la Loire, où il y avoit des châteaux fur toutes les hauteurs, & où les propriétaires quittoient à
l'envi le féjour des villes pour habiter leurs terres,
comme avoient fait les anciens Gaulois, & comme
les y invitoit leur goût pour l'agriculture & pour la
chaffe , & leur averfion pour les affemblées popu-
laires , où quatre à cinq dignitaires , d'intelligence
avec un commandant, faifoient la loi à tous les autres citoyens , qui ne s'y trouvoient que pour ap-
prouver tout par acclamation ; vous favez bien que
le grand Théodoric fit les plus grands efforts pour
rétablir les villes , & rendre leur ancienne forme
aux cités, en raffemblant les citoyens épars, & qu'il
reprochoit aux rois fes voifins, c'eft-à-dire, aux
Francs, de n'être pas, à beaucoup près, auffi zélés que
lui pour cette efpece de reftauration , parce qu'en
effet, ils fe foucierent très-peu de repeupler les villes
aux dépens des campagnes, & de fubordonner de
nouveau la police & les affemblées particulieres des
cantons, à la police & aux affemblées générales des
cités ; vous favez bien , qu'en effet, ce qu'on appella
les cités, fous les rois Francs , fut diftingué des cantons, & que quand Chilperic fe plaignoit que les évêques fuffent devenus prefque les feuls maîtres des
cités, il ne vouloit pas dire qu'ils fe fuffent emparés de
tous leurs diocefes, qui repréfentoient les anciennes
cités de la Gaule , en tant que ces cités avoient été
des peuples poffeffeurs de grands territoires ; vous
favez bien qu'en effet rien n'étoit alors plus commun que la vente des *aires* ou places de maifons dans

les villes , & que c'étoit fi bien l'ufage que les évêques achetaffent, que toutes les formules qui nous
reftent de ces fortes de ventes fuppofent toujours
que c'eft l'évêque de la cité qui eft l'acheteur.

L' A B B É.

Voilà bien des faits auxquels je n'ai pas grand chofe
à oppofer , finon que nous trouvons encore *l'ordre
des curiaux*, c'eft-à-dire, le fénat municipal, dans
quelques cités de la Gaule , au temps des rois Carlovingiens : je connois cet ordre magnifique à Tours,
à Angers, & peut-être à Orléans, fans parler de plufieurs cités méridionales, où je fuis perfuadé qu'il fe
conferva long-temps; or, l'exiftence de cet ordre
fuppofe que le régime municipal fe perpétua dans ces
villes , &, qu'ainfi, elles ne furent pas défertées par
leurs citoyens.

L' A U T E U R.

Vous auriez pu allonger beaucoup votre lifte, en
confultant le recueil que Baluze nous a donné des
actes relatifs aux élections épifcopales à Senlis & à
Cambray ; vous n'auriez trouvé que le clergé & le
peuple, appellé *Plebes*, dans fon rapport avec le régime eccléfiaftique, comme un diocefe, & une paroiffe s'appelloit *Plebes*, ou *Pieves*, fans aucune al-
lufion à la condition des paroiffiens, ou des diocé-
fains, & vous auriez vu, en effet, dans une lettre
d'Hincmar, que, par le peuple qui devoit concou-
rir à l'élection, on entendoit les *Laïcs nobles & citoyens* : à Beauvais, vous n'auriez de même trouvé
que le clergé & le peuple, & à Reims, au lieu du

peuple, vous auriez trouvé les *vassaux*, au nombre
de vingt-huit, signant une lettre relative à l'élection
d'Hincmar.

Dans un discours des commissaires envoyés par
Louis le débonnaire, pour présider à l'élection d'un
évêque, discours adressé au clergé & au peuple (*ple-
bem*) c'est-à-dire, à la pieve, vous auriez trouvé à la
suite des exhortations faites aux différents ordres du
clergé cette phrase remarquable : Nous nous adressons
aussi à vous, *nobles & fideles laïcs*, qui êtes liés par
des mariages licites, & avez des épouses légitimes,
pour en tirer postérité. A vous permis, Monsieur, de
soupçonner qu'ici, & à Cambray, les nobles, à Reims,
les vassaux de l'église ou du roi, représentent l'*ordre*, ou l'ancien sénat, composé de dignitaires, &
que les simples propriétaires sont représentés par les
citoyens, ou les féaux ; à Laon, c'est le clergé & la
pieve, ou le clergé avec les pieves (*plebibus*) de
tout le diocese qui élit son évêque, c'est - à - dire,
qu'il vient de toutes les paroisses des nobles & des
féaux, qui concourent à l'élection : à Paris, le clergé séculier & régulier reçoit seul, & recommande
seul à l'archevêque de Sens un candidat que le roi
a nommé, & qui est un des clercs de son palais : à
Sens, c'est le clergé & la pieve, c'est-à-dire, toutes
les pieves, ou paroisses du diocese qui élisent l'archevêque, & une autre fois toutes ces pieves ensemble sont proprement appellées la totalité du peuple,
(*omnis populus*) : mais, à Châlons-sur-Marne, à l'occasion de l'examen qu'on fait subir à un nouvel élu,
nous trouvons, comme poursuivant son ordination,
& comme ses électeurs, le clergé, l'ordre & la pieve,

c'eſt-à-dire, la partie du peuple de Châlons qui n'é-
toit point dans l'ordre, ou le ſénat de cette cité.
Cette énumération eſt même répétée dans la déciſion
d'Hincmar, lorſqu'après l'examen il accorde l'ordination à la demande qu'en font le clergé, l'ordre &
le peuple de Châlons : à Rennes, nous ne trouvons
non plus dans le même temps que le *clergé & la pieve*,
comme électeurs de l'évêque, & auteurs du décret
de ſon élection ; mais dans le même temps auſſi, ce
ſont le clergé, l'ordre & le peuple (ou pieve), qui
éliſent leur évêque ; environ un ſiecle plus tard,
c'eſt le clergé & *l'ordre de la pieve* (s'il faut traduire
littéralement un acte très-étrangement écrit) qui
élevent leur évêque, & ce ſont les autres évêques,
qui l'agréent & ordonnent, par le conſentement &
volonté du comte de Cahors & de ſa mere.

A Rota, c'eſt toute la foule du peuple qui demeure dans le comté & pays de Ripacurca, qui élit
ſon évêque, conjointement avec l'évêque du bourg
d'Urgel, qui eſt le chef-lieu de toutes les égliſes du-
dit comté, & du conſentement & volonté de l'il-
luſtre comte Guillaume & de ſes grands, ou princes :
ſuivant un autre acte de la même élection, ce ſont
les grands & le peuple, compoſant une nombreuſe
aſſemblée, qui demandent Borelle pour évêque, à
la place d'Aimeric, citoyen & évêque de Rota, &
tout cela compoſe le peuple (*populus*), à qui on demande encore par trois fois, s'il veut avoir Borelle
pour évêque, & un de ceux qui font cette queſtion,
eſt Adalbert, citoyen & évêque de Carcaſſonne.

A Elne, en 947, c'eſt-à-dire, dans le même ſiecle, ce ſont les évêques qui s'aſſemblent avec les

grands de plusieurs endroits, ou toparchies, lesquels délibèrent avec eux; le clergé élit, & l'acclamation est faite par tous les peuples de l'église d'Elne.

Enfin, une formule des décrets que les électeurs des archevêques devoient adresser aux évêques de la province, pour leur notifier l'élection qu'ils avoient faite, suppose que dans toutes les cités métropoles il y avoit clergé, ordre & peuple, comme elle suppose que l'élu étoit toujours noble par sa naissance, & par ses mœurs; ce qui prouve au moins qu'en général il en étoit ainsi; cependant Willebert, élu évêque de Châlons, ayant été interrogé par Hincmar sur sa naissance, se contenta de répondre, que, par la grace de Dieu, il étoit *libre de naissance*, & qu'il étoit né dans le canton, ou pays de Touraine; ses parents l'avoient mis au service du roi, lorsqu'il étoit déjà prêtre, & il avoit été greffier des gages royaux & rapporteur: cet homme libre valoit bien un noble; mais croyez-vous que la formule qui a donné lieu à cette remarque, vous autorise à penser qu'il y eût un ordre dans toutes les cités métropolitaines ?

L'ABBÉ.

Je le croirois volontiers, car ces sortes de formules supposent toujours ce qui est général, ou du moins le plus ordinaire.

L'AUTEUR.

A la bonne heure; mais pensez-vous qu'il n'y eût pas un *ordre* à Elne & à Rota ?

L'ABBÉ.

Je n'en trouve point de traces dans ce que vous avez dit.

L'AUTEUR.

A bon compte vous penfez qu'il continua d'y avoir un ordre, ou fénat dans la plupart des cités, & que cet ordre exerça fes droits dans l'efpece d'actes qui devoit avoir fouffert le moins d'altération, & dont, par conféquent, les Gaulois, du fiecle de Conftantin ou de Théodofe, auroient le moins défavoué la forme.

L'ABBÉ.

Je le penfe ainfi, & j'acquiefce en tout à votre remarque.

L'AUTEUR.

Ainfi cette oppreffion des Gaulois par les Francs, fi fouvent reprochée à ceux qu'on a prétendu être la poftérité de ces derniers, devient une chimere ridicule, & une calomnie odieufe ; car on ne dira point que les Francs fuffent venus fe calquer fur les Gaulois pour compofer *l'ordre magnifique des curiaux*;

L'ABBÉ.

Je ne m'attendois pas à cette conféquence ; mais continuez, j'efpere d'avoir mon tour.

L'AUTEUR.

Quels hommes étoit-ce que ces curiaux, ou ces citoyens qui compofoient l'ordre ? Etoient-ce des bourgeois, dans le fens que nous donnons à ce mot,

ou étoient-ce des possesseurs, c'est-à-dire, des propriétaires fonciers ?

L'A B B É.

C'étoient des propriétaires fonciers, & les plus
opulents de chaque cité après les dignitaires cependant, lesquels composoient un sénat supérieur,
mais très-peu nombreux, puisque, pour y être admis, il falloit avoir passé par les dignités de l'empire.

L'A U T E U R.

Très-bien, Monsieur : ainsi, sous les rois Francs,
l'ordre de chaque cité fut composé des plus riches
propriétaires du territoire, & si ces hommes opulents furent, ou vassaux de l'évêque, ou vassaux du
roi, car il y avoit une grande émulation entre les
grands pour avoir des vassaux riches & puissants par
eux-mêmes, il pût très-bien se faire que les vassaux
que nous avons trouvés à Reims, dans un temps où
le vasselage étoit devenu presque universel, ne fussent autre chose que l'ordre de la cité : j'en dis autant des grands, ou princes de l'illustre comte Guillaume.

Ils purent très-bien représenter l'ancien ordre de
la province d'Urgel, comme héritiers & successeurs
de ceux qui l'avoient autrefois composé. L'acte que
nous avons déjà cité en nomme treize, qu'il quali-
fie les *fideles laïcs* ; &, ce qui est remarquable, c'est
que sur ces treize féaux entre lesquels quatre ont des
sur-noms de terres, il y en a douze auxquels on
joint à chacun ses freres comme s'ils eussent eu tous
plusieurs freres. Ne seroient-ce point ou des suzerains dont on désignoit les vassaux par ce titre, que
les hommes libres se donnerent toujours les uns aux

autres , comme les foldats Romains , ou des feigneurs
de pieves , dont les co-paroiffiens étoient appellés
leurs freres ? A Elne , au lieu de l'ordre on fait une
mention particuliere des grands qui étoient feigneurs
de leurs lieux. Ils étoient en grand nombre , eft-il dit
dans l'acte , qui ajoute que les évêques affemblés
pour l'élection , favoir , l'archevêque de Narbonne ,
& les évêques de Béziers , de Carcaffonne , d'Agde ,
& de Maguelône , délibéroient avec eux de l'état
de l'églife , à laquelle il s'agiffoit de donner un pafteur. Mais ils ne compofoient point à eux feuls *tout
les peuples* de l'églife d'Elne , qui n'eurent part à l'é-
lection que par leurs acclamations , comme autrefois dans les affemblées des cités de la Gaule , les
fimples propriétaires n'avoient eu part à toutes les
délibérations que par les acclamations avec lefquelles
ils avoient reçu les réfolutions des dignitaires , les
feuls qui fuffent affis dans ces affemblées. Enfin , je
fuis perfuadé que le baronage de quelques provinces
n'a pas d'autre origine que la dignité , la prééminence
& les prérogatives des grands , qui compoferent fous
les empereurs le premier ordre de chaque cité. Jugez , après cela , fi je ne dois pas rire , lorfque je vois
votre abbé Le Beuf compofer gravement un pefant
mémoire pour faire remonter les prérogatives du
corps municipal de Reims à l'ancienne prééminence de la cité de Reims fur les autres cités de la
Belgique.

L' A B B É.

Vous tirez , en vérité , tout le parti poffible de
votre hiftoire des élections épifcopales. Mais , vous
avez parlé tout feul , & c'eft un moyen bien facile
d'avoir raifon.

L'AUTEUR.

Parlez à votre tour, j'y confens ; mais à condition que vous ne jouerez plus fur les mots ; car, je regrette le temps qu'il faut employer à corriger les vocabulaires.

L'ABBÉ.

Vous avez tort, ce me femble, d'attacher fi peu d'importance à l'explication des mots, puifque la plupart de nos difputes viennent de nos méprifes fur leur véritable fens ; & , qu'en fait d'antiquités furtout, c'eft la fource la plus ordinaire de nos erreurs. Qui entendroit bien les monuments anciens, n'auroit qu'à dire pour s'inftruire, & le contraire arrive à beaucoup de gens. Plus ils lifent, plus ils s'éloignent de la vérité, parce qu'ils ne favent pas lire. Mais revenons au fujet de notre difpute, & commençons par nous affurer que nous nous entendons l'un l'autre. Si je vous ai bien compris, voici quelle eft votre opinion fur la formation de la nation Françoife, que vous diftinguez de la nation Francque, comme on diftingue le tout de la partie. Les Gaulois, par où vous entendez les chevaliers, qui feuls furent vraiment citoyens, à l'exclufion des plébéiens, furent toujours belliqueux. Seuls, ils furent vraiment propriétaires ; feuls, ils eurent droit d'affifter aux affemblées des cités ; & , dans tous les temps, mais furtout lors du déclin de l'empire, ils compoferent les armées *tumultuaires* , ou l'arriere-ban, qui défendit les Gaules contre les Barbares, autant & plus que les légions qui étoient elles-mêmes compofées de Gaulois. Vous fubdivifez l'ordre des chevaliers en trois classes. Les simples possesseurs , qui composoient le peuple dans les assemblées , les curiaux ou décurions , qui composoient l'ordre ou le sénat inférieur, & les dignitaires, ou plûtôt les honoraires , qui composoient un sénat supérieur , en qui résidoit presque toute l'autorité, comme les décurions ou curiaux avoient presque toute l'administration. Vous prétendez ensuite que lors de la conquête, les cités Gauloises traiterent avec les Barbares , & se confédérerent avec eux plûtôt qu'elles ne se soumitent, à condition que tous les citoyens conserveroient leur état , c'est-à-dire qu'ils resteroient libres , membres actifs de la cité , guerriers, & vraiment propriétaires ; c'est-à-dire , immunes , ceux qui étoient immunes; & sujets à un cens désormais invariable , ceux qui avoient payé le cens. Les principales fonctions des curiaux étant devenues sans objet par cette révolution , & l'administration commune des cités s'étant réduite à rien, parce qu'elles n'eurent plus de dépenses communes , ni sans doute de revenu public , vous croyez que ce régime fût à-peu-près aboli , qu'il ne s'en conserva des restes que dans l'élection des évêques , & que presque par-tout le régime particulier des cantons devint indépendant, & ressortit nuement au régime souverain de l'empire , au lieu que jusqu'à la conquête il avoit ressorti à celui des cités. Ainsi les citoyens devinrent cantonniers , & en cette qualité ils furent voisins les uns des autres , c'est-à-dire , concitoyens , dans un sens particulier en temps de paix , & camarades les uns des autres à la guerre , parce que chaque canton formoit un corps séparé. Vous irez même jusqu'à soutenir que ce fut parce

qu'ils compofoient la milice du comté , que , dans
l'étendue chacun de fon comté , ils jouirent des
privileges de la milice Romaine, c'eft-à-dire, qu'ils
ne payerent ni douanes ni péages. Vous penfez que
de cette maniere toute la milice Gauloife, compofée
de tous les propriétaires , qui étoient vraiment libres, fit une partie très-confidérable de la milice Françoife , & que le refte fut compofé des Francs &
autres Barbares , qui s'étoient établis dans les Gaules , les uns en partageant avec les Gaulois leurs poffeffions , les autres en recevant des portions du domaine impérial & des domaines communs des cités ,
& d'autres, enfin , en combinant leur fortune mo-
biliaire avec des terres incultes , qui par là devinrent
des propriétés de l'efpece de celles qu'on appelloit
aprifion , *captures* ou *pourpris*. Ces Barbares , direz-
vous encore , jouirent du droit de *co-habitation* ,
& devinrent fpécialement citoyens , les uns , du canton où ils s'établirent , ce furent les Francs , les
Bourguignons & les Goths, fimplement ingénus ; les
autres , du comté où ils eurent leurs terres, ce furent
les grands & les feigneurs ; & les autres enfin du
duché ou de la légation dans laquelle ils poffédé-
rent leurs vaftes domaines , avec le titre honorifique
de comtes , ce furent les grands feigneurs , foit uniquement propriétaires , foit propriétaires à la fois, &
vaffaux de la couronne. Ainfi , fuivant vous, le corps
de la nation Françoife fut la totalité des propriétaires
libres & militaires , tant Gaulois que Barbares , & il
n'y eut pas un Gaulois libre , propriétaire & citoyen
de fa patrie ou de fa cité , au moment de la conquête , qui ne tranfmit toutes ces prérogatives à fes def-

cendants, comme ayant été l’une des parties con-
tractantes au traité que sa cité avoit fait avec les
Barbares.

Les grands de la Gaule resterent grands sous l’empire des Francs, & furent les égaux des grands de
cette nation. Les simples citoyens continuerent d’être
citoyens, & le furent comme les Francs qui n’étoient
qu’ingénus, qui alloient à la guerre avec un page ou
un écuyer seulement, & qui n’étoient pas nobles
hors de chez eux, mais qui l’étoient dans leur canton, parce que là on les comparoit avec les esclaves,
les colons & les fiscalins, ou avec la classe très-
nombreuse du peuple vulgaire.

Ces citoyens ne prenoient pourtant pas le titre de
nobles, mais il se qualifioient par leur état militaire,
les uns écuyers, parce que l’écu étoit la principale
piece de leur armure, les autres, hommes d’armes,
ou *armigeri*, parce qu’ils avoient une armure complette, & d’autres, enfin, soldats ou chevaliers,
parce qu’ils avoient reçu l’accolade par laquelle fi-
nissoit le noviciat des armes, chez les Francs comme
autrefois chez les Romains. Toute cette milice, qui
devoit être très-nombreuse, tout ce corps de citoyens
propriétaires, soit Gaulois, soit Barbares, devint par
la suite le corps de la noblesse, & n’est réellement
représenté aujourd’hui que par la noblesse d’extraction, quoiqu’il le soit aussi fictivement ou adoptive-
ment par la nouvelle noblesse, ensorte que c’est l’ordre de la noblesse qui est vraiment le corps de la
nation, comme les hommes libres le furent sous les
Mérovingiens & les Carlovingiens, & les feudataires
sous les premiers Capétiens : ai-je bien saisi votre
systême ?

L'AUTEUR.

Très-bien, fi pourtant c'eft un fyftême ; car, je fuis convaincu que ce n'eft autre chofe que la vérité hiftorique dans toute fa pureté.

L'ABBÉ.

Il me femble pourtant que j'ai de fortes objections à faire contre cette vérité hiftorique ; mais, comme je fuis de bonne foi, je vous promets de me rendre, fi vous détruifez ces objections.

En premier lieu, je ne vois pas comment fe put faire la féparation des citoyens Gaulois qui étoient la poftérité des chevaliers, d'avec les plébéiens & autres habitants de la Gaule qui étoient, comme eux, citoyens Romains, ni pourquoi il fe feroit établi une fi grande différence entre des hommes, que le titre de citoyens Romains égaloit les uns aux autres.

En fecond lieu, je ne trouve pas que la milice Françoife ait jamais été auffi nombreufe qu'elle auroit dû l'être, fi tous les Gaulois libres & propriétaires en euffent fait partie.

En troifieme lieu, il y a des preuves que les hommes libres furent très-peu nombreux au temps des rois Carlovingiens, & cependant le nombre des fiefs eft prodigieux fous les rois Capétiens, & a continué de l'être jufqu'à nos jours, quoiqu'il foit réellement beaucoup diminué par toutes les réunions qui ont été faites pour la compofition des grandes terres.

En quatrieme lieu, je ne vois pas diftinctement dans la condition des hommes libres & dans la nature de leurs biens fonds, tout les caracteres que j'y defi-

defireróis , pour y reconnoître les ancêtres de la noblefle & l'état primitif des biens nobles. Voilà mes objections que je vais reprendre les unes après les autres , pour les appuyer de preuves , & vous donner occafion de les détruire, fi vous pouvez , chacune féparément.

Et d'abord , c'est un fait certain que Caracalla donna à tous les fujets de l'empire le droit de bourgeoifie Romaine, pour parler le langage de mes confreres , que vous ne trouverez peut-être ni bien noble, ni bien exact; mais nous ne difputons pas fur les mots , & vous entendez que je veux parler du droit de cité Romaine, auquel nos écrivains & nos légiflateurs bourgeois fe font efforcés d'affimiler la mefquine bourgeoifie de nos villes. Or , tous les habitants de l'empire étant devenus citoyens Romains , n'eft-il pas évident, comme l'a remarqué l'auteur d'un *ouvrage couronné* par nous, que les Gaulois ayant été mis au niveau des Romains, qui avoient plufieurs ordres de citoyens bien diftincts , le peuple, fur-tout, qui fe trouvoit décoré du titre & des privileges de citoyens de la ville maîtreffe du monde, dut fortir de cet état de foibleffe , de dépendance humiliante & prefque d'efclavage où il étoit réduit ? Pour les chevaliers & leurs ambactes ou cliens , on fent ce qu'ils dûrent devenir fous la domination Romaine, lorfque le droit de faire la guerre eût été ôté aux Gaulois ; auffi difparoiffent-ils dans l'hiftoire ; je crois que c'eft ainfi que s'exprime l'abbé de Gourcy, avant même de citer la loi de Caracalla , qui rend fon raifonnement bien plus victorieux encore ; car il pourroit bien y avoir quel-

que chofe à dire fur les caufes auxquelles il attribue cette grande révolution, puifque le dernier auteur , & le dernier témoin qu'il en cite eft l'empereur Claude; mais la loi de Caracalla tranche toutes les difficultés, &, après l'avoir méditée , on ne
peut imaginer entre les citoyens Romains qui habitoient les Gaules, aucune différence affez grande
pour que les uns devinffent des hommes libres fous
l'empire des Francs , & que les autres retombaffent
dans un état peu différent de la fervitude. Convenez donc que votre fyftême croule par les fondements , ou montrez-nous la différence que ni
l'abbé de Gourcy, ni moi, ni tous mes confreres
n'avons pu imaginer.

L'A u t e u r.

Et quand je n'en imaginerois pas d'autre que celle
qu'il y a encore entre les habitants de la France,
qui, pourtant, felon vous & vos confreres, &
l'abbé de Gourcy, font tous François, tous citoyens,
croyez-vous que vous fuffiez en droit de triompher
de par l'autorité du grand Antonin Caracalla? Penfez-vous que fi la France venoit à être conquife en
l'état où elle eft, de la maniere dont elle le fut par
les Francs, les Bourguignons & les Wifigots, l'u-
niverfalité du droit de cité Françoife, empêcheroit
qu'il n'y eût quelque différence entre le gentilhomme
& le journalier, entre le duc & le favetier ? Vous
ne le foutiendrez pas, ni vous ni votre auteur couronné tout érudit & tout tranchant qu'il eft ; mais
vous n'en ferez pas quitte pour cette réponfe.

C'eft dans le Digefte qu'on trouve un paffage

d'Ulpien qui fait mention de la loi d'Antonin , fans donner à cet empereur aucun furnom ; ce paffage eft affez court pour que je puiffe vous le répéter dans la langue originale : (*a*) *In orbe Romano qui funt ex conftitutione imperatoris Antonini cives Romani effecti funt :* comment voulez - vous que je traduife ce paffage ?

L'ABBÉ.

Il n'y a pas, je crois , deux manieres de le traduire : *Ceux qui font dans le monde Romain, ont été faits citoyens Romains par la conftitution de l'empereur Antonin.*

L'AUTEUR.

Ainfi, plus d'efclaves , plus d'affranchis, plus de colons , plus d'hommes dégradés par la relégation, plus de profeffions fordides & indignes d'un citoyen Romain, plus de croix , plus de potences, ou plus de privileges qui exemtaffent perfonne de certains fupplices.

L'ABBÉ.

Vous pouffez vos conféquences bien loin ; vous allez tout bouleverfer fi vous continuez.

L'AUTEUR.

Quiconque habite l'empire eft citoyen Romain, fuivant votre traduction, comme tout habitant de la France eft libre, eût-il été efclave ce matin, & n'y fût-il entré que depuis une heure ; fi vous vou-

-----

(*a*) Digeft. Liv. 1. Tom. VI, cap. XVII.

lez exclure toute conféquence abfurde & démentie
par les faits, traduifez, avec moi : *Quiconque eſt citoyen dans le monde Romain, eſt citoyen Romain,*
& alors vous trouverez dans les inſtitutes de Juſtinien
la paraphrafe exacte de la loi d'Antonin en ces termes : (a) Nous avons décoré de la cité Romaine
tous les affranchis fans avoir égard ni à leur âge au
temps de l'affranchiſſement, ni à celui de leur maître, ni à la maniere de l'affranchiſſement, ainſi que
cela s'obſervoit précédemment, & nous avons ajoûté
beaucoup de procédés, au moyen defquels en donnant la liberté aux efclaves, on peut auſſi leur donner la *cité Romaine, la feule qu'il y ait aujourd'hui ;*
c'eſt-à-dire, qu'au temps de Juſtinien, il n'y avoit
plus qu'une cité qui étoit la cité Romaine, & qu'ainſi,
quiconque étoit citoyen dans l'empire ne pouvoit
être que citoyen Romain.

Mais, comme ce n'eſt pas mon ufage de me tenir
à un feul texte, quand je puis en trouver pluſieurs
qui s'expliquent les uns les autres, j'ajouterai que le
paſſage des inſtitutes que je viens de vous citer, eſt
relatif à la foixante-dix-huitieme novelle, par laquelle
Juſtinien déclara que toutes les fois qu'un maître auroit
affranchi fon efclave, de l'un ou de l'autre fexe, en le
déclarant citoyen Romain, & il ne pouvoit le faire autrement, l'affranchi ou l'affranchie n'auroit plus befoin
de s'adreſſer au prince pour en obtenir le droit d'anneau d'or & de régénération, mais qu'il jouiroit de
ces droits à raifon de la liberté qu'il auroit obtenue.
Par la même conſtitution, Juſtinien tâchoit de main-

––––––––––––––––––––––––––––––––––

(a) Inſtitut. Liv. 1, Tit. v.

tenir les droits des patrons, & de leurs enfants,
aux services & au respect que leur devoient les affranchis & leurs enfants, & confirmoit les loix qui
les déclaroient déchus & de la liberté & de l'état
de bien nés, (effet de la régénération) s'ils se rendoient coupables envers leurs patrons, ou d'ingratitu-
de, ou d'irrévérence; il déclaroit, de plus, libres, ingénus & capables d'hériter, les enfants nés d'un ingénu & d'une affranchie, soit avant, soit après le
mariage, qui devoit cependant être fait en forme
pour assurer l'état des enfants ; enfin, il pouffoit le
mépris pour les bonnes mœurs, pour la liberté, &
pour la dignité de citoyen, jusqu'à statuer que quiconque auroit eu des enfants de son esclave & viendroit ensuite à l'affranchir, & à faire avec elle un
contract de mariage, donneroit par ce seul fait à
ses enfants déjà nés, les titres d'hommes libres &
ingénus, & la capacité d'hériter de lui, comme ses
enfants légitimes. C'étoit, disoit-il, pour prouver
toujours mieux cet ardent amour pour la liberté,
qui lui avoit fait entreprendre de si grandes guerres
en Afrique & en Italie ; il vouloit parler de ses guerres contre les Vandales & contre les Goths, qui
avoient coûté la vie à des millions d'hommes libres,
& n'avoient pas rendu la liberté à un seul hameau;
mais, à propos de quoi vous dis-je tout cela? car
ces loix indécentes & absurdes qui ne prouvent autre chose que l'avilissement des citoyens & la perte
de leur liberté, ne furent jamais reçues dans les
Gaules, & n'ont acquis en France quelque autorité
que depuis peu de siecles ; mais écoutez la fin de
cette constitution dont je viens de vous donner l'ex-

trait. Or , nous ne faifons rien de nouveau , ajoute Juftinien , mais nous fuivons uniquement l'exemple des meilleurs empereurs qu'il y ait eu avant nous; car, de même qu'Antonin, furnommé le pieux , & duquel cette dénomination nous eft venue, donna en genéral à tous les fujets le droit de cité Romaine , qui , jufqu'alors, avoit dû être demandé féparément par chacun de ceux qui y avoient afpiré, & conféra ainfi l'ingénuité Romaine à ceux qui auparavant avoient été qualifiés d'étrangers , de même auffi que Théodofe le jeune , après Conftantin le grand, fondateur de cette cité , » donna à tous les
» fujets le droit de trois enfants, que, jufqu'alors,
» chacun avoit été tenu de demander, de même
» auffi par cette loi nous donnons à tous les fujets
» le droit de régénération & d'anneau d'or, que
» chacun étoit tenu de demander, demande qui
» donnoit lieu à des inconvéniens, & étoit fujette
» à des difficultés, & que l'on ne pouvoit obtenir
» qu'avec le confentement des auteurs de fa liberté «.
Que dites-vous maintenant du grand Antonin Caracalla ?

L'A B B É.

Je dis qu'Ulpien étoit un ignorant, ou que le rédacteur de votre novelle ne favoit ce qu'il difoit; car il eft évident que cet Antonin le pieux duquel le furnom avoit paffé à fes fucceffeurs, ce bon empereur, dont Juftinien fe fait gloire de fuivre l'exemple ; il eft, dis-je, évident que ce ne peut être Antonin Caracalla , mais que ce doit être ou le premier des Antonins ou Marc-Aurele , duquel , en effet , l'hiftoire rapporte quelque chofe de femblable

L'AUTEUR.

Cela eft évident, fans doute, mais il ne l'eft
point qu'Ulpien ou le rédacteur de la novelle ait été
un ignorant ; car ce jurifconfulte ne donne point de
furnom à fon Antonin, & ainfi on peut & l'on doit
même expliquer le paffage d'Ulpien configné dans le
Digefte par la novelle qui entre dans un plus grand
détail, &, dès-lors, il ne refte d'ignorance que pour
les écrivains qui ont cité & commenté le Digefte,
fans recourir ni aux inftitutes, pour en découvrir le
fens, ni à la novelle pour connoître le véritable
auteur de la loi & la jufte étendue qu'il falloit lui
donner.

Or, rien n'eft maintenant plus clair. Antonin le
pieux, par une feule loi, donna la cité Romaine à
tous ceux qui auroient été dans le cas de la demander chacun par une requête particuliere, & de tous
les étrangers, (*peregrini*) il fit des citoyens Romains ; or, dites-moi s'il eft vraifemblable que le
fage Antonin, ou le fage Marc-Aurele ait fait une
loi pour confondre tous les états & bouleverfer toutes les cités ! mais il ne s'agit point ici de vraifemblance ; la novelle dit formellement qu'Antonin
donna la cité Romaine à tous ceux qui, fuivant
l'ancien ufage, auroient dû la demander; que des
étrangers, il fit des ingénus Romains ; il ne la donna
donc point à ceux qui n'auroient point pu la demander, mais à ceux qui, étant citoyens chez eux,
étoient étrangers à Rome, aux citoyens de la Bi-
thynie, par exemple, qui étoient fi bien étrangers,
& dont la terre étoit tellement réputée étrangere,

I 4

que le college des pontifes Romains ne connoiffoit point des profanations qui pouvoient fe commettre dans ce pays.

Parlons plus clairement encore, & difons qu'Antonin donna la cité Romaine à tous les peuples de
l'empire, comme Galba la donna aux peuples de
la Gaule, qui avoient tenu fon parti contre Néron,
& comme Othon la donna à plufieurs peuples du
parti contraire; mais penfez-vous que c'eût été un
grand trait de politique de la part de ces empereurs
de donner la cité Romaine aux plébéiens des cités
Gauloifes, ou pour récompenfer ces cités, ou pour
fe les attacher, & qu'ils euffent réuffi à fe faire des
partifans utiles en mettant les plébéiens de niveau
avec les chevaliers & les princes des cités; en vérité, ce feroit une abfurdité de le penfer, & votre
auteur couronné, qui fe prévaut du filence de l'hiftoire, montre une profonde ignorance de l'hiftoire
des Gaulois, quand il imagine cet étrange nivel-
lement.

Mais on dira peut-être qu'Augufte, en ordonnant
le gouvernement des Gaules, ce qu'il fit par lui-
même en beaucoup de temps & avec beaucoup de
foin, avoit aboli l'ancienne claffification, & avoit
élevé au rang de citoyens dans chaque cité, ou tous
les plébéiens, ou les plus apparents d'entre eux.
Si cela étoit, j'aurois tort en partie; mais fi cela
ne fut point, comme il n'y eut que les Gaulois
qui, étant citoyens chez eux, furent faits citoyens
Romains, ainfi que je viens de le prouver, j'aurai
raifon & pleinement raifon (a); mais ouvrez Sué-

____

(a) Lib. II, cap. xl.

tone où il parle de l'extrême attention qu'eut Auguste à préserver le peuple Romain de tout mêlange
de fang étranger ou fervile, ce qui l'engagea à n'accorder que rarement la cité Romaine, & à mettre
des bornes aux affranchiffements , & vous trouverez dans cet hiftorien que Tibere lui ayant demandé
la cité Romaine pour un Grec qui étoit fon client,
il lui répondit qu'il ne la lui accorderoit point, jufqu'à ce qu'il fe fût préfenté devant lui & qu'il lui eût
prouvé lui-même qu'il avoit de bonnes raifons pour
la demander,

L'ABBÉ.

Qu'a cela de commun avec les cités Gauloifes, &
qui vous a dit qu'Augufte ne fit pas, pour les avilir,
le contraire de ce qu'il faifoit pour maintenir la dignité du peuple Romain?

L'AUTEUR.

Qui me l'a dit ? ce font les hiftoriens, ce font les
monuments de la Gaule, c'eft la cenfure établie chez
la nation Gauloife, & fi rigoureufement exercée,
qu'il fuffifoit d'être prince Gaulois, pour être au
moins l'égal des fénatoriens de Rome, du côté de
la naiffance & de la fortune; ce font plufieurs autres
inftitutions qu'il feroit trop long d'alléguer & de juf-
tifier, & qui toutés prouvent qu'Augufte eut autant
à cœur le bon ordre chez les Gaulois & la dignité
de leur cité, que le bon ordre de la cité Romaine,
& la dignité du peuple Romain : or , comme ce
prince attachoit une grande importance au choix
des nouveaux citoyens, je fuis en droit d'affurer

que dans les Gaules il n'eut garde de confondre les
plébéiens avec les chevaliers qui feuls étoient citoyens, & n'avoient rien de commun avec les chevaliers Romains qu'une très - grande fupériorité fur
la claffe que Jules - Céfar jugea à propos d'affimiler
aux plébéiens Romains avec lefquels elle n'avoit,
d'ailleurs, aucune reffemblance.

Mais vous ne douterez pas que les citoyens Gaulois, c'eft-à-dire, les chevaliers, ne fuffent, en général, réputés très - dignes d'être aggrégés à la cité
Romaine, & qu'Augufte lui-même n'ait fait cet hon-
heur à un très-grand nombre d'entre eux ; tout ce
qui vous paroît ou faux ou douteux, c'eft qu'il
ait exclu de la cité Romaine les plébéiens Gaulois,
ces hommes qui n'étoient pas efclaves, mais que la
baffeffe de leur naiffance éloignoit de la profeffion
des armes, des affemblées publiques & des emplois,
& que l'excès des impôts qu'ils payoient, tenoit dans
une éternelle pauvreté ; mais écoutez ce que dit encore Suétone dans le même paffage que j'ai déjà
cité : Livie elle - même ayant demandé la cité Romaine pour un Gaulois tributaire, Augufte la lui re-
fufa, & lui offrit l'immunité, ajoutant qu'il aimoit
mieux faire perdre quelque chofe au fifc, que de
prodiguer la cité Romaine : pourquoi votre auteur
couronné n'a-t-il fait aucun ufage de ce paffage, &
s'eft-il livré à une frivole déclamation ? ou pourquoi
l'avez-vous couronné ?

L' A B B É.

Il falloit lui difputer la couronne, ou il ne faut
pas nous blâmer de la lui avoir adjugée ; mais pou-

vez-vous nous affurer que ce que ne fit pas Augufte,
aucun empereur ne l'ait fait? & quelle idée avez-
vous donc de la révolution opérée dans les Gaules
par la loi d'Antonin ?

L'AUTEUR.

Quand on eft réduit à deux queftions femblables,
mon cher abbé, il vaudroit mieux s'avouer battu,
il y auroit un peu plus de bonne foi dans ce procé-
dé, &, fans perdre de temps, nous pafferions à votre feconde difficulté ; car je m'apperçois que vous
n'attaquez plus mon fyftême dans fes fondements.

L'ABBÉ.

A la bonne heure, mais fi vous ne levez tous mes
doutes, je ne croirai point : il faut que je voie clair,
ou je m'obftine.

L'AUTEUR.

Et, où eft donc l'obfcurité des temps, la difette
des monuments, le filence des hiftoriens, & tous
ces grands mots, dont vos mémoires font remplis,
quand il s'agit de nos antiquités ; n'y a-t-il que moi
qui ne puiffe en remplir ma bouche, pour vous fermer la vôtre ?

L'ABBÉ.

Eh bien, je ne croirai pas, & nous couronnerons
encore quelque ouvrage, dont l'auteur fe fera armé
de votre ignorance & de la fienne, pour vous pulvé-
rifer ; c'eft la maffue d'Hercule.

L'AUTEUR.

Allons donc, & vous, cher lecteur, encore un

moment de patience , car ce dialogue sera mis par
écrit & imprimé.

Vous me demandez si je puis assurer qu'aucun empereur n'ait fait ce que ne fit pas Auguste : oui, car
Antonin ne le fit pas , ainsi que je l'ai prouvé : oui,
car Théodose le jeune ne le fit pas, & ne put pas le
faire dans la Gaule septentrionale. Oui, car Justinien
ne le fit pas , & ne put le faire dans aucune partie de
la Gaule. Or, selon Justinien lui-même & ses sots admi-
rateurs; voilà les trois bienfaiteurs des sujets de l'empire.

Vous avez lu , sans doute , la lettre de l'église de
Lyon sur le martyre de St. Pothin & de ses com-
pagnons : cet événement est de la fin du regne de
Marc-Aurele , si je ne me trompe , &, cependant,
sur plus de quarante martyrs , entre lesquels très-peu
sont esclaves; il y en a encore moins qui soient citoyens Romains : en savez-vous la raison, c'est que
ce fut parmi le petit peuple que Pothin & ses com-
pagnons firent la plupart de leurs prosélytes, & voilà
aussi pourquoi Irénée, qui, lui-même n'étoit pas citoyen Romain, fut obligé d'apprendre la langue Cel-
tique , pour être en état de prêcher la foi dans une
ville aussi Romaine, que l'étoit celle de Lyon. Si des
preuves de ce genre vous paroissent avoir quelque
poids, il ne tient qu'à vous de vous en procurer un
assez bon nombre, pour tout le temps que durerent
les persécutions ; mais, je dis de plus, que les empereurs qui succéderent à Auguste, ne firent pas ce
que cet empereur n'avoit pas fait, parce qu'ils ne
furent plus à temps de le faire ; la raison en est,
qu'Auguste ayant laissé aux Gaulois une grande portion du pouvoir législatif, & ces Gaulois ayant été

les princes de la nation qui compofoient le grand
fénat des Gaules , & les députés des cités qu'on choi-
fiffoit entre les principaux citoyens, & qui certainement étoient chevaliers, il fut impoffible qu'ils
approuvaffent , enrégiftraffent & fiffent publier une
loi, par laquelle les Gaulois tributaires feroient devenus leurs égaux, & qui n'auroit pas tendu à moins
qu'à priver les cités de leur revenu, en même temps
qu'elle auroit ruiné le fifc impérial dans les Gaules ;
car il faut que vous fachiez qu'aucun édit, aucun
ftatut des empereurs n'avoit force de loi dans les
Gaules , s'il n'avoit été propofé à l'affemblée géné-
nérale , approuvé par elle , enrégiftré & publié avec
fon attache.

En voilà-t-il affez pour lever votre premier doute ?

L'A B B É.

Paffons au fecond , & ne vous contentez pas de
me dire quelle révolution la loi d'Antonin pût opérer dans les Gaules , dites-moi auffi ce qu'il y eut de
nouveau dans la condition des Gaulois après qu'ils
furent devenus citoyens Romains ; car fi vous ne me
le dites pas, je croirai que votre fyftême n'eft nullement fatisfaifant.

L'A U T E U R.

Ne cefferez-vous donc point de hauffer le prix de
votre acquiefcement à une vérité que vous ne pouvez plus combattre ? mais je veux bien encore vous
fatisfaire.

La loi d'Antonin n'opéra aucune révolution dans
les cités de la Gaule, qui, avant cette loi, avoient
déjà été aggrégées à la cité Romaine , & , s'il en ref-

toit qui ne l'euffent pas été, elle n'eut d'autre effet
que de rendre leurs citoyens participants des prérogatives perfonnelles dont jouiffoient les citoyens Romains; elle ne changea rien, ni à la gradation des
ordres, ni à la forme du gouvernement : les Trévirois étoient certainement citoyens Romains lorfque
commença la guerre dans laquelle Civilis les entraî-
na; voyez, cependant, fi leur état n'étoit pas encore, en tout, celui d'une cité Gauloife; s'ils n'avoient
pas encore un fénat très-nombreux, & compofé des
princes de la cité, iffus, pour la plupart, de ces anciens princes; s'ils n'avoient pas leurs affemblées du
peuple, compofée des citoyens militaires; fi leurs
princes n'avoient pas des clients, ambactes, ou vaffaux qui les fuivoient à la guerre, & partageoient
leur fortune ? il y a plus, c'eft que les cités Gauloifes conferverent les titres qu'elles avoient eus avant
leur aggrégation, & en acquirent de nouveaux du
même genre : la cité de Treves, en particulier, étoit
une cité libre au temps de Probus, ainfi que l'attefte
une lettre que le fénat de Rome lui écrivit. Rien donc
ne fut changé dans l'ordre public; les citoyens Gaulois acquirent feulement des prérogatives perfonnelles, mais fans préjudice de leurs devoirs envers leur
véritable patrie; il y a même plus, c'eft que les cités
Gauloifes conferverent le droit de conférer des dignités, qui donnoient à leurs citoyens les mêmes
droits, les mêmes exemptions dont ils auroient joui
s'ils les euffent obtenues à Rome.

Tout l'effet de la loi d'Antonin fe borna donc à
ceci : que les étrangers qu'il y avoit dans les Gaules,
& qui chez eux étoient citoyens, devinrent citoyens

Romains, mais ils n'en furent pas moins de simples habitants dans les cités Gauloises ; ils n'y eurent pas pour cela plus de droit à l'administration : ils y furent ce que les citoyens Romains avoient toujours été chez les peuples alliés : des publicains, des négocians, des voyageurs, des étrangers ; à cet égard, ce pût être un bien pour les Gaulois d'être devenus citoyens Romains, parce qu'ils n'eurent plus autant à redouter les négociants Romains, qui, pendant long-temps, avoient été aussi odieux aux provinces que les avides publicains ; mais ils ne furent jamais obligés de reconnoître un étranger pour leur concitoyen, parce qu'il étoit citoyen Romain, comme eux-mêmes, ils ne s'aviserent jamais de prendre le titre de citoyen Romain. Parcourez toutes les inscriptions qui nous restent en grand nombre, & vous trouverez que les Gaulois, dont elles ont perpétué la mémoire, sont toujours qualifiés citoyens de leur patrie particuliere, citoyen Trévirois, citoyen Pictavien, citoyen Vermandois, citoyen Biturige, citoyen Auvergnac, & ainsi du reste. Ce n'étoit pas qu'ils ne fussent citoyens Romains, mais ils avoient cela de commun entre eux & avec des millions d'hommes ; ce qui leur étoit particulier, c'étoit leur véritable patrie, qui n'appartenoit pas à tous les citoyens Romains.

Ainsi, un Syrien faisant le commerce dans la Gaule, n'étoit qu'un étranger à Bordeaux, à Narbonne, à Paris, à Marseille, quoiqu'il fut citoyen Romain. Il en étoit de même d'un vétéran retiré dans une cité de la Gaule, qui n'étoit pas sa patrie, d'un courtisan qui avoit ou reçu en don de l'empereur, ou acheté d'un autre donataire une terre enclavée dans le territoire d'une cité Gauloise. Il étoit *incole*, c'eſt-à-dire, habitant. Il n'étoit pas citoyen, & ces *incoles*, plus ou moins puiſſants, plus ou moins nobles, nous les trouvons diſtingués des citoyens dans pluſieurs monuments, & pendant pluſieurs ſiecles, depuis le marbre de Narbonne érigé ſous Auguſte, juſqu'à l'hiſtoire de Grégoire de Tours.

Puiſque j'en ai tant dit, je préviendrai encore une queſtion que vous pourriez me faire, en ajoutant que le Romain tributaire dans la loi Salique n'eſt autre choſe que le Gaulois tributaire de Suétone, & que le Romain poſſeſſeur n'eſt que le propriétaire, qui n'eſt ni Barbare, ni citoyen Gaulois. Le titre de Romain ayant été ſeul voué à l'ignominie, comme il emporta ſeul l'idée de tous les vices ſerviles, ainſi que Luitprand l'obſerve, on le réſerva à la claſſe qui n'avoit rien de Barbare, ni la profeſſion des armes, ni la liberté politique, ni l'immunité réelle ou perſonnelle. Dans la même loi que je viens de nommer, le Barbare, qui vit ſous la loi Salique, & qu'on diſtingue du Franc, eſt le Gaulois de l'Armorique & de la Belgique, citoyen Rémois, Pariſien, Lexovien, qui partage avec le Franc tous les droits de la cité Françoiſe. Par l'affranchiſſement Romain le plus parfait, on fait un citoyen Romain, on ne fait point un homme libre, comme on ne peut pas faire un ingénu, & encore moins un noble. Ainſi, on ne fait pas un citoyen Gaulois, car, qui dit citoyen Gaulois, dit un homme ingénu, & on ne connoît point en France le droit de régénération, comme il ne paroît pas qu'on ait jamais connu dans la Gaule le

droit

droit des anneaux d'or , & comme on n'y connût point la conſtitution par laquelle Juſtinien abolit ces droits , & inveſtit , par conſéquent, tout citoyen du droit de créer d'autres citoyens , ſans aucune intervention de la puiſſance légiſlative, le droit de cité Gauloiſe ne fut jamais ſi peu de choſe qu'un ſimple citoyen pût le conférer à un eſclave. Ce ne pouvoit être alors que ſous les deſpotes de Conſtantinople ; qu'il y eût ſi peu de diſtance & un paſſage ſi facile de la ſervitude à l'état de citoyen.

L' A B B É.

Je l'avouerai encore , vos remarques me paroiſſent très-juſtes , & je renonce à renverſer votre ſyſtême par ſes fondements. Mais je crois encore pouvoir l'attaquer dans ſes conſéquences ; & nier que la milice Françoiſe , qui , ſelon vous , devoit être la même choſe que la nation , ait jamais été auſſi nombreuſe qu'elle auroit dû l'être , ſi elle avoit été compoſée de tous les Francs , de tous les citoyens Gaulois , & de la poſtérité de tous les ſoldats Romains qui étoient ſtationnés dans les Gaules au temps de la conquête ; mais vous devez être fatigué d'une auſſi longue diſcuſſion , & je ſuis d'avis que nous remettions à un autre moment la ſuite de cette converſation.

L' A U T E U R.

Très-volontiers ; auſſi bien , on m'a reproché la longueur de mes dialogues , & je vous ai déjà dit que je mettrai nos converſations par écrit. Préparez-vous donc , de votre côté , à m'attaquer avec une vigueur qui vous faſſe honneur.

Partie II. K

CHAPITRE V.

Critique de ce qu'ont dit de la servitude & de la liberté quelques auteurs couronnés , tels que Justinien & l'abbé de Gourcy. Que la servitude ; sous une forme ou sous une autre est inévitable , dès que chaque homme ne se suffit plus à lui-même. Que la plus détestable de toute est celle qui occasionne le plus de non-valeurs , & donne lieu à plus de misere ; en même temps qu'elle diminue davantage la source des secours.

En parcourant l'étrange fatras dont on a fait une masse informe , sous le nom de corps du droit civil, j'y ai trouvé des choses presque aussi singulieres , qu'un petit bout de déclamation que j'ai lu dans l'ouvrage couronné de l'abbé de Gourcy.

» Le premier des biens de l'humanité , dit cet
» académicien de Nancy , sans lequel les autres per-
» dent tout leur prix, la liberté, étoit dans les temps
» dont nous parlons , inconnue à une grande partie
» du genre-humain. Des peuples polis & passionnés
» pour les lettres & pour les arts , ainsi que des na-
» tions nourries dans une farouche ignorance , les
» forêts de la Germanie , comme les voluptueuses
» & superbes cités des Gaules avoient admis la ser-
» vitude. Un usage barbare, qu'on appelloit droit
» des gens , l'étendoit à l'infini pendant la guerre :
» le droit civil & le droit public la consacroient
» dans le sein de la paix. Il s'est écoulé un grand
» nombre de siecles avant qu'une politique éclairée,

» & une religion defcendue du ciel pour le bonheur
» de la terre, aient pu rompre des fers, qui dégra-
» dent ceux qui les portent, qui font l'opprobre de
» ceux qui les donnent «.

Voilà les phrafes qui font fortune. M. l'abbé de
Gourcy connoît bien fon fiecle, & la compagnie
favante dont il a obtenu les fuffrages. Mais fi j'avois
difputé la couronne qui lui a été décernée, je n'aurois rien dit de femblable, & il l'auroit emporté fur
moi. Je n'aurois point dit, entre autres, que la religion chrétienne eft defcendue du ciel pour le bonheur de la terre, parce que j'aurois craint de paffer
pour ne connoître ni la religion, ni la terre, & que
le légiflateur des Hébreux fit beaucoup plus pour leur
bonheur terreftre que le légiflateur des chrétiens n'a
fait pour celui de fes difciples, à qui il n'a rien promis de femblable. Je n'aurois pas dit que la religion
chrétienne a rompu les fers de la fervitude, puifqu'elle a enfeigné, au contraire, qu'il eft très-indifférent d'être libre ou efclave, & que l'apôtre des nations
dit en propres termes aux efclaves : *Pouvez-vous être
libre ? continuez plutôt à fervir.* Je n'aurois pas dit
que c'eft une politique éclairée, qui, avec la religion,
a rompu les fers de la fervitude ; premiérement,
parce que perfonne ne croira que les politiques des
11e. 12e. & 13e. fiecles aient été plus éclairés que
Moïfe, Lycurgue, Solon, Numa, Augufte & Charlemagne, & en fecond lieu, parce qu'il n'eft pas
vrai qu'une politique éclairée ait eu aucune part à
l'abolition de la fervitude, & qu'elle n'a été abolie,
au contraire, que pendant le fommeil de la politique

& des sciences, par une longue suite d'inattentions, de sottises & d'injustices.

Je n'aurois pas reproché aux peuples polis & passionnés pour les lettres & les arts d'avoir admis la servitude, & je n'aurois point parlé de ces éternelles forêts de la Germanie, pour les mettre en antithese avec les voluptueuses & superbes cités des Gaules, parce que c'est chez les peuples les plus grossiers qu'on a le moins besoin d'esclaves, & qu'il peut y avoir un plus grand nombre d'hommes libres, & aussi parce qu'il n'y eut pas de superbes & voluptueuses cités dans toute la Gaule, qu'il n'y en eut aucune à qui ces épithetes convinssent dans toute la partie septentrionale de cette contrée, & que Paris même étoit une très-petite ville, quoique le Pere de Montfaucon, dans un mémoire académique, ait été tenté de renfermer le parc de Vincennes dans l'enceinte de ses murs, & que tous les Gaulois septentrionaux, &, à certains égards, tous les Gaulois en général, étoient la nation la plus févere & la plus austere qu'il y eût dans tout l'empire Romain.

Je n'aurois pas dit non plus que la liberté est le premier des biens de l'humanité, parce que ce n'est qu'un bien négatif ; parce que si l'homme étoit parfaitement éclairé & parfaitement raisonnable, il n'y auroit point de liberté ; parce que la servitude étant l'état naturel des gens qui n'ont point de bien, on ne peut pas dire que sans la liberté les autres biens perdent tout leur prix, & que si, par ces biens, on entend les plaisirs des sens, la proposition est très-fausse, attendu qu'un esclave trouve autant de plaisir qu'un homme libre, à manger, à boire, à cou-

cher avec fa femme , à dormir , & à danſer quand
il eſt jeune & vigoureux , & qu'il a beaucoup d'in-
quiétudes de moins que l'homme libre , ce qui eſt
très-favorable à pluſieurs facultés ſenſuelles. C'eſt
la réflexion du banquier Genevois , qui ſe plaint
d'ailleurs , qu'on n'ait point fait de loix en faveur de
la portion la plus nombreuſe des nations , & qui n'a
pas obſervé que , pour faire des loix qui lui fuſſent favorables quant à la ſubſiſtance , il falloit en faire qui lui
fuſſent défavorables à d'autres égards. Charlemagne ,
dans un temps de famine , ordonnoit aux maîtres de
nourrir leurs eſclaves , de peur qu'ils ne devinſſent des
mendiants & des vagabonds , & défendoit en même
temps l'exportation des grains. Il falloit que la cherté
du bled fût bien exceſſive , pour que l'avarice calcu-
lât qu'un homme ne valoit pas ſa ſubſiſtance de quelques mois , & qu'il valoit mieux en riſquer la perte
que de le nourrir. Mais il étoit juſte de proſcrire ce
honteux calcul par une loi , de le déranger par une
prohibition , parce que l'intérêt de la nation s'op-
poſoit à la multiplication des vagabonds , & que
c'étoit la nation qui garantiſſoit à chaque citoyen la
docilité & la ſtabilité de ſes eſclaves. Où la nation
ne garantit point le travail de l'homme de peine , à
celui qui en a beſoin , elle ne peut point faire de loix
équitables pour garantir au premier ſa ſubſiſtance.

Mais diſons encore un mot à notre abbé couronné.
Quand on a obtenu une couronne , on doit ſouffrir
avec patience les détractions de ſes envieux. Où
avez-vous pris , Monſieur l'abbé , que les fers de la
ſervitude dégradent ceux qui les portent , & ſont
l'opprobre de ceux qui les donnent , & quelle idée

(150)

avez-vous donc de la dignité de l'homme naturel,
de celle de l'efpece humaine en général ? Un efclave
élevé avec quelque foin, mais comme il doit l'être
pour fon état, eft, à mon avis, fort au deffus de
l'homme qui n'a reçu aucune éducation. Un efclave,
qui a les vertus de fon état, eft un être auffi digne
de la fageffe & de la bonté du créateur, qu'un roi
qui a les vertus du fien ; &, fi donner des fers eft
un opprobre pour celui qui les donne, le divin législateur des Hébreux autorifa donc fon peuple à fe
couvrir d'opprobre. Nous nous couvrons donc tous
d'opprobre quand nous prenons des valets ; car,
avouez-le, votre valet n'eft pas un être auffi parfait
que vous, & je veux bien gager qu'il n'a pas d'autre
liberté que celle de changer de maître, de fe faire
foldat, ou peut-être porte-balle, ou de mourir de
faim. Et obfervez que s'il n'y avoit point de maître il n'y auroit point de valets ; & qu'ainfi perfonne ne feroit dégradé par la fervitude. Je vous dé-
fie de trouver ici d'autre différence que du plus au
moins ; or, en fait d'opprobre, le moins eft encore
trop. Ainfi, nous ferons le procès à tous les fouverains qui ont des foldats, & même à tous ceux qui
ont des fujets ; car, fi la fervitude dégrade, il exifte
une dignité humaine, qui doit auffi être altérée par
la fujettion ; &, fi c'eft un opprobre d'altérer cette
dignité, je crains bien que tous les législateurs ne fe
foient couverts d'opprobre ; car, enfin, l'état de fociété n'exifte que par la diminution de la liberté naturelle, comme la fociété ne fe diffout que par le
retour de cette liberté. Or, fuivant les principes que
vous indiquez, l'homme le plus parfait eft celui qui

eſt le moins ſociable, ou le moins lié par les volontés d'autrui. Retournons donc dans les bois pour
nous relever de la dégradation dans laquelle nous
ſommes tombés.

C'étoit une belle choſe que cette palingénéſie,
cette régénération par laquelle un eſclave affranchi
étoit cenſé n'avoir jamais été eſclave. Nous appel-
lerions cela réhabilitation. Ce fut la prétention des
eſclaves qui firent fortune depuis l'inſolent Palladius
juſqu'à l'eunuque Narsès, d'être nés libres, & même
de compter des rois entre leurs aïeux. La formalité
de la régénération n'eut pas ſans doute d'autre origine, comme le droit des anneaux d'or n'en eut
point d'autre que l'imprudence des affranchis, qui
voulurent porter cette marque de la chevalerie, &
dont la vanité fut miſe à contribution par quelque
ſavant financier. Juſtinien abolit ces deux formalités,
qui, du moins, conſervoient quelque dignité au titre
de citoyen & à l'ancienne décoration de l'ordre
équeſtre, & il prétendit être le bienfaiteur de l'eſpece humaine, comme Antonin & comme Théo-
doſe le jeune. Ce dernier n'avoit pas abrogé la loi
qui réſervoit certaines prérogatives aux citoyens qui
avoient trois enfants. Il eût fallu alléguer des motifs
contraires à ceux qui avoient ſollicité la promulgation de cette loi, ou dire qu'elle ne ſervoit plus qu'à
néceſſiter les exceptions, &, par conſéquent, des
formes inutiles & onéreuſes aux citoyens. Mais le
dire, c'eût été convenir que les empereurs avoient
établi un bureau de diſpenſes, où l'on ne peſoit point
les raiſons de ceux qui les demandoient, c'eût été
convenir que par leur négligence, une loi très-ſage

étoit devenue illufoire ; c'eût été faire le procès, non à la loi, mais à l'adminiftration.

Pour faire le procès à la loi, il auroit fallu dire qu'elle étoit infuffifante pour encourager le mariage & remettre la paternité en honneur, & que c'étoit fi peu de chofe que d'être citoyen, que l'on ne l'étoit ni plus ni moins pour être père, ou pour ne l'être pas ; que tout homme, de quelque maniere qu'il fût qualifié, étoit également bon pour ce qu'on en vouloit faire, & que, s'éloigner des maximes des anciens Romains, c'étoit revenir de vieilles erreurs & brifer des chaînes inutiles & odieufes.

Théodofe ne dit rien de tout cela ; il ne parla ni des motifs de la loi, ni du brigandage des difpenfes, qui étoient tout ce qui en reftoit ; il fit feulement envifager la néceffité de demander le droit de trois enfants légitimes, comme une fervitude, qu'il pouvoit perpétuer, ou dont il pouvoit affranchir fes fujets, & il fe fit un mérite de les en affranchir ; il put dire qu'il rendoit à la république tous ceux qui étoient dignes de la fervir dans toute forte d'emplois, fans examiner les titres qu'ils pouvoient y avoir, & que c'étoit une grande & vafte libéralité qu'il ajoutoit à tous les autres bienfaits, dont il avoit comblé fes fujets. S'il parla ainfi, Juftinien ne fit que paraphrafer fa conftitution dans celle par laquelle il abolit la formalité de la régénération & des anneaux d'or. Nous rendons tout à la fois à la nature, dit-il, tous ceux qui font dignes de l'ingénuité, & ce ne fera plus chacun de ceux que leurs maîtres affranchiffent, qui fera déclaré ingénu, comme s'il fût né libre, mais nous les déclarons tous in-

génus par cette feule & unique loi, afin d'ajouter
cette grande & commune libéralité à toutes celles
dont jouiffent nos fujets.

Ce langage paroîtra abfurde à quiconque fera réflexion qu'on ne pouvoit ouvrir à tout venant les
portes de la cité, fans dire que la cité n'étoit qu'un
mot vuide de fens, & que ce n'étoit rien d'être citoyen, fi tout homme pouvoit faire un citoyen de
tout autre homme qu'il avoit acheté chez les Ara-
bes, ou les Ethiopiens ; mais un commentateur des
novelles de Juftinien, après avoir expliqué celle-ci,
& les loix d'Antonin & de Théodofe, ajoute favamment : Ainfi c'eft l'ordinaire des bons princes de
fe furpaffer les uns les autres, en rétabliffant l'égalité entre leurs fujets, & en les comblant de bienfaits ; & remarquez comment cet adroit commentateur a préféré la dénomination de fujets à celle de
citoyens ; il ne pouvoit employer cette derniere expreffion fans réveiller l'attention du lecteur qui auroit
dit : Quoi ! les efclaves à qui feuls Juftinien accordoit
un bienfait étoient donc des citoyens, & méritoient
mieux fes bontés que leurs maîtres ou leur patrons,
qu'il léfoit fi évidemment, qu'il ne cache pas lui-
même la crainte qu'il a que fa loi ne devienne un
obftacle aux affranchiffements. Eft-ce que les étrangers qu'Antonin créa citoyens, auroit ajouté un
lecteur attentif, étoient des citoyens avant de l'ê-
tre devenus ? mais fous le mot vague de fujets, le
commentateur confond tout, & en l'employant, il
évite de réveiller aucune idée diftincte. Le poëte
Rutilius Numatianus qui écrivoit vers l'an 415,
faifoit auffi l'éloge de la loi d'Antonin : Tu n'as fait,

difoit-il, qu'une patrie à plufieurs nations très-diver-
fes. Tes ennemis les plus injuftes ont été heureux
d'avoir été fubjugués par toi, & en offrant aux vaincus l'égalité avec ceux qui t'obéiffoient, tu n'as fait
qu'une cité de ce qui étoit auparavant l'univers. Cet
éloge de la loi d'Antonin pourroit bien paroître auffi
abfurde que celui que le commentateur a fait de la
loi de Juftinien ; car il eft un peu étrange qu'un
prince fe croie en droit de donner aux citoyens qui
l'ont choifi pour les régir, autant de concitoyens
qu'il juge à propos, & qu'il foit égal d'avoir fervi
la patrie de pere en fils depuis plufieurs fiecles, ou
d'avoir toujours été fon ennemi ; mais, du moins,
la liberté & la dignité de citoyen ne font-elles point
aviliés quand on n'en fait part qu'à des hommes
belliqueux, nés libres & citoyens chez eux, & qui
n'ont perdu leur liberté politique & leur patrie que
par le malheur d'avoir été vaincus. Numatien étoit
cependant inconféquent, puifqu'en même temps
qu'il louoit Antonin d'avoir élevé les peuples vaincus à l'égalité de droits avec ceux à qui ces droits
appartenoient en propre, il vouloit faire honte aux nobles de l'Armorique de s'être ravalés jufqu'à devenir les égaux de leurs ferviteurs, c'eft-à-dire, de
leurs clients ou de leurs ambactes, en renonçant à
la décoration des dignités Romaines, & au droit ex-
clufif de voix décifive, que la vétérance de ces dignités leur avoit donné dans les affemblées de leurs
cités. Etoit-il donc plus honteux de partager également les droits de cité avec fes concitoyens, lorfqu'un prince méritoit d'être loué pour avoir égalé
les ennemis vaincus aux citoyens vainqueurs ? mais

Numatien avoit l'orgueil des grandes magiftratures ; & croyoit être fort au deffus d'un fimple citoyen ; il n'avoit point l'orgueil de fa patrie, & ne s'indignoit pas de partager avec un étranger ce qui lui étoit commun avec fon client. Ainfi, nos magiftrats en s'énorgueilliffant de leurs dignités venales, de leur puiffance héréditaire, ont regardé l'égalité entre *les fujets* comme une juftice, & toute diftinction entre l'homme vraiment libre & la poftérité de l'efclave, entre le citoyen originaire & l'étranger, comme un refte de barbarie, comme une injuftice qu'il falloit faire difparoître, finon par des loix claires & précifes, du moins par une jurifprudence qui abrogeât les loix elles-mêmes.

Mais, il refte vrai, & il fera éternellement vrai qu'il n'exifte de fociété que par convention ; que celui-là feul eft citoyen qui a contracté & pu contracter ; qu'on ne devient point citoyen fans le favoir & fans le vouloir ; qu'on eft un intrus & non un affocié, quand on entre dans une fociété fans le confentement des premiers contractants ; que les prétendus bienfaiteurs de l'humanité qui agiffent contre ces principes font des brigands qui prennent beaucoup à l'un pour donner peu à l'autre, parce qu'ils diminuent le prix de ce que les uns ont droit de pofféder, & qu'ils ne font à d'autres que des préfents fpécieux ; que jamais on ne diminuera la maffe de la fervitude, fous quelque nom qu'elle exifte, qu'en diminuant d'une part les befoins phyfiques des citoyens, & en augmentant de l'autre le produit du travail ; que l'on fait tout le contraire en réduifant toutes les diftinctions entre les claffes au plus ou moins de faſte, & en autoriſant l'indiſcipline, la pareſſe, l'inſtabilité, l'ineptie de la claſſe qui travaille; que tout réduire au plus ou moins de fortune en fait de claſſification, c'eſt hâter la diſſolution de la ſociété par la guerre de tous contre tous, rendre la miſere affreuſe par la licence de la claſſe indigente, la dureté & l'impuiſſance de l'opulence toujours néceſſiteuſe; que favoriſer la facilité des déplacements en abattant toutes les barrieres qu'il pouvoit y avoir entre les claſſes, c'eſt déconſeiller ſans ceſſe la réſignation, faire, par conſéquent, le malheur du plus grand nombre, qui ne ſouffre pas moins & ne ſe réſigne plus, & diminuer le peu de bonheur dont jouiſſent ceux qui paſſent pour être heureux, parce qu'ils ne voient plus rien qui puiſſe les arrêter dans leur chûte ſi une fois ils perdent ce qui eſt amiſſible ſans crime, l'opulence & les emplois; que toute ſociété a été formée ſur des baſes antérieures de fait & de droit à l'état de ſociété, & que ces baſes ne peuvent être détruites, ni altérées, ni changées ſans un conſentement des citoyens auſſi ſolemnel que le le fut l'acte par lequel ils s'aſſocierent; que ces baſes peuvent être différentes chez les différents peuples, mais qu'il en exiſte néceſſairement chez tous les peuples, & que c'eſt là proprement ce que l'on doit appeller des loix fondamentales.

Mais, pour ne pas nous éloigner de celle de ces baſes dont nous avons commencé à nous occuper, & achever de la débarraſſer du tas d'ordures dont on l'a couverte, revenons à dire que du moment ou un peuple en eſt venu à ce point de civiliſation que chaque citoyen ne peut ſe ſuffire à lui-même

que par fon travail & à la république par fon loifir,
la fervitude exifte néceffairement fous quelque forme que ce foit. Tout fe réduit donc au plus ou
moins de difcipline, au plus ou moins de travail,
au plus ou moins de produit, à la proportion la
plus ou moins avantageufe entre le nombre des citoyens & celui des efclaves, à la mifere plus ou
moins grande de cette claffe, fuivant que fon travail eft plus ou moins dirigé, le profit qu'il donne
plus ou moins abondant, & les liaifons plus ou
moins étroites, entre elle & les citoyens qu'elle fert,
& qui peuvent l'aider.

Si la claffe laborieufe étant efclave, les individus
qui la compofent font libres, c'eft-à-dire, s'ils peuvent travailler ou ne rien faire, fervir celui-ci aujourd'hui & demain celui-là, demeurer cette année
dans un endroit & l'année prochaine dans un autre,
faire tel métier cette femaine & tel autre métier une
autre, tous les deux peut-être fans les avoir appris,
rançonner aujourd'hui le citoyen qui a befoin d'eux,
boire demain au cabaret tout leur falaire, & après
demain, aller mendier leur pain, s'engager pour
une année, quitter leur maître paffager au moment
où il va avoir befoin d'eux, diffiper leurs gages &
terminer une jeuneffe licentieufe, par un mariage
où ils n'apportent ni ne trouvent rien, & duquel
naîtront des enfants deftinés, s'ils ne meurent pas
avant le temps, à ne recevoir aucune éducation, à
vivre comme leurs peres dans des alternatives con-
tinuelles de travail & d'oifiveté, de mifere & de dé-
bauche, & à mourir fans fecours, moitié de faim
& moitié de pourriture; fi telles font, dis-je, la

condition & les mœurs des individus, tandis que la
claffe eft vraiment efclave de la mifere, de la néceffité, du travail, de l'ignorance, de quelques préjugés groffiers, & n'a aucun des talents, des préjugés, aucune des vertus, aucun des attributs qui font
& qui caractérifent les citoyens : n'eft-il pas évident que tous les inconvénients de la fervitude exif-
tent, mais avec des non - valeurs d'où réfulte une
proportion très-défavantageufe entre le nombre des
efclaves & celui des citoyens ? n'eft-il pas évident
que la mifere doit être affreufe dans la claffe fervile,
fans que l'aifance y foit proportionnée dans l'ordre
des citoyens ? n'eft-il pas évident que les efclaves
appartenant en bloc à la fociété en corps, les fecours particuliers ne doivent ni ne peuvent adoucir
la mifere ; & que la fociété s'épuife inutilement en
fecours publics, parce qu'elle-même n'eft pas riche
à proportion du nombre des malheureux qu'elle devroit fecourir ? n'eft-il pas évident, enfin, que les vices de la fervitude exifteront tous dans la claffe qui
en éprouvera les inconvénients, & qu'il n'y aura
lieu à aucune des vertus, qu'on trouva autrefois
dans cette condition ?

Un miniftre veut abolir la mendicité dans un
grand royaume, ai-je lu hier dans une feuille publique, & où prendra-t-il deux chofes fans lefquelles il ne peut réuffir, le pain qu'il veut donner aux
miférables qui fe font déjà abandonnés eux-mêmes,
& les motifs victorieux qu'il doit fournir à ceux qui
qui travaillent encore pour ne pas abandonner le
travail ? Je dis plus, où trouvera-t-il un travail affuré pour tous ceux qui ont encore la volonté de

travailler ? il fera des mendiants un attelier d’efclaves publics, qui travailleront pour le public de gré
ou de force ; voilà vraiment la fervitude, dont on
punit la mifere autant que le vice, & la fervitude
la plus cruelle, parce qu’elle enchaîne des hommes
paffionnés pour la liberté qu’on va leur ôter, parce
qu’elle fera particuliere à quelques individus qui ver-
ront leurs égaux encore libres ; mais le travail de
ces efclaves dirigé par des employés, forcé par des
archers, vaudra-t-il la fubfiftance qu’on leur fera
fournir par des employés mercenaires & avides,
vaudra-t-il leur habillement, les frais de garde, la
conftruction & l’entretien des bagnes publics ? Non
certainement, au moins pendant quarante à cinquante ans, c’eft-à-dire, jufqu’à ce que cet établiffement foit perfectionné ; &, pour qu’il le foit,
il faut que pendant quarante ans il y ait des miniftres qui l’approuvent & le foutiennent ; il faut que,
pendant le même temps, il y ait des fubalternes
honnêtes, intelligents, zélés qui le dirigent, l’étu-
dient, faififfent bien fes imperfections, & fugge-
rent les vrais moyens de l’améliorer. Or, combien
en coûtera-t-il jufques-là pour le fupport de cet établiffement & qui fournira à cette dépenfe ? La
claffe qui travaille ? raifon de plus pour que, de
compte fait, les individus de cette claffe trouvent
qu’ils font dupes de travailler. La claffe qui fait travailler ? moyens de moins qu’elle aura de faire travailler, &, par conféquent, accroiffement nouveau
de la mendicité, faute de travail. Traitera-t-on les
efclaves publics comme des coupables qu’on punit ?
Cruauté injufte & mal-entendue qui augmentera

les frais de geole , diminuera le produit du travail ,
& révoltera contre cet établiffement tous ceux fans
le concours defquels la mendicité ne peut être abolie.
Les traitera-t-on avec humanité ? Cela fera fort cher
alors ; car , d'un côté, le travail libre diminuera davantage par l'impuiffance de ceux qui faifoient travailler , & qui fuppléront aux non-valeurs du travail public ; de l'autre , l'indifcipline augmentera dans la
claffe fervile , parce qu'elle aura une reffource affurée dans les travaux de charité, les atteliers publics,
les hôpitaux de travail , c'eft-à-dire, dans les fecours
du gouvernement, quelque nom que l'on donne à
la maniere de les adminiftrer : dès-lors , moins d'af-
fiduité au travail dans cette claffe , renchériffement
des falaires , diminution des produits , non-emploi
d'une grande partie de la claffe laborieufe & oifive ,
qui ne vit que du fuperflu des propriétaires , accroiffement encore de la mendicité, partage de toute la
nation en deux claffes très-miférables, l'une avilie
par des impôts accablants , l'autre déjà très-vile ,
fecourue très-chérement , miférable fans profit pour
perfonne que pour une nouvelle efpece d'employés ,
& condamnée à perdre jufqu'à l'inftinct qui refte
aux efclaves de la néceffité & des préjugés.

Qu'on me pardonne cette digreffion, fi c'en eft
une. Loin du monde & de l'adminiftration, j'ob-
ferve avec attention les éclairs qui partent d'un
nuage éloigné, & qui ne m'éclairent qu'en m'an-
nonçant un orage , & il y a eu bien peu d'orages
cette année qui n'aient défolé quelques campagnes
par la grêle.

Ma plume trace les idées dont j'ai l'efprit rempli ;

pli , & je la laiſſe aller parce que je n'ai aucune raiſon de me contraindre , pas même le deſir de paſſer
pour bien écrire.

Il eſt temps cependant que je reprenne le journal
d'un ſéjour que j'ai fait dans la capitale, au commencement du mois dernier , & que j'en tire la
ſuite de mes converſations avec cet homme honnête & inſtruit , qu'on appelle abbé, parce qu'il
porte un habit noir ; & qui habite Paris, parce que
le gouvernement l'y a fixé en lui donnant une petite part dans le produit net du royaume.

CHAPITRE VI.

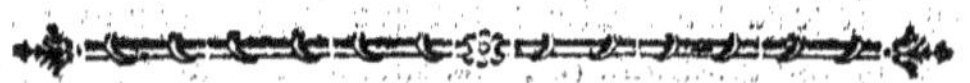

Quelques remarques qui font entrevoir l'abfurdité de la domi-
nation du prince fur tout ce qui habite le territoire. On
continue de faire voir la différence qu'il y a entre un
habitant & un citoyen, & comment on peut diftinguer,
dans la foule des fujets, les véritables citoyens avec qui
le prince a un contract, & qui en ont un avec lui. Suite
de la difcuffion commencée pour rétablir l'hiftoire de la na-
tion Françoife. Que c'eft par la vérité, & non par l'erreur
& l'ignorance, que peuvent régner les rois.

JE ferai grace pour cette fois à mes lecteurs de tout
ce qui, dans ma converfation avec l'abbé académicien, fut étranger aux queftions qui nous reftoient à
difcuter. Il parla d'une chaire publique qu'on réfervoit
au fils, encore enfant, de celui qui l'avoit poffédée,
& qu'on vouloit faire remplir par un deffervant jufqu'à ce que cet enfant eût appris le Grec ou l'Hébreu,
qu'il étoit deftiné à enfeigner.

Il nous entretint auffi d'une place de bibliothécaire
donnée à un fujet affez mince, parce que, le garde
en chef étant très-mince, fes amis lui avoient con-
feillé de fe faire donner un fecond qui ne pût pas
l'offufquer ; & ce chef, quoique très-mince, avoit
une place qu'il ne rempliffoit que de fon nom, parce
qu'il étoit petit-fils ou arriere petit-fils d'un homme
qui l'avoit très-bien remplie, ce qui avoit été une
raifon pour qu'il la tranfmît à fa poftérité. J'avois
peu de chofe à dire fur tout cela, & j'admirois bien

plus que je ne parlois ; j'admirois l'inconféquence
de mes contemporains qui ne veulent pas que rien
foit héréditaire dans l'ordre focial, quoique l'hérédité
de beaucoup de chofes foit une des bafes fur lefquelles la fociété a été élevée , & qui confentent à
l'hérédité d'une chaire de profeffeur & d'une place
de bibliothécaire ; mon admiration redoubla quand
on vint à parler de la prochaine retraite d'un vieux
miniftre manchot qui eut le porte-feuille facré à l'âge
de feize ans, parce qu'il étoit fils de miniftre, &
paîtri d'une boue qui, lui compté, a donné quatorze
miniftres à un grand royaume. Or, il y a apparence
qu'aucun de ces quatorze miniftres n'a rempli fa
place comme l'a remplie du moins l'auteur de la famille bibliothécaire , puifqu'ils ont tous régné pendant une période qui fera mémorable dans l'hiftoire
par la décadence prodigieufe de ce royaume, d'où
je concluois que l'hérédité , fi elle n'eft pas de droit
naturel , eft fi analogue à la nature de l'homme,
qu'elle s'établit, prefque néceffairement, là même où
elle paroît abfurde.

Mais, difois-je, s'il y a des hommes qui gouvernent héréditairement, & qui gardent une bibliothe-
que héréditairement, & qui enfeignent le Grec héréditairement, il y en a donc d'autres en plus grand
nombre qui font bien ou mal gouvernés, fans efpérance de gouverner jamais, qui lifent les livres fans
efpérance de les garder jamais, & qui apprennent le
Grec fans efpérance de l'enfeigner jamais. Il y a donc
beaucoup de malheureux contre un petit nombre
d'heureux , fi c'eft être malheureux que de ne pas
efpérer ce qui eft défirable,

Refte la réfignation ; &, apparemment, c'eft là
le parti que doit prendre & que prend, en effet,
le plus grand nombre des hommes, puifque je ne
vois de malheureux que ceux qui ne fe réfignent pas
de bonne foi, ou à qui il arrive des malheurs de
l'efpece de ceux auxquels on ne s'accoutume point,
comme les injuftices de toute efpece qui répugnent à
notre nature, & foulevent contre elles tous nos préjugés & toutes les facultés de notre ame.

J'étois abforbé dans ces réflexions, lorfque mon
honnête antagonifte m'en tira pour me demander fi
je ne voulois pas faire un tour de jardin. Je compris
ce que cela fignifioit, & nous defcendîmes dans le
jardin, où nous ne tardâmes pas à nous féparer du
refte de la compagnie.

L'Abbé.

Avez-vous penfé aux objections qui me reftent à
faire, je ne dirai plus contre votre fyftême, mais
contre les réfultats de votre hiftoire de la nation ?

L'Auteur.

C'eft, en vérité, de quoi je me fuis le moins occupé depuis que nous ne nous fommes vus. Tout
mon temps s'eft paffé en courfes inutiles, ou à peu
près, chez des adminiftrateurs de tout étage, à qui
je m'adreffe pour faire établir quelque proportion entre l'impôt que paient mes concitoyens les métayers,
artifans & journaliers d'une de mes paroiffes, &
celui que paient mes concitoyens les manants & habitants des paroiffes voifines. Vous concevez bien que
je ne demande pas que l'on hauffe le taux de mes

voifins ; mais que je voudrois bien que ma paroiffe
ne payât qu’en proportion de fon revenu, c’eft-à-
dire, environ trois fois moins qu’elle ne paie. Or, on
me dit qu’il eft poffible qu’elle paie trois fois trop,
fans qu’on en fache rien, qu’il eft poffible qu’une
élection paie trois fois plus que l’élection voifine,
fans qu’on en fache rien, & qu’une province paie
trois fois plus qu’une autre province, fans qu’on en
fache rien ; & qui plus eft, fans qu’on ait aucun
moyen de le favoir ; on ajoute que l’on m’en croit
bien fur ma parole, mais qu’en fait d’adminiftration
la parole d’un honnête homme n’eft rien, parce que
cela n’entre point dans les formes, &, qu’au contraire, le rapport d’un frippon ou d’un ignorant eft
décifif, parce qu’il a qualité pour en être cru fur fa
parole. Et attendant, mes concitoyens font tellement
épuifés & tellement découragés, qu’ils s’abandonnent eux-mêmes, & que les années d’abondance ne
leur laiffent rien pour les années de difette ; enforte
qu’il n’y a que la mortalité ou la mendicité qui dé-
tournent tous les inconvénients du défefpoir, la révolte, les affaffinats, & le brigandage à main armée ;
car, pour le vol & la fripponnerie, ce font les expé-
dients journaliers auxquels ces miférables font forcés
d’avoir recours.

Je dis que quand on prend tout, il faut tout diri-
ger, réparer tous les malheurs, nourrir les enfants
& les vieillards, & faire foigner les malades, que
telle eft la loi de la fervitude ; on me répond qu’il n’y
a point de fervitude en France, mais que le gouvernement y eft rempli d’humanité, qu’il foulage
dans les calamités (en prenant moins), & qu’il s’oc-

cupe férieufement des moyens de fecourir les malheureux, en ordonnant des travaux de charité, &
en mettant plus d'ordre dans l'adminiftration des
hôpitaux : à la bonne heure, pourvu que j'y aie ma
place ; car autrefois les propriétaires qui avoient
beaucoup d'efclaves, vouloient que leur régiffeur
fût médecin, que fa femme fût infirmiere, & qu'il y
eût chez eux une infirmerie pour les malades, & de
vieilles efclaves chargées de foigner les enfants pendant que les peres & meres travailloient. J'efpere
donc fur les paroles que l'on me donne, que le gouvernement faifant droit fur l'aveu que l'on fait de fa
co-propriété, & paffant de là à la preuve très-facile
de fa propriété abfolue, fe chargera de tout ce qui
doit être à la charge du propriétaire unique des hommes & des chofes, multipliera les infirmeries qu'on
appelle hôpitaux, pour les vieillards, les malades,
les enfants & les infirmes, fera garant de la fubfiftance de tous les fujets, & reconnoîtra l'obligation où il eft de remédier à tout, & de répondre de
tout, puifqu'enfin il avouera que tout lui appartient.
Oh l'heureux jour que celui où il fera cet aveu ! je
crois voir un riche créancier, forçant au déguerpif-
fement un propriétaire mal-aifé & fimple prête-nom,
fous lequel tout languiffoit & tout dépériffoit, & rétabliffant le domaine dégradé avec la hardieffe & le
bonheur d'un homme à qui l'argent ne coûte rien,
qui ne fe laiffe pas faire la loi par le laboureur aifé,
& foutient le cultivateur mal-aifé.

L'A B B É.

Encore une ou deux digreffions pareilles, & le

temps s'écoulera fans que nous venions au fait : voulez-vous bien me prouver que la milice Françoife ait
jamais été auffi nombreufe qu'elle auroit dû l'être,
fi tous les Gaulois, libres & propriétaires, en euffent
fait partie ?

L'AUTEUR.

Il me femble, Monfieur, que ce n'eft pas à moi à
rien prouver ; vous objectez, contre mon opinion,
que la milice Françoife fut peu nombreufe, fans
doute, fous la premiere race de nos rois ; prouvez-
le, fi vous pouvez ; tant que vous ne le prouverez
pas, votre objection fera frivole.

L'ABBÉ.

Les Francs avouent eux-mêmes dans le préambule de la loi Salique, qu'ils furent une petite nation
peu nombreufe.

L'AUTEUR.

A la bonne heure, je le crois auffi, mais que fait cela
à la queftion que nous débattons ? ce fait eft même
contre vous, fi vous ne me prouvez pas l'affertion
que fuppofe votre objection.

L'ABBÉ.

Mon affertion eft, en effet, une négative que je
ne fuis pas tenu de prouver : c'eft donc à vous à
prouver la propofition contraire, qui eft l'affirma-
tive, favoir ; que la milice Françoife fut très-nombreufe fous la premiere race de nos rois, quoique
les Francs, qui fonderent l'empire François, fuffent
peu nombreux.

L 4

L'Auteur.

Je ne me roidirai point contre votre injustice, &
je me charge de la preuve ; mais trouvez bon qu'au
lieu de citer les monuments du temps qui atteftent
vaguement la grande puiffance des Francs, & dont
ma mémoire ne me fourniroit pas littéralement les
expreffions, je me borne à un petit nombre de faits
qu'elle me fournira.

Vous favez que pendant la guerre que Vitigès,
roi des Oftrogoths, foutint contre Bélifaire, Théodebert qui ne régnoit que fur un tiers de la France,
entra en Italie à la tête de cent mille hommes ; mais
vous avez peut-être oublié que, vers la fin de cette
guerre, les Francs offrirent aux Goths une armée de
cinq cent mille hommes, s'ils vouloient partager
l'Italie avec eux.

Ces deux faits, à votre avis, fuppofent-ils que la
milice Françoife fût peu nombreufe, ou penfez-vous
que la feule nation des Francs pût mettre fur pied
une armée de cinq cent mille hommes ?

L'Abbé.

Je conviens que cinq cent mille hommes font une
armée prodigieufe ; mais fi toute une nation prend
les armes, ce peut n'être pas une très-grande nation
que celle qui ne fournit que cinq cent mille combattants, &, d'ailleurs, offrir une pareille armée & la
donner, ne font pas une même chofe.

L'Auteur.

Vous commencez à n'être pas de bonne foi, mon

cher abbé, car vous favez bien que chez les Francs
comme chez les Gaulois, avant la conquête de Jules-
Céfar, jamais toute la nation ne prenoit les armes à
la fois pour la défenfe de l'empire, & moins encore
pour attaquer un ennemi, quoique fouvent tout un
peuple prit les armes pour la défenfe de fon territoire particulier. Quand les peuples fourniffoient des
contingents, c'étoit un guerrier fur deux, fur trois,
ou même fur fept, qu'ils donnoient felon l'éloigne-
ment du théatre de la guerre, & encore cette proportion n'étoit-elle que pour les citoyens légalement
poffeffionnés ; pour ceux qui ne l'étoient pas, comme les fimples archers, le plus fort contingent n'é-
toit que d'un fur trois ou quatre ; & le plus foible
que nous connoiffions étoit d'un fur vingt-huit :
or, une invafion en Italie, pour y faire des conquêtes, n'autorifoit pas la convocation du même arriere-
ban, qui auroit pu être convoqué pour la défenfe du
royaume, &, de plus, la Neuftrie, qui étoit très-
éloignée du théatre de la guerre, devoit fournir pro-
portionément beaucoup moins de troupes que la
Bourgogne & l'Allemagne ; c'eft donc beaucoup fi
nous fuppofons que la moitié du royaume auroit
fourni, pour cette guerre, un homme fur quatre,
& l'autre moitié, un fur fept : or, quatre fois deux
cent cinquante mille, fait un million, & fept fois le
même nombre, fait dix-fept cent cinquante mille
guerriers ; ce n'eft que deux cent cinquante mille
hommes, en tout deux millions fept cent cinquante
mille hommes de moins que Céfar ne combattit de
chevaliers Gaulois, avant d'achever la conquête des
Gaules.

L'ABBÉ.

Pour le coup, Monfieur, vous prouvez trop, &
vous favez le proverbe ; car, fi vous fuppofez que
la totalité de vos guerriers étoit légalement poffef-
fionnée, en compenfant ce qui manquoit aux uns,
parce que les autres avoient au delà de la propriété
légale qui étoit de quatre manoirs garnis, & en
comptant encore les vaffaux du roi, de l'églife & des
grands feigneurs, comme autant de propriétaires de
quatre manoirs, ce qui comprendra les fifcalins &
les hommes de l'églife dans le même dénombrement que les ferfs & les colons, nous trouverons
qu'une population de deux millions fept cent cinquante mille guerriers fuppofoit l'exiftence de onze
millions de ménages ferviles, ce qui, à quatre perfonnes feulement par ménage, fait quarante - quatre
millions ; à quoi ajoutant les guerriers & leurs familles fur le pied de cinq perfonnes pour un guerrier, ce qui eft bien peu, ce font encore treize millions fept cent cinquante mille hommes que vous
devez ajouter au premier nombre, ce qui compofe
en tout une population de cinquante - fept millions
fept cent cinquante mille ames ; comptez enfuite environ cent cinquante arpents de terre en culture,
pour chaque famille militaire, proportion qui peut
être juftifiée par plufieurs monuments, & vous aurez quatre cent douze millions cinq cent mille arpents de terre en culture, tandis que la France entiere, en la comptant de trente-fix mille lieues quar-
rées, la lieue de 2000 toifes, l'arpent de 200 pieds en
quarré, ne contient que cent vingt-neuf millions fix
cent mille arpents.

L'Auteur.

J'avoue que ce calcul eſt très-embarraſſant ; cependant vous ſuppoſez un peu légérement que les quatre manoirs garnis faiſoient un total de cent cinquante arpents, tandis que nous avons des loix qui n'évaluent le manoir ſervile qu'à douze bonniers : diminuons donc de moitié la propriété légale, & nous n'aurons que deux cent ſix millions deux cent cinquante mille arpents à trouver : or, je crois que nous en trouverons beaucoup au de-là dans l'empire François tel qu'il étoit alors, car il comprenoit la Thuringe, au Nord-eſt ; la Vénetie, au Sud-eſt & tous les pays ſitués entre ces deux contrées & la Gaule ; ce qui double pour le moins l'étendue de cet empire : cette obſervation vous prouvera que du moins mon calcul n'eſt pas abſurde, & que ſi les Francs offroient quelque choſe de plus qu'ils ne pouvoient donner régulierement, il reſte cependant prouvé que la milice Françoiſe étoit, en effet, prodigieuſement nombreuſe ; c'eſt auſſi ce que prouve l'expédition de Leutharic & de Bucelin en Italie, & même celle de Théodebert, à la tête de cent mille hommes, quoiqu'il ne régnât que ſur un tiers de la France & qu'on ne puiſſe ſuppoſer qu'il eût mené avec lui toute la milice de ſon royaume.

L'Abbé.

Cette preuve eſt forte, j'en conviens ; mais elle nous mene trop loin & eſt trop vague. J'en voudrois de plus préciſes, & qui me fiſſent voir plus diſtinctement cette population militaire dont vous paroiſſez avoir une ſi haute idée.

L'AUTEUR.

Je pourrois m'en tenir à ce que je viens de vous dire, & attendre de vous des preuves contraires ; mais vous avez pour vous & les opinions de ceux qui paffent pour être favants & l'ignorance du grand nombre. Je fens que c'eft à moi à tout prouver. Si de petits événements méritoient votre attention, je vous ferois obferver que le château qu'on appelle aujourd'hui Château-Dun, devoit être le chef-lieu d'un bon nombre de guerriers, puifque ce ne fut qu'un détachement de cette milice qu'on envoya à Tours, & que la troupe étoit pourtant de trois cent hommes. Le château de Blois fournilloit auffi des détachements nombreux dans l'occafion. Mais vous pourriez dire que c'étoient là des châteaux ou camps, où étoient reftés quelques-uns de ces corps de troupes Romaines que Procope nous apprend avoir fubfifté dans les Gaules long-temps après la conquête. Je vous obferverois cependant que fi les Dunois étoient l'un de ces corps dont parle Procope, il falloit que l'Orléanois eût un bon nombre de citoyens militaires, qui valuffent bien les guerriers héréditaires du Dunois, puifque nous avons l'exemple d'une guerre tres-vive entre les Orléanois & les Dunois. Je paffe cependant à la guerre que Chilpéric fit à Gontran, pour lui enlever le Berry, qu'il attaqua avec trois armées, l'une qu'il conduifoit en perfonne, l'autre que commandoient Didier & Bladafte, & qui étoit toute l'armée de la province qu'ils gouvernoient, c'eft-à-dire, du Limoufin, & de quelques cités voifines ; la troifieme, qui appar-

tenoit proprement à Childebert, & qui étoit compofée des Tourangeaux, des Poitevins, des Ange-
vins & des Nantois. Les Berruyers ne furent point
découragés en apprenant que trois armées fe difpo-
foient à les attaquer. Ils fe mirent en campagne au
nombre de quinze mille hommes, & allerent chercher Didier auprès de Mehun. La bataille fut fan-
glante, puifque des deux côtés il refta plus de fept
mille hommes fur la place. Ce furent pourtant les
feuls Berruyers qui combattirent, car le roi Gontran
ne fe mit en devoir de les fecourir qu'après qu'ils
eurent été forcés de fe renfermer dans Bourges, où
on les affiegea.

A l'occafion de la guerre que ce même Gontran
entreprit contre les Goths d'Efpagne pour leur enlever la Septimanie, vous voyez les Berruyers, les
Saintongeois, les Périgourdins, les Angoumois, &
le *peuple* des autres villes voifines compofer une armée qui pénetre jufqu'à Carcaffone. Les *nations*
d'au-delà de la Saone, du Rhône & de la Seine,
avec les Bourguignons compofent une feconde armée
qui attaque les Goths du côté de Nifmes; Nicetius,
duc d'Auvergne, conduit une troifieme armée que
forment les Auvergnacs. Une autre fois ce font les
Saintongeois, les Périgourdins, les Bordelois, les
Agenois & les Touloufains, nouveaux concitoyens
des Francs, qui compofent une armée, avec laquelle
Bofon tombe dans une embufcade, eft battu par les
Goths, perd toute fon infanterie, qui refte prifonniere
au nombre d'environ deux mille hommes, & laiffe
cinq mille morts fur la place.

Long-temps auparavant, lorfque Sigebert avoit

voulu s'approprier la ville d'Arles , il avoit envoyé à cette expédition Tirmin , comte d'Auvergne , dont nous connoiſſons l'origine Gauloiſe , avec une ar-mée compoſée toute entiere d'Auvergnacs. Gontran , de ſon côté , envoya une armée pour chaſſer celle de Sigebert , qui fut , en effet , battue ſi complettement que les fuyards furent obligés d'abandonner leurs chevaux & de paſſer le Rhône à la nage , couchés ſur leurs boucliers. Cette manœuvre dangereuſe réuſſit au plus grand nombre par leur habileté à nager ; mais ils ne rentrerent pas pour cela avec moins de honte dans leur patrie , & la perte des Auvergnacs fut toujours très - grande , tant par le nombre de ceux qui avoient été tués que par le malheur qu'a-voient eu pluſieurs d'entre eux d'être emportés par la rapidité du courant & de ſe noyer miſera-blement.

Direz-vous , Monſieur , que dans toutes les cités que je viens de vous nommer il s'étoit établi un aſſez grand nombre de Francs , pour que chacune d'elles pût mettre une armée en campagne , & que Grégoire de Tours qui m'a fourni ces faits , & qui lui-même étoit Auvergnac & Gaulois d'origine , ait appellé Auvergnacs , Tourangeaux , Agenois , Bor-delois , Toulouſains , les Francs établis dans le terri-toire de ces anciens peuples Gaulois ? Vous ne le direz certainement pas contre l'évidence la plus pal-pable & contre l'aveu que vous avez fait du petit nombre des Francs. Renoncez donc une fois pour toutes à votre chimere de l'oppreſſion des Gaulois par les Francs , & à l'erreur également viſible , dans laquelle vous avez été lorſque vous avez cru que la

milice Françoife avoit été peu nombreufe fous la
premiere race de nos rois.

Mais, vous direz peut-être que ces Auvergnacs,
ces Berruyers, ces Tourangeaux qui faifoient la guerre
avec tant de bravoure, étoient chez eux des cenfi-
taires, des tributaires Romains, dégradés par les loix
& par une admimiftration tyrannique ?

L'ABBÉ.

J'étois bien tenté de le dire, avant que vous
euffiez cité le dernier exemple des Auvergnacs, bat-
tus fous les murs d'Arles, perdant leurs chevaux,
& paffant le Rhône à la nage fur leurs boucliers.

Je ne puis imaginer que des tributaires, avilis par
les loix & épuifés par les tributs, euffent des chevaux
de bataille à eux, portaffent le bouclier, & fuffent
affez bien exercés pour paffer à la nage un fleuve
comme le Rhône. Mais comment imaginez-vous que
ces citoyens fuffent d'auffi bons guerriers, & comment prouverez-vous que leur condition fût la même que celle des Francs ?

L'AUTEUR.

Votre premiere queftion m'entraîneroit dans de
trop longs détails, fi je voulois y répondre de maniere à me fatisfaire moi-même. Je vous dirai donc
feulement que tout citoyen qui avoit atteint l'âge militaire, étoit obligé de s'attacher à un vétéran pour
apprendre fous lui le métier des armes, fans quoi il
ne pouvoit efpérer de *colorier jamais le champ de
fon écu,* ainfi que s'exprime un écrivain qui vivoit
au temps de Chilperic. J'ajouterai encore que ce

fût un usage immémorial chez les Gaulois que toute
la jeunesse s'assemblât par cantons pour s'exercer aux
armes & aux petites manœuvres, que le comte de
chaque contrée l'assemblât sous son ban pour former
des *escares d'école*, comme on parloit alors, ou des
camps d'exercice, & qu'on encouroit le ban du
comte, c'est-à-dire, l'amende de douze sols quand
on s'absentoit de ces exercices. Contentez-vous pour
le présent de cette réponse, & croyez sur ma parole que ces assertions ne sont pas gratuites ; car je
n'ai pas résolu de vous faire de mémoire une histoire
détaillée & justifiée de la nation Françoise.

Quant à votre seconde question, ce que je viens
de dire y sert en partie de réponse. J'ajouterai cependant que les citoyens Tourangeaux qui habitoient
la campagne, & avoient leurs églises paroissiales
dans les bourgs, étoient toujours armés chez eux
comme dans le camp, jouissoient du droit de vengeance & de composition, & étoient jugés selon
toutes les formes fixées par la loi Salique, pour les
Francs & les Barbares vivant sous cette loi. D'où je
conclus que tout citoyens Tourangeaux qu'ils étoient,
ce n'étoient point des bourgeois de Tours, & que
leur condition étoit exactement la même que celle
des Francs. Si vous n'avez pas envie de chicaner
là-dessus, passons à votre troisieme objection.

L'A B B É.

J'y consens, & peut-être le succès de cette nouvelle discussion me rendra-t-il la victoire que je pa-
rois vous abandonner ; car si les hommes libres
furent réellement peu nombreux au temps des rois
Carlo-

Carlovingiens , il ne vous fervira à rien d'avoir
prouvé que la milice Françoife fût très-nombreufe
fous la premiere race , & fi , malgré cela , le nombre des fiefs a été prodigieux fous la troifieme race :
il reftera démontré que la nobleffe ne repréfente pas
la claffe des hommes libres , & qu'ainfi cet ordre a
une autre origine. Voilà ma troifieme objection , qui ,
à la vérité , n'eft conféquente à aucune de celles que
je vous ai déjà faites , mais que vous n'en êtes pas
moins obligé de détruire , fi vous voulez faire prévaloir votre opinion fur toutes celles entre lefquelles
les écrivains fe font partagés jufqu'ici.

L'Auteur:

Pour que la milice Françoife ayant été très-nombreufe fous la premiere race , les hommes libres aient
été peu nombreux fous la feconde , ou , pour fixer
une époque plus précife , au temps de Charlemagne ,
il faut de quatre chofes l'une : ou que les hommes
libres fous la feconde époque n'aient pas été les mêmes que les guerriers fous la premiere , ou que la
plupart de ceux-ci aient été détruits & qu'il n'en
foit refté qu'un petit nombre d'hommes libres &
militaires , ou que les guerriers de la même race aient
ceffé d'être hommes libres , foit en devenant vaffaux ,
foit en tombant dans l'une des claffes inférieures.

D'un autre côté , pour que les hommes libres
ayant été peu nombreux , les fiefs , & par conféquent ,
les feudataires aient pourtant été très-nombreux fous
la troifieme race , il faut auffi de deux chofes l'une :
ou que dès le temps des Carlovingiens les vaffaux
aient été en grand nombre , & qu'on ne les ait point

regardés comme des hommes libres ; ou que des
sujets d'une autre claſſe ſoient devenus feudataires ,
à l'excluſion des hommes libres ou conjointement
avec eux.

Or, remarquez que, dans toutes ces hypotheſes,
l'oppreſſion tant reprochée à nos peres diſparoît, ſi on
ne la rapporte pas aux temps qui ſuivirent le regne de
Gontran & précéderent celui de Charlemagne ;
car vous m'avouerez que l'eſpece d'oppreſſion qui,
d'un ſerf, d'un colon, d'un fiſcalin, ou de tout autre plébéien auroit fait un vaſſal feudataire, n'auroit
été ni bien cruelle ni bien odieuſe, à moins qu'il ne
ſoit odieux de faire d'un lâche un brave homme, &
d'un tributaire un citoyen immune. Je ne vois donc
pas à quoi vous ſervira la preuve de votre étonnante
aſſertion, ſi ce n'eſt que vous vouliez jetter de la
pouſſiere en l'air pour obſcurcir la clarté du jour.

L'A B B É.

J'avoue de bonne foi que je friſſonne quand je
vous vois ſur le point de prouver que la nobleſſe
Françoiſe eſt la poſtérité & l'unique poſtérité des
hommes libres, ſauf apparemment quelques exceptions purement accidentelles, & dont on ne doit
pas tenir compte, & que tout moyen me paroît bon
pour combattre une pareille aſſertion. Mais, enfin,
nous avons une charte par laquelle il eſt prouvé
qu'il n'y avoit dans le Vermandois que douze hommes libres ; car il eſt parlé de tous les hommes libres de ce comté, & douze ſeulement ſont nommés. Or, s'il n'y avoir que douze hommes libres
dans le Vermandois, combien croyez-vous qu'il y

(179)

en eût dans tout le royaume ? Il est évident qu'ils
étoient très-peu nombreux , & qu'ainsi, ce n'est
point à cette classe que remonte l'origine de la
noblesse.

L'A U T E U R.

Voilà une preuve accablante, & qui me décon-
certe; car, je vous l'avouerai, j'ai cru jusqu'ici que
vous aviez adopté le système de votre auteur couronné , & que si j'étois en état de le réfuter , je ne
devois pas être embarrassé à vous répondre. Mais
vous voilà à cent lieues de lui, & votre charte m'as-
somme.

» Nous croyons avoir prouvé, dit cet écrivain (a) ,
» l'existence d'un corps de noblesse toujours subsis-
» tant & distinct de tout autre. Nous trouvons aussi
» dans quantité d'endroits des vestiges d'hommes
» libres, différents des nobles. Il y a même des libres
» de différentes classes, plus ou moins puissants ,
» plus ou moins considérés. Il y a des libres qui en
» ont d'autres dans leur dépendance «. Je supprime
pour le moment la suite de ce passage , & m'arrête
à la remarque de l'auteur sur les anciennes formules d'élection qui supposent que les évêques étoient
élus par les laïques nobles, & les bourgeois : *Laïci
nobiles & cives* , remarque qui, à la place où elle est,
suppose que les bourgeois étoient les mêmes que les
hommes libres ; ce que l'auteur suppose également
en avançant que les hommes libres composoient le
tiers-état , ainsi que l'on a appellé depuis l'ordre de

____

(a) Page 214.

la bourgeoisie , *le peuple* ou *la multitude* , ainsi que
l'on parloit alors. Or, je n'ai pas besoin de beaucoup
de raisonnements pour prouver que ce système suppose diamétralement le contraire de ce que vous prétendez prouver par votre charte; car douze hommes
ou environ par comté, ne peuvent pas plus avoir été
les auteurs de la bourgeoisie que ceux de la noblesse,
& n'auroient pas fait le peuple François ou la multitude.

Je pourrois vous demander, Monsieur, quelle est
la date de votre charte, afin de savoir si elle est
antérieure au regne de Charles le chauve, sous lequel nous avons vu quelques vassaux du diocese de
Reims, signer seuls une lettre qui devoit être écrite
au nom du clergé & du peuple de cette église, ce
qui ne prouve assurément pas que tout le peuple de
cette église ne consistât qu'en ce petit nombre de
vassaux, & qu'il n'y eût pas un seul homme libre
dans tout le diocese de Reims ; mais je ne veux pas
même savoir la date de votre charte, parce qu'elle
m'est inutile ; la raison en est, que dans l'ordre civil, judiciaire & ecclésiastique, on ne distingue point
les vassaux des hommes libres, attendu que les vassaux
étoient hommes libres, & ne renonçoient à aucun des
droits politiques de leur condition, comme ils ne se
souſtrayoient à aucun des devoirs de leur état, en
se recommandant en vasselage.

Vous voyez qu'en avançant cette assertion je
m'engage à soutenir que si la milice Françoise ayant
été nombreuse sous la premiere race , les hommes
hommes libres furent en petit nombre sous la seconde., ce ne fut point parce que les guerriers de la
premiere race étoient pour la plupart devenus vas-

faux fous la feconde; car les vaffaux étant & reftant hommes libres dans l'ordre civil & politique,
s'ils furent nombreux, les hommes libres furent
auffi nombreux.

Je dois donc commencer par prouver que les
vaffaux furent hommes libres, & eurent toutes les qua-
lités & tous les droits des hommes libres, hors celui
de ne fuivre à la guerre que le commandant ordinaire de leur canton, & de ne devoir aucun fervice qu'à la patrie; c'étoit-là, en effet, tout ce qui
diftinguoit le vaffal de l'homme libre; il devoit fuivre fon feigneur par-tout où celui-ci avoit befoin de
lui, il alloit à la guerre fi fon feigneur y alloit,
lorfque l'homme libre reftoit chez lui, parce qu'on
ne l'avoit point *banni* pour faire campagne. Une loi
ou plutôt une ordonnance de l'an 812, fuffit feule
pour prouver l'affertion que je viens d'avancer, &
dont la preuve doit finir notre difpute : » Tout homme
» libre porte cette ordonnance, qui fera trouvé
» n'avoir point été à l'armée en la préfente année
» *avec fon feigneur*, doit être forcé à payer l'héri-
» ban entier; & fi c'eft fon feigneur, ou fon comte
» qui lui a permis de refter à la maifon, c'eft le
» feigneur ou le comte qui doit payer l'hériban
» pour lui, & l'on doit en exiger autant d'héri-
» bans qu'il a laiffé d'hommes à la maifon, & parce
» qu'en cette année nous avons accordé à chaque
» feigneur de laiffer deux hommes chez lui, nous
» voulons qu'ils les montrent à nos envoyés, parce
» que ce n'eft qu'à ceux-là que nous faifons remife
» de l'hériban «.

J'appelle ceci une ordonnance plutôt qu'une loi,

parce que cette difpofition fut conféquente à une autre ordonnance rendue pour le fervice de cette même année, & qui portoit que tout homme libre qui avoit quatre manoirs garnis, ou de fon propre ou du bénéfice de quelqu'un, devoit s'équipper lui-même & marcher en perfonne & pour fon compte, ou avec fon feigneur. C'étoit cette même ordonnance pour le fervice de l'an 812, qui autorifoit les comtes, les évêques & les abbés à laiffer chez eux deux de leurs hommes poffeffionnés, & qui vouloit que tous les aurres fiffent campagne qui avoient des bénéfices ou des propres tels que, fuivant le premier article de l'ordonnance, ils duffent faire campagne.

Dans ces deux ordonnances, la définition d'homme libre eft le titre commun de celui qui n'a que des propres & de celui qui n'a que des bénéfices, ou qui a un certain bien tant en propre qu'en bénéfice, de celui qui a un feigneur qu'il doit fuivre à l'armée, & de celui qui n'ayant point de feigneur *marche lui-même*, comme s'exprime l'ordonnance, & ne doit d'obéiffance qu'à la loi qui veut qu'il fe range fous la banniere de fon comté.

Les vaffaux font donc des hommes libres qui ont ufé du droit qu'avoit tout homme de cet ordre d'empirer & d'améliorer fon état, de l'empirer en altérant fa liberté, de l'améliorer en augmentant fa fortune.

Que perfonne, dit une loi de l'an 813, n'abandonne fon feigneur, après qu'il en aura reçu la valeur d'un fol, à moins qu'il n'ait voulu le tuer, ou le frapper du bâton, ou déshonorer fa femme ou fa fille, ou lui ôter fon patrimoine.

(183)

Le vaſſelage n'étoit donc indiſſoluble, hors ces
quatre cas, qu'après que le vaſſal avoit reçu de ſon
ſeigneur la valeur d'un ſol ; un bienfait reçu en étoit
le gage. Je ne m'étendrai point pour prouver qu'en
fait de juſtice & de police, en matiere d'état & de
propriété, il n'y avoit abſolument aucune différence
entre le vaſſal & l'homme libre, en ſorte que le
vaſſal aux yeux de la patrie étoit toujours le pair
ou l'égal de ſon ſeigneur, ainſi que s'expriment une
autre loi de l'an 813, une loi du code Allemand,
& une loi de l'an 812, qui condamnent à la perte de
l'honneur & du bénéfice celui qui aura abandonné
ſon pair allant à l'ennemi ou combattant ; enfin,
l'obligation de prêter ſerment de fidélité au roi
étoit commune à tous les vaſſaux & à tous les hommes libres.

L'A B B É.

En quoi conſiſtoit donc le peuple, la multitude,
comme parle Hincmar, ſi les vaſſaux & les hommes libres ne compoſoient qu'un ordre, une claſſe,
le corps de la nation ? car il ne paroît pas que des
vaſſaux on puiſſe compoſer le tiers-état, puiſque
c'eſt préciſément le corps des vaſſaux qui eſt devenu l'ordre de la nobleſſe.

L'A U T E U R.

Vous voilà donc de nouveau ſous la banniere de
votre abbé couronné, qui, lui-même, s'eſt rangé
ſous celle de l'abbé de Mably, qui lui-même n'a
ſuivi perſonne ; car c'eſt un homme libre que cet
abbé de Mably ; êtes-vous donc bien aiſe d'être ſon
arriere-vaſſal ?

M 4

L'ABBÉ.

Me voilà encore battu ; car vous plaisantez, &
fi je vous connois bien, c'eft une marque certaine
que mon objection ne vous embarraffe guere, &
que, peut-être, elle va vous fournir des armes contre moi.

L'AUTEUR.

Cela pourroit bien être ; mais auffi pourquoi faites-vous flèche de tout bois ? il ne falloit pas me
fournir l'occafion de battre trois abbés à la fois ; il
eft fi rare qu'ils aient tort, parce qu'ils ne fréquen-
tent guere que les maifons dont ils font les oracles,
& où l'on admire leurs ouvrages ; mais, dites-moi,
n'avez-vous jamais lu une petition du peuple qui
paroît être de l'an 803 , & que Baluze a publiée fous
ce titre ancien : *De la fupplication générale de tout*
le peuple auprès du prince, pour la caufe des prêtres,
afin qu'ils ne faffent plus l'oft. Tiré *des capitules*
du feigneur, Charles, empereur, décernés généralement
à Worms, confirmés par tous, & donnés à tous pour
être obfervés comme loi ?

L'ABBÉ.

Si j'ai lu cette petition ? Affurément, & qui ne l'a
pas lue ? je voudrois gager que les deux abbés, avec
lefquels je fais en ce moment caufe commune, en
ont au moins lu le titre, puifqu'ils parlent, ce
me femble, des petitions du peuple, comme de la
forme fous laquelle le tiers-état avoit part à la législation au temps de Charlemagne.

L'Auteur.

Ce fut, fi je ne me trompe, au retour d'une grande expédition que le peuple François préfenta la requête en queftion à l'empereur, & c'eft, en effet, un peuple militaire qui parle dans cette piece vraiment remarquable :

» Nous prions tous votre majefté à genoux de ne plus fouffrir que les évêques aient la fatigue de l'oft, comme ils l'ont eue jufqu'à préfent ; nous en avons vu quelques-uns bleffés dans les combats ; nous avons fu qu'il y en avoit eu de tués , & Dieu fait que quand nous les voyons en grand péril, l'effroi nous faifit , & que quelques-uns d'entre nous, par un effet de cette crainte , prennent la fuite & tournent le dos à l'ennemi. Vous aurez donc plus de combattants s'ils reftent dans leurs diocefes , que s'ils vont avec vous, parce que ceux qui veillent à leur fûreté combattront tous alors, au lieu qu'à préfent, ils ne combattent pas, mais ne s'occupent qu'à les garder... Mais tout le monde doit favoir que ce que nous vous demandons n'eft point pour avoir quelque chofe de leurs biens meubles & immeubles , fi ce n'eft autant qu'ils voudront bien nous donner quelque chofe, ni pour occafionner le dépouillement de leurs églifes que nous defirons plutôt d'enrichir, fi Dieu nous en donne le pouvoir : car nous favons que les biens de l'églife font confacrés à Dieu , & que ceux qui les envahiffent font des anathemes & des facrileges; &, pour mieux éloigner de nous un pareil foupçon, nous déclarons, en tenant des pailles dans nos mains & les jettant devant Dieu & fes anges , devant

vous, & devant tous les prêtres & tous les peuples
ici préfents, que jamais nous ne ferons chofe femblable ni ne confentirons qu'elle foit faite ; mais,
qu'au contraire, nous nous y oppoferons de toutes
nos forces ; nous voulons même que vous fachiez,
vous & tous les fidelles de la fainte églife, qui font
auffi *les nôtres*, que fi quelqu'un, fans la volonté, le
confentement, & le don du titulaire de l'églife, à
qui le bien appartient légitimement, & fur-tout de
l'évêque, s'avife de le demander au roi, de le re-
tenir, de le prendre, de l'envahir, ou de le dévaf-
ter, nous n'irons avec lui ni à l'oft, ni au combat,
nous ne mangerons point avec lui, nous n'irons
avec lui ni à l'églife, ni au palais, ni en voyage,
nous n'enverrons ni nos hommes avec fes hommes, ni nos chevaux & notre autre bétail, avec
fon bétail, nous ne demeurerons ni n'habiterons
avec lui, ni n'aurons avec lui aucun commerce, fi
ce n'eft pour fon amendement. Séparez donc de
nous les hommes de cette efpece, fi vous voulez
que nous vous foyions fidelles, forcez-les à la pé-
nitence publique, & accordez-nous nos demandes ;
& afin que toutes ces chofes foient obfervées à perpétuité par vous & par nous, par vos fucceffeurs
& par les nôtres, ordonnez que le tout foit inféré
dans les régiftres eccléfiaftiques, & commandez
que la préfente requête foit interpolée entre vos
capitules «.

L' A B B É.

Quel ftyle, en effet, fi c'étoit le tiers-état qui
parloit ainfi ! mais il eft clair que ce peuple étoit

tompofé des vaffaux des évêques comme des hommes libres, qui étoient dans le cas de le devenir,
& qu'ainfi les vaffaux du clergé ayant fait une portion très-notable de la nobleffe Françoife, c'eft
une abfurdité de dire que le peuple François, compofé en partie des vaffaux de l'églife, & en partie des citoyens qui pouvoient le devenir, ait été
fous Charlemagne le même ordre qu'on appella
depuis le tiers-état. Voilà encore une maniere de
prouver la filiation de la nation Françoife, dont je
ne m'étois pas avifé; mais dites-moi donc quelle
place occupe ici cet ordre de nobleffe, dont l'abbé
de Gourcy a prouvé l'exiftence par une litanie des
faints ?

L' A U T E U R.

N'allez donc pas fi vîte, je vous prie, vous ref-
femblez à tous nos faifeurs de fyftêmes; vous vous
échauffez comme les uns, fur un feul paffage; comme les autres, fur une feule vérité. Lifez donc la réponfe que fit Charlemagne à cette fiere petition :
» Non-feulement nous fommes prêts d'accorder tout
» ce que vous nous demandez en faveur des évê-
» ques, mais nous fommes auffi très-difpofés à ac-
» corder toute autre demande que vous ferez pour
» l'utilité de l'églife, celle de tout le peuple & la vô-
» tre ; &, quant à préfent, nous vous accordons ce
» dont il s'agit, comme vous l'avez demandé, &
» lorfque nous ferons venus au plaid général, nous
» le ferons confirmer, par écrit comme vous l'a-
» vez demandé avec le confentement de tous nos
» fidelles. Nous ne pouvons pour le préfent que

» vous affurer de notre entiere volonté de ftatuer
» tout ce qui eft général , & convient à tous les
» ordres ; ce fera à notre prochaine affemblée fy-
» nodale , & plaid général , où les évêques & les
» comtes fe trouveront en plus grand nombre que
» nous confirmerons ces chofes par écrit conformé-
» ment à votre demande «.

Dites maintenant que le peuple ne compofoit pas
alors un tiers-état, fur la demande duquel le roi ne
pouvoit pas ftatuer définitivement.

L' A B B É.

Vous vous moquez, je crois, peut-on dire que
les comtes qui étoient de nomination royale , &
amovibles en certains cas, compofaffent un ordre ?
ne compofoient-ils pas plutôt un fénat, un confeil,
fans la participation duquel le roi ne pouvoit faire
ni loix, ni ordonnances ? & quand ils auroient compofé un ordre, n'eft-il pas évident que cet ordre
étant éteint par la réunion de tous les anciens comtés, ce qui étoit alors le peuple, la multitude des
fideles ou des guerriers, eft devenu le fecond ordre en comptant le clergé pour le premier, enforte
que la nobleffe d'aujourd'hui eft le tiers-état du fiecle de Charlemagne, ce peuple militaire compofé
d'hommes libres, vaffaux ou non, bénéficiers ou
propriétaires, cette multitude, qui étoit une armée
dans les camps ; & le peuple François, dans les affemblées générales ?

L' A U T E U R.

Au lieu de m'arrêter, vous me dévancez ; cela ne
nous menera point à une difcuffion rigoureufe , & la

vérité y perdra , ou il faudra que je cherche un autre
antagoniste.

L'Abbé.

Je ne fuis pas dans l'habitude de fermer les yeux
à la vérité quand elle fe préfente à moi avec fon
éclat : ainfi je paffe condamnation fur le tiers-état,
tel qu'on a prétendu le trouver fous la feconde race
de nos rois, le voir opprimé vers la fin cette race
& fous les premiers rois de la troifieme, & le reconnoître reffufcité, on ne fait trop, ni quel jour,
ni à quelle heure ; mais j'ai toujours peine à croire,
en premier lieu, que les hommes libres aient été
auffi nombreux qu'ils auroient dû l'être pour être les
peres de nos nobles feudataires ; en fecond lieu, que
n'étant pas nobles, & ayant eu des nobles pour contemporains & pour concitoyens, ce foient eux plutôt que ces nobles, qui foient les peres de notre nobleffe : cette derniere difficulté nous ramene à ma
quatrieme objection que j'ai tirée de l'état des hommes libres.

L'Auteur.

Ce fera auffi la derniere à laquelle je répondrai ; revenons au nombre des hommes libres : je crois avoir
jetté quelque jour fur cette queftion, en prouvant
que tous les citoyens qui devoient le fervice militaire, foit à raifon de leurs aleuds, foit à raifon de
leurs bénéfices, foit qu'ils poffédaffent des biens de
l'une & l'autre efpece, étoient également qualifiés
hommes libres, & avoient en commun les droits civils & politiques que comportoit cette définition ;
foit donc que le nombre des bénéficiers fut grand,

foit que celui des propriétaires le fût, ces hommes libres étoient toujours nombreux, & l'accroiffement du vaffelage ne changeoit rien à cet égard ; mais il faut vous prouver, qu'indépendamment du vaffelage, qui pouvoit être plus ou moins nombreux, les hommes libres étoient en grand nombre. Voyons fi votre doute eft fondé.

Louis le débonnaire renouvella, en 819, un réglement déjà ancien, fuivant lequel les envoyés, ou légats royaux devoient s'inftruire du nombre des hommes libres qu'il y avoit dans chaque comté ; mais il leur prefcrivit, en outre, d'en faire le dénombrement le plus exact par centaines, & de dreffer une lifte féparée de tous ceux, qui, dans chaque centaine, étoient en état de faire feuls l'expédition militaire, & une feconde lifte de ceux qui ne pouvoient marcher par eux - mêmes, de maniere que deux devoient en aider un troifieme : il ajoutoit qu'il falloit exiger le ferment de fidélité de ceux qui ne l'avoient pas encore prêté.

Ce réglement prouve déjà que les hommes libres, guerriers & féaux, devoient être en affez grand nombre, puifqu'il falloit mettre beaucoup de diligence pour favoir ce qu'il y en avoit par chaque centaine, tant de ceux qui avoient quatre manoirs garnis, que de ceux qui ne les avoient pas ; un comté comprenoit plufieurs centaines ; & quelques loix de Louis le débonnaire fuppofent, qu'en général, il y avoit dans chaque centaine affez d'hommes libres pour inftruire toute efpece de procès : or, vous favez qu'il en falloit un affez grand nombre ; obfervez, d'ailleurs, que dans cet ordre l'opulence n'étoit pas, à beaucoup près, générale, puifqu'il étoit ordinaire que deux hommes libres en équipaffent un troifieme, & que, felon une ordonnance de l'an 812, il arrivoit auffi, affez communément, qu'un homme libre n'eût qu'un manoir en propre, auquel cas il falloit que trois hommes libres fe joigniffent enfemble pour faire la folde d'un quatrieme, qui ne poffédoit de même qu'un manoir : c'étoit même une concuffion affez ordinaire des comtes d'obliger ceux qui s'étoient cottifés à faire eux-mêmes l'oft, s'ils ne confentoient à s'en rachetter en leur faifant quelque préfent.

Charles le chauve renouvella, en 864, le réglement de l'an 819, que nous n'avons peut-être pas en entier ; car il nous apprend, qu'outre les deux liftes dont il eft fait mention dans l'exemplaire que nous avons, Louis le débonnaire avoit auffi exigé une lifte des hommes libres qui étoient affez aifés pour que de deux l'un marchât, avec le fecours de l'autre, & de ceux qui étoient affez pauvres pour que trois en aidaffent un quatrieme, & quatre un cinquieme. Charles le chauve ajoutoit, mais toujours en s'autorifant du réglement de fon pere, que ceux qui ne pouvoient abfolument pas faire l'oft, devoient, felon l'ancienne coutume, & celle de toutes les nations, travailler aux nouvelles cités, aux ponts & aux chauffées qu'il falloit faire à travers les marais ; qu'ils devoient, en outre, être tenus au guet dans la cité & dans la marche, & fur-tout ne fe difpenfer, fous aucun prétexte, d'accourir à la défenfe de la patrie, le tout fous peine de payer le ban militaire, appellé hériban, ou arriere-ban, mais feulement de la maniere dont ils pouvoient le payer.

L'ABBÉ.

J'avois une haute idée des hommes libres, lorſque je les croyois peu nombreux ; mais, maintenant, vous me détrompez doublement, en me les repré-ſentant très-nombreux, mais auſſi très-pauvres, & , par conſéquent, très-peu conſidérables.

L'AUTEUR.

Croyez du moins à préſent qu'ils compoſoient le corps de la nation, & qu'il y avoit entre eux la même inégalité de fortune qu'entre les anciens citoyens d'Athenes & de Rome ; mais avant de les mépriſer, conſidérez qu'ils n'étoient tenus qu'à des travaux & à des ſervices militaires, & que, ni ces travaux, ni ces ſervices n'avoient rien d'aviliſſant : il eſt vrai que les empereurs Romains avoient ſubſtitué l'exer-cice de la chaſſe aux travaux, auxquels l'ancienne diſcipline avoit voulu que l'on occupât les légion-naires pendant la belle ſaiſon, & que, depuis lors, ce ne fut plus que par forme de punition que l'on condamna les ſoldats à travailler ; il eſt vrai auſſi que les rois Francs retinrent exactement cette der-niere diſcipline des Romains, & que leurs grandes chaſſes ne furent autre choſe qu'un exercice qu'ils firent faire à leurs troupes ſoudoyées, c'eſt-à-dire, aux différents corps, ou écoles qui compoſoient leur maiſon, & que les fautes graves que commirent leurs ſoudoyés, emporterent auſſi la condamnation aux travaux ; mais quand on voyoit un homme, comme le célebre Wala, couvert de ſa brillante ar-mure, conduire un chariot, ou un tombereau ; on
n'étoit

n'étoit pas tenté de regarder comme bien aviliffant
ce qui ne le déshonoroit pas, & quand on voit tous
les novices d'armes qu'il y avoit dans l'armée de
Charlemagne, & même les chevaliers fe mettre à
l'ouvrage pour lui bâtir un oratoire fous les murs de
Pavie, & achever cet édifice en huit heures; on
conçoit que toute efpece de travail n'étoit pas nouvelle pour eux, & qu'ils ne croyoient pas indigne
d'eux de manier la fcie & la coignée.

Mais difons, en un mot, que, jufqu'à l'avant-der-
nier fiecle, la plus opulente chevalerie, les capitai-
nes, comme les gendarmes, mirent la main aux ouvrages militaires, & que l'aviliffement du travail ne
fut jamais qu'un fymptôme de la décadence militaire & politique des nations : ce n'étoit point, d'ailleurs, fur l'ordre du comte, mais en vertu du ban
royal, & lorfque ce ban obligeoit les autres guerriers de faire campagne, que les hommes libres,
qui étoient très-pauvres, devoient travailler aux
ponts & chauffées militaires, & à la conftruction
des nouvelles cités, c'eft-à-dire, à celle des nouvelles fortereffes, & à la réparation des fortifica-
tions que les incurfions des Normands obligeoient
alors de relever. Mais, quoique Charles le chauve
citât une ancienne coutume pour s'autorifer à exiger des pauvres le guet & les travaux militaires, &
que, fuivant toute apparence, cette coutume eût,
en effet, été celle des anciens Gaulois, je foupçonne
que la rigueur de fon ordonnance eût des motifs fe-
crets de plus d'une efpece, les uns qu'il tiroit de fon
intérêt perfonnel, les autres qui refultoient d'un intérêt contraire des grands du royaume : c'eft ce que

Partie II.   N

je pourrai vous expliquer, fi j'en ai l'occafion. Je dois maintenant vous faire obferver que le nombre des pauvres devoit être grand dans la claffe des hommes libres, puifqu'il fallut renouveller fouvent la loi qui défendoit aux comtes d'exiger d'eux aucune redevance, ou fervice quelconque, & que Louis le débonnaire, tout prodigue qu'il étoit lui-même, fit des loix pour empêcher que les hommes libres n'achevaffent d'être appauvris par les donations inconfidérées que les mourants faifoient trop fouvent aux églifes.

L'ABBÉ.

Plus vous traiterez cette queftion, mieux vous me prouverez, il eft vrai, que la claffe des hommes libres étoit très-nombreufe, que c'étoit vraiment le corps de la nation ; mais plus auffi vous donnerez fujet à vos adverfaires de dire, que ce furent ces hommes-là, précifément, qui furent opprimés par la nobleffe, pendant l'anarchie féodale, qui devinrent hommes de peine & villains, & que la fageffe de nos rois affranchit en rétabliffant les communes.

L'AUTEUR.

Eh ! qu'ai-je encore à rifquer après que votre abbé de Gourcy a réfumé toutes les fauffetés que l'on avoit avancées jufqu'à lui fur ce fujet ? Prenons en main l'ouvrage couronné, & lifons, page 219 :

» Je ne vois pas à préfent que l'on puiffe faire dif-
» ficulté d'admettre, dès les deux premieres races,
» un tiers-état, pourvu cependant qu'on ne prétende
» pas l'affimiler en tout à ce que nous appellons le

» tiers-état parmi nous. Ces ingénus, à qui l'entrée
» dans la milice, dans la judicature & dans les af-
» semblées de la nation étoit ouverte, indépendants
» de tout autre que du roi & de ses officiers, se main-
» tiennent dans leur condition & dans tous leurs
» droits, jusque sur le déclin de la seconde race, où
» la puissance royale ne pouvant se soutenir elle-
» même, fut forcée de les abandonner à la cupidité
» & à l'ambition des seigneurs, des ducs & des
» comtes, qui se partagerent entre eux & les sujets,
» & les domaines du souverain ; jusque-là, que tout
» enfin devint seigneur, vassal, ou sujet des seigneurs.
» C'est la grande question, ajoute-t-il, qui nous reste
» à traiter, quand il y eut parmi les ecclésiastiques,
» les nobles & les roturiers, des seigneurs, des vaf-
» saux & des sujets, & quel étoit leur état «.

Dites - moi, maintenant, ai - je encore quelque
chose à risquer ? Et, peut-on imaginer un résultat plus
contraire à mon opinion, & en même temps plus
spécieux ? car votre dangereux écrivain donne un
peu tort à tout le monde, à l'abbé de Mably &
autres, en remarquant une différence notable entre
le tiers-état sous les deux premieres races, & le tiers-
état sous la troisieme ; à moi, en faisant opprimer ce
tiers - état du temps passé, pour ne le ressusciter
qu'avec les marques de ses fers qui ne laissent pas
de le défigurer un peu.

Mais, je voudrois savoir pourquoi M. l'abbé défigure déjà un peu son tiers-état de la premiere période, en disant que l'entrée de la milice lui étoit ouverte, au lieu de dire qu'il étoit obligé au service
militaire ? en omettant les fondements de cette obli-

gation qui étoient fa naiffance & la propriété abfolue des biens dont il jouiffoit ? en le reftreignant à
une admiffion accidentelle dans la judicature, tandis
que, par état, tout homme libre étoit juge, quoiqu'il
le fût plus ou moins, felon qu'il étoit propriétaire,
ou qu'il ne l'étoit pas ? en fupprimant la mention
qu'il devoit faire d'une partie des biens des hommes
libres qui étoit en même temps un relief de leur
état, la poffeffion d'un nombre plus ou moins grand
d'efclaves & de colons, & la jurifdiction légale qui
leur appartenoit, non-feulement fur leurs efclaves
& leurs colons, mais auffi fur tout étranger qu'ils
recevoient dans l'étendue de leur propriété ?

Ces omiffions ne font pourtant pas encore les
feules que je fuis en droit de reprocher à votre écrivain. Il a craint de faire les hommes libres trop
grands, de peur qu'il ne fût trop difficile de leur
monter fur la tête ; il n'a pas voulu les faire trop
forts en les repréfentant comme autant de guerriers
obligés, par état, de fe tenir tous, & toujours, en
haleine, de peur qu'il ne fût trop difficile de leur
donner des fers. Il les a repréfentés comme fimplement admiffibles dans la judicature, & non comme
juges par le droit de leur naiffance, afin qu'on pût
les furprendre dans une condition privée pour n'en
faire que des jufticiables en les afferviffant. Et puis,
cette énumération de feigneurs, comtes & ducs,
comment la trouvez-vous ? eft-ce un feigneur que
le propriétaire d'un feul village compofé de trois
ou quatre manoirs garnis, & de fept ou huit cafes
ferviles ? ou bien, par un feigneur, faut-il entendre
le fuzerain de deux ou trois cent vaffaux, bien dé-

voués à son service, bien belliqueux, bien exercés;
comme nos Auvergnacs qui passoient le Rhône à la
nage sur leurs boucliers? Dans le premier cas, je
n'imaginerai point qu'un seigneur soit un oppresseur,
puisqu'avant l'époque de l'oppression je vois que tout
citoyen obligé de faire campagne à ses dépens avec
la lance, l'armet & l'écu, avoit quatre manoirs garnis, & des manœuvres à proportion, & étoit en
droit de tirer des étrangers, qu'il admettoit chez lui,
tel service qu'il jugeoit à propos, sans que personne
fût autorisé à l'en empêcher : voilà l'état d'un écuyer;
scutarius; l'homme d'armes, appellé *armiger*, ser-
voit avec le haubert, ou avec la cuirasse & le hausse-
col, & avait pour le moins douze manoirs garnis,
avec les redevances & services des étrangers qu'il
vouloit bien recevoir sur son pourpris.

Supposons maintenant qu'il y eût en France vingt
mille gendarmes, cent mille écuyers faisant le service par eux-mêmes, & deux cent mille seulement de
la classe de ceux qui s'entr'aidoient ; voilà pour la
première classe deux cent quarante mille manoirs
garnis, ou deux cent quarante mille familles de laboureurs ; pour la seconde, quatre cent mille ; pour
la troisieme, trois cent mille ou à peu près ; en tout
neuf cent quarante mille familles de laboureurs, sans
les manœuvres, que les anciens pouillés ne nous
montrent pas moins nombreux, en tout dix-huit cent
quatre-vingt mille familles de serfs ou sujets campagnards, c'est-à-dire, près de dix millions d'ames
qu'il ne fut pas besoin d'opprimer pour que, contre une famille libre & militaire, il y eût au moins
six familles de villains.

(198)

Ajoutez les ferfs & les colons du roi & de l'églife,, qui étoient plus nombreux que leurs vaffaux
dans une toute autre proportion , & vous trouverez qu'il ne fut befoin d'aucune oppreffion , pour
qu'il y eût dix à douze fois plus de villains que d'é-
cuyers & de gendarmes. Ajoutez encore les manants
& habitants des villes qui donnant peu de revenu à
leurs feigneurs , foit le roi, foit les prélats , foit les
grands barons, ne les mettoient pas en état d'entre-
tenir un gendarme contre cent citadins , & vous
trouverez que , fans oppreffion , fans afferviffement ,
le nombre des villains de tout état dût être à celui
des écuyers & gendarmes, comme un eft à vingt-qua-
tre ou vingt-cinq. Comment trouvez-vous ce calcul ?

L' A B B É.

On peut en rabattre ou y ajouter ; mais il refte
toujours très-embarraffant, pour ceux dont je fou-
tiens les opinions ; ils vous diront cependant que le
penchant des comtes à opprimer les hommes libres
eft trop bien attefté par les loix pour que l'on puiffe
révoquer en doute le fuccès de leurs entreprifes ,
du moment où la puiffance royale ne pouvant fe
foutenir elle-même , eût été forcée d'abandonner les
hommes libres à leur cupidité.

L' A U T E U R.

Ce ne font donc plus les écuyers, les archers, &
les gendarmes qui font oppreffeurs ; ce font eux qui
vont être opprimés par les comtes , attendu que la
puiffance royale les abandonne, & que cette multitude de guerriers s'abandonne elle-même, au point
de fe laiffer opprimer par trois ou quatre cent autres

guerriers qu'on appelle comtes, grands vaffaux, châ-
telains, barons, nobles ou feigneurs, & par deux ou
trois cent prêtres qu'on appelle évêques & abbés,
cela eft en vérité très-merveilleux, & d'autant plus
que, fi l'on ne voit pas là un miracle, il faut fuppofer que ces fept ou huit cent oppreffeurs fe firent
des fatellites de leurs efclaves, pour, avec leur fecours, opprimer toute la milice Françoife; mais, à
la bonne heure, ce n'eft donc plus nous qu'il faut
accufer d'avoir opprimé, à moins qu'on ne dife que
nous defcendons des efclaves fatellites, & que nos
peres, comme les fatellites d'Ariftodeme, commen-
cerent par tuer leurs maîtres, & finirent par être
les maîtres de leurs enfants; mais fi on fe refufe à
cette atroce fuppofition, il faudra convenir que les
opprimés ont dû fe trouver tous dans la dépouille
des comtes que nos rois fe font appropriée, &
qu'il n'y en a point entre les villains qui furent les
fujets de nos peres; car, je l'avoue humblement,
nous fommes la poftérité des écuyers & des gendarmes, & il y en a très-peu d'entre nous qui puiffent
fe vanter d'être la poftérité des comtes, des grands
vaffaux, des évêques ou des abbés. Je parle encore
ici des prélats, parce que leur fortune ayant été
précifément la même que celle des comtes & barons, pendant l'anarchie féodale, il n'y a aucune
raifon de ne leur pas imputer ce qu'on impute aux
comtes & aux grands vaffaux; il me femble que
cette réponfe pourroit vous fuffire.

L'A B B É.

Il femble que vous me faffiez grace de quelque

N 4

autre réponfe encore plus accablante ; mais je puis maintenant vous défier de faire pis.

L'A U T E U R.

Ne me défiez pas ; la vérité une fois tirée de captivité a cent traits divers pour percer, pour accabler l'erreur. Quand on examine de près les loix faites contre l'oppreſſion & l'exhérédation des hommes libres , & les reproches que les hiſtoriens & les poëtes font aux comtes, aux évêques, aux abbés, aux moines, on entrevoit que cette oppreſſion avoit un autre but que l'accumulation de toutes les richeſſes dans la main des oppreſſeurs ; elle tendoit bien plus à l'accroiſſement de leurs forces militaires ; & quand un homme puiſſant vexoit un homme libre, juſqu'à ce que celui-ci lui abandonnât ſon héritage, c'étoit bien pour lui en ôter la propriété, mais non pas pour lui en ravir la jouiſſance ; il le donnoit à ſon oppreſſeur, qui le lui rendoit en bénéfice & ſouvent avec quelque accroiſſement. Ainſi l'homme puiſſant ne ſe faiſoit pas un eſclave de plus, il ne faiſoit pas un mendiant de plus, en déshéritant un homme libre, pour parler le langage des loix, il ſe faiſoit un vaſſal & un bénéficier de plus ; & tel étoit, en effet, le ſeul emploi des richeſſes qui fût alors à la mode, le ſeul faſte que l'on connût, le ſeul moyen vraiment efficace qu'eût imaginé l'ambition pour s'élever. Charlemagne ſentit toutes les conſéquences que pouvoit avoir cette émulation des grands, qui la pouſſoient juſqu'à s'entre-débaucher leurs vaſſaux, & à affoiblir eux-mêmes par là le lien par lequel ils s'attachoient un grand nombre de citoyens belliqueux ; mais tout ce qu'il put faire fut de réprimer les abus. Louis le débonnaire fit tant de fois un mauvais ou un inutile ufage de fon autorité qu'il ne lui en refta point pour faire ou empêcher ce qui étoit vraiment effentiel ; mais il porta lui-même le coup le plus terrible à la royauté , en fe dépouillant de tous fes domaines utiles pour les partager entre les grands, qui n'étoient déjà que trop puiffants. Charles le chauve , avec peu de génie, de conftance, de fuite & de fermeté voulut guérir de grands maux & ne fit que de grandes fautes. Une des entreprifes les plus hafardeufes qu'il fit fut de contefter aux grands le droit de recevoir l'hommage des hommes libres , & de fe faire fuivre par leurs anciens vaffaux dans toutes leurs guerres. S'il eût préparé cette nouveauté en gagnant l'eftime des hommes libres, en rétabliffant fes domaines, en fe mettant en état de donner des bénéfices à un grand nombre de guerriers, & d'obtenir d'abord la préférence fur les grands , peut-être auroit-il réuffi après vingt ans de travaux & de foins ; mais il voulut tout brufquer , prit de toutes mains , affaffina, & ne fut point vivre en paix avec fes propres freres.

Ce fut à Merfein que furent décidées les deux grandes queftions que Charles le chauve avoit eu l'imprudence d'élever; il prononça lui-même l'arrêt qui le condamnoit en ces termes : » Nous vou-
» lons que chaque homme libre dans notre royau-
» me prenne tel feigneur qu'il voudra, foit entre
» nous, foit entre nos fideles. Mandons auffi qu'au-
» cun homme n'ait à quitter fon feigneur, fans une
» jufte raifon, & que perfonne ne reçoive celui qui

» auroit quitté son seigneur, que de la maniere dont
» il fut accoutumé au temps de nos prédécesseurs.
» Voulons, en outre, que l'homme de qui que ce
» soit d'entre nous, dans quelque royaume qu'il soit,
» suive son seigneur à l'ost & par-tout ailleurs, où
» il pourra le servir, hors pourtant le cas des inva-
» sions qui donneroient lieu à une guerre défensive
» dans le pays, ce qu'à Dieu ne plaise ; car en ce
» cas *tout le peuple* du royaume envahi seroit tenu
» de marcher pour repousser l'invasion «.

Vous voyez par ces trois déclarations par lesquelles Charles le chauve ne faisoit que rentrer sous le
joug des loix anciennes, qu'aux deux prétentions
dont nous avons parlé, il avoit joint celle d'empêcher les hommes libres de son royaume de se donner à ses freres, par où il se seroit procuré un grand
avantage sur eux, & que, de plus, il avoit déjà pra-
tiqué la méthode odieuse & dangereuse des embau-
chements, quoiqu'il ne regnât alors que depuis environ sept ans; il faudroit vous faire toute l'histoire
du regne de Charles le chauve pour vous détailler
toutes les fautes qu'il fit, & toujours en s'efforçant
d'améliorer sa condition ; une des plus graves peut-
être, quoique sans doute la plus spécieuse, fut la
promulgation de cette loi de l'an 864, par laquelle
il entreprit de rétablir l'ancienne coutume qui avoit
assujetti les hommes libres aux travaux militaires,
& les obliger au guet & à la garde sous peine d'en-
courir l'amende du ban royal, au lieu que, jusqu'a-
lors, ils n'avoient été amendables, en cas de dé-
sobéissance, que comme on amendoit le ban du
comte. Ce fut dans un temps de troubles affreux

& d'une guerre civile allumée dans toutes les parties du royaume que Charles le chauve publia cette ordonnance rigoureuse ; il se flattoit de se mettre par-là en état de se mieux défendre, & peut-être d'enlever aux comtes revoltés les défenseurs naturels des cités & des pays qu'ils tenoient ; mais si ce furent des ennemis secrets qui lui donnerent ce conseil, ils ne pouvoient pas le mieux desservir, puisque, dès-lors, l'amour du repos, & l'attachement aux soins d'une fortune qui en exigeoit beaucoup, ne furent plus un préservatif contre les séductions des grands qui augmentoient leur vasselage avec une telle ardeur, que le nombre innombrable des hommes libres, comme s'exprime un auteur contemporain, ne suffisoit pas aux enrôlements que tous les seigneurs puissants faisoient à l'envi les uns des autres, & que leurs immenses richesses ne suffisant pas non plus à l'entretien de leurs nombreux vassaux, les femmes de la plus haute naissance se dépouilloient de tout, même de leurs bijoux les plus précieux pour emprunter sur gages, des juifs & des chrétiens, l'argent dont leurs maris avoient besoin. C'est dans les mémoires du temps qu'il faut chercher ces détails vraiment intéressants, qu'on ne trouve point dans vos histoires de France, & tout autrement instructifs que les légeres conjectures & les petits passages tronqués, dont vous farcissez vos Mémoires.

L'ABBÉ.

Vous me persuaderiez bientôt que nous ne savons pas un mot de l'histoire de France.

L'AUTEUR.

Vous favez un peu l'hiftoire des rois ; mais, pour celle de la nation, vous ne vous en êtes jamais doutés ; pas même votre abbé Le Beuf, qui pour prouver que nos peres ne mangeoient point de volaille fous la premiere race, fait l'hiftoire d'un cuifinier à qui fon maître ordonna de lui faire un repas de roi, & qui fit main-baffe fur la baffe-cour.

L'ABBÉ.

Vous vous moquez ; l'abbé Le Beuf n'a jamais écrit une pareille platitude.

L'AUTEUR.

Vous ne lifez donc pas les Mémoires de votre académie, vous autres académiciens ? c'eft-là qu'on trouve tout au long cette platitude, & beaucoup d'autres qui font pitié.

L'ABBÉ.

Laiffons-là notre favante colleffion, & revenons au regne de Charles le chauve ; ne penfez-vous pas qu'il fe commît beaucoup de vexations pour avoir de l'argent & fournir à l'énorme dépenfe des grands ?

L'AUTEUR.

Je crois que les grands purent vexer quelquefois pour forcer des hommes libres à fe rendre leurs vaffaux, mais peut-être moins que fous les regnes de Charlemagne & de Louis le débonnaire, parce que leurs rivalités, & celle qu'il y avoit entre eux tous & le roi, les obligeoient à de grands ménagements,

& les mettoient dans le cas de féduire bien plus que de vexer ; leur premier befoin étoit d'avoir des guerriers ; le fecond de trouver de l'argent , & d'avoir des bénéfices à donner. Ils gagnoient donc doublement quand un homme libre fe donnoit à eux avec fon aleud, & vous concevez qu'ils ne devoient pas fe rendre difficiles fur les conditions d'un pareil marché.

Il s'en fallut pourtant beaucoup que tous les aleuds devinffent des fiefs fous ce regne déplorable , la preuve en eft, qu'il eft encore parlé d'*aleuds*, de *pourpris* & de *propres* dans plufieurs loix faites après la mort de Charles le chauve ; mais la révolution étoit confommée dans les opinions & dans les mœurs, fi elle ne l'étoit pas encore dans les chofes, & il ne falloit plus que des occafions pour que tout aleud devînt bénéfice.

L'A B B É.

Vous ne parlez point des moyens extraordinaires de faire de l'argent , auxquels dûrent avoir recours les ambitieux qui tenoient plus de vaffaux qu'ils n'en pouvoient armer & nourrir.

L'A u t e u r.

J'en ai déjà parlé autant que cela pouvoit intéreffer la queftion que nous difcutons ; quand on parle d'enrôlements & de foldats, va-t-on étudier les édits burfaux & les comptes du miniftre des finances ? Ce n'étoient point les hommes libres, qui étoient pauvres , qu'il falloit mettre à contribution, & les riches devoient être ménagés par toutes fortes de raifons.

L ' A B B É.

Je foupçonne cependant que ce fut alors que beaucoup d'hommes libres devinrent villains, efpece de fujets que l'on diftingua des ferfs dans la moyenne antiquité.

L ' A U T E U R.

Ce que je viens de vous dire auroit bien dû écarter de votre efprit un foupçon auffi contraire à toute vraifemblance ; tout ce qu'il y a de vrai en ceci, c'eft que quelques meres timides donnerent leurs enfants à des églifes pour être efclaves, & les biens de leurs enfants pour être des terres tributaires, mais pourtant héréditaires dans leur famille ; c'eft de quoi il y a des exemples, comme il y en a que, fous Charlemagne, des hommes libres prirent frauduleufement l'habit monaftique ou fe défapproprierent au profit des églifes pour être difpenfés du fervice militaire ; mais que fignifient des faits de cette efpece, finon que la poltronnerie fut de tous les temps, & eut toujours fes inconvéniens ?

Quant à la fervitude proprement dite, & à celle des villains, elles durent plutôt s'adoucir & fe relâcher que s'aggraver dans des temps de trouble & de brigandage, qui affoibliffoient les maîtres, armés les uns contre les autres, étoient favorables à la défertion, & fourniffoient des prétextes fans nombre aux ferfs & aux villains pour ne s'acquitter que très-imparfaitement de leurs devoirs ; il falloit de l'ordre & de la police pour que les efclaves fugitifs fuffent rendus à leurs maîtres ; il falloit une juftice impartiale pour que les caufes d'état ne fuffent pas jugées

à l'avantage des colons opulents qui avoient l'ambition, très-commune alors, de devenir guerriers, foit
comme poffeffeurs d'aleuds, foit comme bénéficiers ; il falloit de la tranquillité pour veiller à fes
affaires & empêcher l'indifcipline de faire des progrès. Mais, pour ne pas vous payer de fimples rai-
fonnements, je vous citerai un réglement fait en
864, par le même capitulaire qui fut fi défavorable
aux pauvres guerriers ; je vous en citerai même deux
fi cela ne vous ennuie pas ; je me bornerai cependant à indiquer le premier qui concernoit le refus
que faifoient les colons, tant ceux du fifc que ceux
de l'églife, de faire certaines corvées tant de charroi
que de main-d'œuvre, comme de voiturer de la
marne , ou de battre en grange , quoiqu'ils con-
vinffent, d'ailleurs, qu'ils devoient le charroi &
la main-d'œuvre, mais fous prétexte que, jufqu'a-
lors, ils n'avoient point mené de marne dont l'ufage étoit nouveau en plufieurs endroits, ou qu'ils
n'étoient pas accoutumés à battre en grange ; il fut
décidé que lorfqu'ils devoient le charroi ou la main-
d'œuvre, ils étoient obligés de faire tel charroi &
tel ouvrage qui leur étoit commandé.

Le fecond réglement étoit conçu à peu près en
ces termes : » Comme en certains endroits les co-
» lons, tant ceux du fifc que ceux des maifons-
» Dieu vendent leurs héritages, c'eft-à-dire, les
» manoirs dont ils font tenanciers, non-feulement
» à leurs pairs ; mais auffi à des clercs, tant chanoi-
» nes que prêtres, villains & autres quels qu'ils foient,
» & n'en retiennent que le logis, d'où réfulte la
» deftruction des villages (ou domaines) enforte

» que non-seulement on ne peut se faire payer du
» cens qui en est dû, mais que même on ne peut
» déjà plus reconnoître les terres qui appartien-
» nent à chaque manoir, nous statuons qu'il sera
» prescrit à nos officiers & à ceux des églises, d'em-
» pêcher que pareille chose n'arrive à l'avenir, de
» peur que les *villages* (ou domaines) ne soient dé-
» truits & confondus, & de reprendre toutes les
» terres qui ont été vendues à qui que ce soit sans
» la permission des seigneurs propriétaires ou des
» maîtres, & de les rendre à chacun des manoirs,
» dont elles ont été détachées, & dont le cens a
» cessé d'être payé par l'impuissance de ceux qui
» ne pouvoient plus desservir lesdits manoirs ; sta-
» tuons, en outre, que selon la qualité & quan-
» tité des terres ou vignes appartenantes à chaque
» manoir, après qu'ils auront été rétablis, il soit
» exigé un cens de chacun au profit des seigneurs
» propriétaires «.

Ces deux réglements prouvent, ce me semble,
que la derniere classe du peuple prenoit exemple des
classes supérieures pour se tirer de la dépendance la
plus légitime, & que le clergé du second ordre,
qui ne vaquoit qu'à sa chose privée, mettoit à profit les distractions des propriétaires, pour arrondir &
étendre ses possessions.

Si j'étois sûr que Charles le chauve, qui, pour être
mieux roi des Francs, prodigua le premier ce nom
à tout ce qui étoit libre de naissance, poussa cet
abus du langage jusqu'à appeller Francs les plébéiens
d'origine qui devoient un cens au fisc pour leur
tête ou pour leurs biens, les mêmes en partie qu'on

avoit

avoit appellés fiscalins sous les regnes précédents, & dont, en vertu d'une loi expresse, les hommes libres avoient pu épouser les filles sans déroger par un égard particulier que la nation vouloit bien avoir pour ses rois ; si, dis-je, j'étois sûr que Charles le chauve eût ainsi prostitué le nom de la premiere nation des Gaules, j'aurois encore un exemple à vous citer, & de la fermentation qu'il y avoit alors dans toutes les classes, & du relâchement qui en résultoit de toute dépendance & de toute autorité, & des efforts que fit Charles le chauve pour diminuer une licence, à laquelle il perdoit plus que tout autre, parce qu'il se conduisoit trop mal pour que rien tournât à son profit.

Toute réflexion faite, je citerai cet exemple, après avoir observé que la dénomination de fiscalin ne se trouve qu'une fois dans tous les capitulaires de Charles le chauve (a), pour ordonner que le fiscalin qui, après avoir fait le métier de brigand, se sera réfugié sur les terres du fisc, soit livré au comte par le juge du domaine, comme le colon qui, étant dans le même cas, passera d'une immunité à l'autre, doit être livré par l'avoué de l'église. On doit, il est vrai, conclure de cette partie, que le fiscalin est ici le colon fiscal ; & comme les colons étoient ingénus, l'ingénuité des fiscalins ne prouve pas qu'ils ne fussent pas les mêmes que les colons royaux. Tout ce qu'on peut donc dire, c'est qu'entre les fiscalins les uns furent colons, & les autres ne le furent pas, puisque le mariage ne fut jamais permis aux hommes libres

____

(a) En 870.

avec les filles des colons, quel que fût leur maître,
Les fiscalins qui n'étoient pas colons, n'étoient pourtant pas des hommes libres; car on ne peut dire
d'aucun d'eux ce qui eft très-vrai des hommes libres, que chacun d'eux eut le droit d'améliorer ou
d'empirer fa condition, de fe donner, de fe recommander en vaffelage, & de difpofer de fon bien, &
que pour habiter fur les terres du fifc, faute d'avoir
une propriété à lui, il ne perdoit aucun des droits
de fa naiffance, mais qu'il n'étoit tenu au fervice
militaire qu'à raifon des biens qu'il poffédoit en toute
immunité, ainfi que le prouve un procès dont nous
avons encore les pieces les plus effentielles. Cela
pofé, il ne me paroît pas que l'on puiffe confondre
avec les hommes libres ces Francs qui devoient un
cens pour leur tête ou pour leurs biens, & à qui
Charles le chauve foutint, en 807, qu'il étoit défendu
de fe donner ni eux ni leurs biens, foit à l'églife, foit
à tout autre, fous peine du ban royal pour quiconque les recevroit dans fon fervice. Il y avoit, en effet,
des loix anciennes qui défendoient aux fifcalins auffi-
bien qu'aux colons de donner leurs biens à l'églife.
L'une de celles que Charles le chauve citoit étoit de
l'an 805, qui ordonnoit que le cens continuât d'être
payé au roi, foit qu'il fût réel, foit qu'il fût perfonnel, & cette loi étoit fuivie immédiatement de celle
qui déclaroit que le mariage d'un homme libre avec
une fifcaline royale, & celui d'une femme libre
avec un fifcalin royal, ne porteroit aucune atteinte
aux droits de l'un ni de l'autre. Une autre loi, citée
auffi par Charles le chauve, étoit de l'an 812,
elle ordonnoit que les biens fujets au cens qui au-

roient été donnés aux églises, fuffent rendus aux héritiers, ou que celui qui les retiendroit en payât le
cens. Ce fut auffi à cette derniere loi que Charles le
chauve reftreignit la rigueur qu'annonçoit le préambule de fon réglement, par où il eft clair que dans fa
conftitution de l'an 864, le Franc cenfitaire eft différent du colon fifcal, dont il parle auffi-tôt après,
comme dans les loix de Charlemagne. Le fifcalin eft
diftingué du colon, ainfi la claffe des plébéiens prit
auffi fa part de la licence qui régnoit alors, & un
accroiffement de liberté fut le vœu univerfel; mais
pour le malheur de toutes les claffes.

L'A B B É.

J'ai tâché de vous fuivre dans cette longue difcuffion, & tout ce que j'y ai gagné, ce me femble, a
été de perdre de vue la queftion qui y a donné lieu.
Je crois cependant que c'eft à l'occafion des villains
que vous avez fait cette digreffion.

L'A U T E U R.

Précifément, c'eft à l'occafion des villains que j'ai
parlé des villains, & que j'ai eu la malice de qualifier
ainfi les prêtres ou curés ruraux, dénomination fous
laquelle il faut comprendre les prêtres des villes proprement dites, c'eft-à-dire, de celles qui n'étoient
point des cités, mais de très-gros villages, comme
Francfort, dont chacun étoit le chef-lieu d'un grand
domaine.

L'A B B É.

Expliquez-vous plus clairement; car je ne vous
entends pas.

L'Auteur.

Les villains, en tant qu'on les diftingua des ferfs,
ne furent point différents des anciens fifcalins, en
tant qu'on diftingua ceux-ci des ferfs & des colons;
car par la fuite on ne diftingua plus les ferfs des colons, attendu que la condition des premiers fut parfaitement affimilée à celle des derniers, en quoi certainement ils ne furent pas maltraités. Le nom des
fifcalins changea, parce que la dénomination des domaines, dont ils faifoient partie à raifon du cens
qu'ils payoient, avoit été changée la premiere. On
n'appelloit plus fifc, on nommoit *villa* chaque portion de domaine, tant public que privé, & de là le
nom de *villani* fubftitué à celui de *fifcalini*.

L'Abbé.

Vous aurez peine à prouver que la dénomination
de *villain* foit à peu près de la même antiquité que
la fubftitution du mot *villa* à celui de *fifcus*.

L'Auteur.

Pas tant de peine que vous penfez; car l'année 882
& le regne de Carloman petit-fils de Charles le chauve,
appartiennent encore aux antiquités Carlovingiennes;
or, ce fut en cette année qu'on fit un réglement, & ce
fut fous le nom de Carloman qu'il fut fait, pour en-
joindre aux curés & aux officiers des comtes d'inter-
dire aux villains les attroupements qu'on appelloit vul-
gairement *gelda*, & auxquels il leur arrivoit de fe porter contre ceux qui leur prenoient quelque chofe par
force, & les obliger de recourir en pareil cas à la

juſtice eccléſiaſtique & civile du lieu. Les villains,
comme vous voyez, avoient quelque bien à défendre, & la même conſtitution nous apprend que la
maraude n'étoit ſi ordinaire que parce qu'il y avoit
très-peu d'hoſpitalité, & que l'on vendoit aux paſſants
toutes les choſes dont ils avoient beſoin, *beaucoup
plus cher qu'au marché*, ce que les curés étoient auſſi
chargés d'empêcher.

Mais, puiſque j'ai fait mention des attroupements
appellés gelda, j'ajouterai que ce n'étoit pas une
choſe nouvelle, &que, dès l'an 779, Charlemagne
avoit fait une loi, pour défendre d'aſſaillir en che-
min avec des hommes attroupés, ceux qui alloient
au palais ou ailleurs ; mais par la même loi Charlemagne défendit aux voyageurs de prendre l'herbe
des prés en défens. Il appelloit collecte ce que Cor-
loman appella gelda ; mais par une autre loi de la
même conſtitution, qui précede immédiatement
celle-là, il défendit les aſſociations appellées gildo-
nie, que l'on faiſoit ſous ſerment, & en permettant
celles qui étoient d'uſage pour les aumônes, les in-
cendies & les naufrages, il défendit de les faire,
ſous ſerment. Louis le débonnaire défendit auſſi les
attroupements, & diſtingua ceux à la tête deſquels
ſe ſeroient mis un prevôt, un avoué, un centenier,
ou toute autre perſonne libre, conſtituée en quelque
dignité, & ceux qui n'auroient été qu'une émeute
de la multitude, ſoit que les coupables fuſſent eſclaves ou libres. C'en eſt aſſez pour vous prouver
que la derniere claſſe du peuple n'étoit pas auſſi facile à opprimer qu'on ſe l'imagine communément,
& que, dans cette claſſe, il y avoit des hommes

qui poffédoient quelque chofe en propre , & héréditairement, ce qu'on ne peut pas dire des efclaves,
& ce qui pourtant fut vrai des efclaves comme des
fifcalins , peu de fiecles plus tard ; d'où il faut conclure que l'*oppreffion* , tant reprochée aux contemporains des derniers Carlovingiens, eft un fantome,
& que la vérité eft , au contraire , que pendant ces
fiecles de trouble , &, par conféquent, de craintes
& de befoins mutuels , la derniere claffe vit diminuer fa dépendance au point de paroître enfin faire
partie de la nation.

L' A B B É.

Je ferois affez porté à croire ce que vous venez
de dire , fi je voyois plus clair dans l'hiftoire des
cités. Mais que faites-vous des citoyens qui habitoient les villes appellées cités , & celles d'un ordre
inférieur , qu'on appelloit *oppida* , & que l'abbé de
Gourcy prouve avoir eu part à l'élection des évêques
fous le nom de *cives ;* ne refte-t-il pas démontré
qu'ils furent opprimés , puifqu'ils gémirent fous le
joug de la plus dure fervitude jufqu'à l'établiffement
des communes ?

L' A U T E U R.

Eft-ce de bonne foi que vous renouvellez cette objection , après tout ce que je vous ai dit dès le commencement de notre difpute de la difperfion prefque
totale de ces citoyens Gaulois que les Romains avoient
pour ainfi, dire, forcés à devenir des citadins ? Mais,
dites-moi , de quels citoyens parlez-vous ? eft-ce de
bourgeois qui n'euffent dans les villes que leur domi-

cile & leur induſtrie, ou de citoyens qui poſſédaſ-
ſent auſſi des terres en toute propriété. Si vous me
parlez de ces derniers, je vous demanderai ce qu'é-
toient les citoyens Tourangeaux, dont parle Grégoire de Tours, qui avoient leur égliſe paroiſſiale
dans un bourg ; leur bien à la campagne, leur domicile dans leurs maiſons entourées de fortes haies,
qui ſe vengeoient, qui recevoient des compoſitions,
& en payoient, & qui portoient leurs cauſes au palais, où elles étoient jugées ſelon la loi Salique. Si
c'eſt de ces citoyens-là que vous voulez parler, je
conviens qu'ils eurent part à l'élection des évêques,
mais je ſoutiens qu'ils furent hommes libres, propriétaires & militaires, & qu'ainſi, dans le ſyſtême
de votre auteur, leurs deſcendants doivent être
comptés entre les oppreſſeurs, & non entre les opprimés. Entre les citoyens de cette claſſe vous en
trouverez ſans doute, qui, ayant leurs terres dans le
voiſinage des villes, avoient leur égliſe paroiſſiale &
un domicile dans la ville voiſine ; mais s'ils étoient
propriétaires, ils étoient hommes libres & militaires, & non de ſimples citadins. Parlez-vous de citoyens égaux par leur origine à tous ceux dont je
viens de parler ? mais ne poſſédant rien, je vous dé-
fie d'en faire une claſſe à part ; ce ſont des individus qui, s'ils ne ſe ſont pas dégradés eux-mêmes,
ou n'ont pas amélioré leur fortune par le vaſſelage,
ſont morts ſans laiſſer de poſtérité ; mais n'en com-
poſez pas la population des villes, parce que vous
avanceriez gratuitement une fauſſeté très-groſſiere.

L'ABBÉ.

N'eſt-ce pas là plutôt une aſſertion, ou une dé-
négation très-gratuite que vous avancez ?

L'AUTEUR.

Il ne me le paroît pas, après tout ce que j'ai dit ;
mais, enfin, puiſque je ſuis obligé de tout prouver
par des textes précis, ſoit que je nie, ſoit que j'af-
firme, je vais encore vous montrer à qui appartenoient les maiſons & le terrein enfermés dans l'enceinte des villes. Louis le débonnaire ayant fait ordonner que les chanoines ſeroient cloîtrés, il fut
queſtion de leur faire bâtir des cloîtres, &, avant
tout, d'en trouver l'emplacement. Or, vous ſavez
qu'il n'y avoit alors des chanoines que dans les cités & pour le ſervice des cathédrales, & ainſi vous
m'accorderez ſans peine, que l'emplacement des
cloîtres devoit être pris dans l'enceinte des villes &
près des égliſes cathédrales : or, en l'an 819, il fut
fait un réglement pour parvenir à la formation de
ces emplacements, & il fut dit, que ſi le terrein
néceſſaire appartenoit à l'égliſe même, pour laquelle
il falloit bâtir un cloître, il ſeroit *rendu* à l'égliſe par
ceux qui en étoient les détenteurs, que s'il apparte-
tenoit à une autre égliſe, ou à *des hommes libres*, il
ſeroit acquis par échange ; que s'il appartenoit au
fiſc royal, il ſeroit concédé par la libéralité du roi.
Je vous demande maintenant ce que c'étoit qu'un
terrein appartenant dans l'enceinte d'une ville, ou
au roi, ou à une égliſe, & dont il y avoit des tenanciers, ſi ce n'étoit pas un emplacement occupé

par des maiſons, dont les habitants étoient cenſi-
taires, ou tributaires, ſoit du roi, ſoit de l'égliſe ?
je vous demande encore ce que c'étoient que des
hommes libres qui poſſédoient comme le roi, &
comme l'égliſe, ſi ce n'étoit pas des citoyens de la
même claſſe que ceux dont nous avons tant parlé,
& qui compoſoient le corps tout militaire de la nation ? C'eſt parce qu'il continua d'y avoir dans les
villes quelques maiſons appartenantes à des hommes
libres, ou à des citoyens Gaulois que l'on trouve
dans toutes les cités des maiſons qui ſont des fiefs,
avec juriſdiction ; parce qu'il n'y avoit point de propriété parfaite ſans juriſdiction, & que les cloîtres
des chanoines, qui ſont de cette antiquité, ont tous
la baſſe-juſtice, attendu que les chanoines poſſéde-
rent, comme avoient poſſédé leurs auteurs. Mais
ſi vous voulez vous faire une idée encore plus nette
de ce que je veux vous dire, liſez dans les actes
des ſaints de l'ordre de St. Benoit, l'ancien pouillé
de l'abbaye de Saint-Riquier, & voyez - y quelle
étoit la condition des habitants de la ville de Centule, qui étoit une ville du ſecond ordre, & appartenoit à l'abbaye, comme beaucoup d'autres villes
de cet ordre appartinrent au roi, aux comtes & aux
grands vaſſaux ; vous y trouverez deux claſſes d'habitants, ſans compter les clercs, ou eccléſiaſtiques
du ſecond ordre, ſavoir : celle des chevaliers, ou
vaſſaux de l'abbaye, qui avoient leurs terres à la
campagne, &, en ville, des maiſons qu'ils poſſédoient comme leurs terres, & celle des manants,
tant marchands qu'artiſans, qui tous payoient des
cens pour leurs maiſons, & étoient partagés en cor-

porations , dont chacune en corps payoit des redevances , ou faisoit le service de sa profession à l'abbaye.

Nous n'avons peut-être rien d'aussi détaillé sur aucune ville possédée par le roi , ou par un seigneur
laïc , mais il n'y a aucune raison de croire que la
condition des manants de Centule fût unique , &
nous avons , au contraire , toutes les raisons ima-
ginables de penser qu'il en étoit de même dans les
autres villes : en voici une preuve , qui est encore
un fait précis , & tel que vous les exigez de moi.

En 844 , Charles le chauve fit un réglement sur les
poids & les mesures , & statua , entre autres choses ;
que dans les cités & bourgs , & dans les marchés ,
les officiers publics devoient veiller à ce que les
gens qui vendoient du pain , de la viande & du vin
en détail , ne fissent , ni faux poids , ni fausse mesure , mais , qu'en particulier , les boulangers qui vendoient du pain , fissent autant de pains mesurables ,
d'un boisseau de bled ajusté ; que *les serviteurs &*
officiers , ou de l'évêque , ou de l'abbé , ou du comté ,
en recevoient dans chaque cité , de leurs boulangers ,
pour un boisseau égal.

Il n'y avoit donc point de ville où il n'y eût un
seigneur , soit un évêque , soit un abbé , soit un
comte , & où ce seigneur n'eût des boulangers , qui
étoient tenus de faire du pain pour sa maison , & d'en
laisser une quantité déterminée , pour une quantité
de bled également déterminée ; & , suivant le même réglement , ce bled ne pouvoit être que le produit des cens & rentes qu'étoient obligés de payer ,
à la même mesure , les colons & détenteurs de ma-

noirs qui appartenoient à l'évêque , à l'abbé , ou au
comte. Ce que je viens de dire est-il clair ? & quand
vous voyez les enfants des marchands Syriens acquérir la supériorité du nombre dans le clergé séculier & régulier de l'église de Paris , au point de donner à cette église un évêque Syrien , qui donne ensuite toutes les places à des Syriens , devez-vous
encore être embarrassé à peupler les villes , sans
ravaler les hommes libres à la condition de bourgeois ?

L'A B B É.

Ce n'est plus là de quoi je suis embarrassé, je le
suis même d'autant moins que je me rapelle maintenant d'avoir lu beaucoup de chartes, par lesquelles
il est attesté , qu'aussi souvent que les rois Francs &
leurs successeurs voulurent fonder une nouvelle cité ,
sur-tout en Germanie,où la classe des plébéiens n'exis-
toit que dans les débris des peuples Esclavons , ils là
remplirent de Juifs, de marchands & d'artisans de
toute espece , dont ils firent les tributaires de l'évêque , directement pour leur tête & leur bien , & indirectement pour les péages qu'ils devoient payer ,
& que ne payoient pas les hommes libres , chacun
dans l'étendue de son comté. Je me rappelle aussi,
que lorsqu'un roi voulut fonder, non une cité, mais
une ville royale, comme Francfort, il y rassembla
des artisans de toute espece pour en composer la
population. Ce n'est donc plus là-dessus que je vous
ennuierai de questions, qui, désormais, seroient de
mauvaise foi ; mais, ce que je voudrois savoir, c'est
comment il exista, dans ces temps reculés, des corps

de métiers & des communautés de marchands, que leur union même affujettiffoit à des fervitudes communes.

L'Auteur.

Vous êtes, Monfieur, dans le cas de tous ceux, qui, par la tournure qu'ils ont laiffé prendre à la difpute, fe font, pour ainfi dire, dépouillés de la faculté de fe fouvenir & de réfléchir. Avez-vous donc oublié les corporations Romaines ? ne vous fouvenez-vous pas qu'Alexandre Severe les multiplia à l'infini, & mit tous les métiers en corporation ? n'avez-vous pas devant les yeux la lifte des profeffions qu'on appelloit fordides ? & fi vous vous rappellez toutes ces chofes, comment ne voyez-vous pas que la claffe des Romains tributaires & celle des Romains poffeffeurs étant reftée fous le régime des loix Romaines, que les rois Francs n'abrogerent jamais, ainfi que l'attefte Charles le chauve, le lien des corporations ne fut jamais rompu, comme jamais, ni les rois, ni les autres propriétaires des villes ne renoncerent aux émoluments qu'ils en tiroient, & dont la jouiffance leur étoit affurée par l'exiftence même des fociétés ou communautés que formoient, & les marchands, fous leurs cenfeurs, & les artifans fous leurs maîtres, leurs défenfeurs, leurs doyens.

Il me femble que cette idée étoit affez naturelle pour qu'elle ne dût pas vous échapper. Paffant de là au temps, où la France fubdivifée entre les grands vaffaux, fût par-tout le théatre de la guerre, où les hommes libres, devenus feudataires, compoferent

de nouvelles cités sous leurs suzerains , & ensuite
sous les baillifs & les sénéchaux qu'on leur substitua ,
& n'eurent de rapport avec les villes que ceux qu'il
y a entre le vendeur & l'acheteur, l'usurier & l'em-
prunteur , vous auriez vu que tout l'argent qu'il y
avoit alors dût s'accumuler dans les villes , & que,
devenu plus nécessaire que jamais , & aux rois , &
aux grands, & aux simples gendarmes par la manie
des expéditions lointaines, il dut coûter plus cher &
à ceux qui ne pouvoient qu'emprunter , & à ceux
mêmes qui pouvoient imposer ; qu'aux uns il coûta
des intérêts énormes , au moyen desquels les citadins devinrent les véritables propriétaires d'une grande partie des terres du royaume ; qu'aux autres, qui
n'imposoient qu'avec timidité , par politique & par
scrupule de conscience , & qui demandoient plutôt
qu'ils n'exigeoient au delà des anciens droits que
l'altération des monnoies avoit réduits à rien , il
coûta des concessions & des privileges ; qu'au moyen
de ces concessions , les habitants des villes joignirent
des prétentions spécieuses à l'orgueil de l'opulence ;
qu'alors , la fierté des grands se vengea des humi-
liations auxquelles les exposoit leur indigence , en
roidissant tous les liens , la plupart usés , par lesquels
ils croyoient encore tenir les bourgeois dans leur
dépendance, qu'ils ne le firent , pour ainsi dire , que
par saccades, ce qui brisa plusieurs de ces liens , rendit
l'effet des autres douloureux , & fit nommer tyrannie , oppression , injustice , ce qui n'étoit plus ni régulier , ni méthodique , ni continuel ; que les cris de
la multitude , répétés & justifiés par les bourgeois
lettrés qui remplirent les couvents , le clergé du tie-

cond ordre, les confeils des princes parurent être les
juftes réclamations de la liberté opprimée, contre
l'iniquité oppreffive ; que, devenus prefque citoyens
chacun d'un fantôme de république, les bourgeois
eurent l'adreffe de faire revivre le droit Romain, &
& de fe montrer dans le code, le digefte & les pan-
dectes, par-tout où il y eft parlé des citoyens ; que,
dès-lors, on imagina qu'ils n'avoient été dans l'état
d'où ils commençoient à fortir, que par les injuftices multipliées des ancêtres de ceux qui s'efforçoient
encore de les rançonner, & que cette opinion étant
devenue celle des feigneurs eux-mêmes, leur confcience erronée, toutes les fois qu'ils l'écouterent,
leur confeilla de nouvelles renonciations, & des
conceffions nouvelles qu'ils croyoient être des refti-
tutions, comme Louis Hutin crut, ou feignit de
croire, qu'en affranchiffant les ferfs, ils ne faifoit que
rendre aux enfants ce qu'on avoit ôté à leurs peres.

Si vous aviez voulu enfuite vous arrêter un moment aux caufes fecondaires de cette révolution,
vous en auriez trouvé un grand nombre qui dûrent
être très-efficaces. Pour ne vous en citer qu'un exemple, vous auriez vu, dans un réglement fait par Philippe Augufte & les barons de France, contre les entreprifes du clergé, » qu'aucun bourgeois, ni villain
burgenfis vel villanus, ne pouvoit donner à fon fils
clerc la moitié, ou plus de la moitié de fa terre, s'il
avoit d'autres fils ou des filles ; que s'il lui donnoit
une partie de fa terre au deffous de la moitié, le
clerc devoit en rendre tel fervice & telle aide, que
la terre devoit aux feigneurs (*Dominis*) auxquels
elle étoit due, mais qu'il ne pouvoit être taillé, à

moins qu'il ne fût ufurier ou marchand ; &, qu'après
fon décès, fa terre devoit retourner à fes plus proches parents ; qu'aucun clerc, enfin, ne pouvoit
acheter un bien-fonds fans être tenu d'en rendre au
feigneur de la terre (*Domino terræ*) tel fervice que
devoit la terre «. La néceffité de ce réglement vous
auroit fait entrevoir une foule de défordres, dont
peut-être vous auriez été frappé au point de tomber
dans la méprife de tous les gens à petites notions &
à grands fyftêmes, en attribuant au clergé la totalité
de cette révolution qui a rendu la nation méconn-
noiffable. Mais, fi vous aviez pouffé vos lecteurs
jufqu'au réglement qui fuit celui que je viens de vous
citer, vous y auriez trouvé un bon préfervatif contre cette méprife, en voyant que les archevêques &
évêques exigeoient des bourgeois (*burgenfibus*) &
autres de leur terre, un ferment par lequel ils devoient affirmer n'avoir jamais prêté à ufure, & pro-
mettre de ne jamais faire de pareils prêts, & que
Philippe Augufte & fes barons faifoient une loi pour
empêcher les archevêques & évêques d'exiger un
pareil ferment. Cette obfervation vous auroit ramené
à l'une des caufes les plus efficaces de la révolution,
l'accumulation de tout l'argent dans les villes, & le
befoin qu'en avoient les nobles, à qui les bourgeois
le prêtoient à ufure.

L'ABBÉ.

Vous perdez haleine pour fouler aux pieds un
homme terraffé. Je ne refpire moi-même encore un
peu que pour vous demander comment, dans les
actes d'élection des évêques, vous entendez la dif-

tinction des nobles & des citoyens appellés *cives*,
& non pas *burgenses*. Je fais cette remarque, parce
que ce n'a sûrement pas été fans raifon que vous
avez répété ce mot barbare en citant les réglements
de Philippe Augufte. Ceci nous ramene à ma derniere objection, qui étoit que je ne voyois pas diftinctement dans la condition des hommes libres,
& dans la nature de leurs biens-fonds tous les caracteres que j'y aurois defiré, pour y reconnoître
les ancêtres de la nobleffe, & l'état primitif des
biens nobles. Mais, il me femble que ce feroit abufer de votre complaifance que de prolonger davantage cet entretien dont vous devez être excédé.
Vous avez, fans cela, fourni affez de matiere à mes
réflexions, & nous pouvons renvoyer à un autre
jour cette derniere explication.

L'AUTEUR.

Pour ma part j'y confens; mais, je ne vous promets pas de refter affez long-temps ici pour vous
revoir dans cette maifon. Je fuis fermier d'une affez
grande terre où je tâche de me mettre en état de
vivre & de payer, & le fifc ne tient pas compte
de ce que l'on perd par fon abfence ou fa négligence. C'eft avec lui que je bataille ici pour adoucir
les conditions rigoureufes de mon bail; &, dès que
je n'aurai plus rien à y faire, je quitterai cette ville,
où je ne vois que des bourgeois nobles, & de la
nobleffe devenue bourgeoife, pour aller dans la province où il n'y a, hors des villes, ni nobles, ni
propriétaires, ni feigneurs, ni tenanciers, où tout
eft mercenaire & miférable dans les campagnes, &
où,

où, dans les villes, les progrès fenfibles du luxe, encouragé par la confufion de tous les ordres, follicitent l'accumulation des biens & l'extinction des familles. Du moins, dans ma terre, ai-je un commerce immédiat avec la féconde nature & la fage providence, & cela vaut mieux que de vivre avec des foux, & d'être complice de leurs folies. Je voudrois être citoyen fans être citadin, comme l'étoient les anciens Romains, comme le furent les Ifchomaques chez les Athéniens, comme l'étoient les citoyens Tourangeaux, dont Grégoire de Tours raconte les guerres civiles, comme le furent les citoyens qui, avec l'ordre, ou avec les nobles, élurent leurs évêques.

L' A B B É.

C'eft vous, Monfieur, qui engagez de nouveau la difpute, ou plutôt qui remettez la converfation fur le fujet qui vous refte à traiter ; car, en vérité, je ne difpute plus ; mais puifque vous n'êtes pas encore ennuyé de mes ignorances, je vous demande fi, en admettant ce que vous avez prefque démontré, que les nobles font la poftérité des hommes libres, il n'eft pas naturel de penfer que les citoyens qu'on diftingua des nobles ne furent pas des hommes libres, qui n'étoient pas nobles, & dont la poftérité fut opprimée, puifqu'on ne les retrouve point fous le régime féodal, tels qu'ils avoient été fous l'ancien régime. D'où il feroit naturel de conclure qu'il n'y eut qu'une partie des hommes libres qui fut ennoblie par la féodalité, ou plutôt qui conferva fa nobleffe fous la fau-

ve-garde humiliante de la féodalité , & que le refte
fut opprimé.

L'A U T E U R.

Il me femble que voilà votre objection préfentée
dans toute la force qu'auroit pu lui donner le plus
ardent de mes adverfaires.

Mais, que direz-vous, fi tout cela n'eft qu'un fo-
phifme, & qu'il n'y ait de réel en tout cela qu'un
jeu de mots prefque puérile. A mes citoyens Tourangeaux je pourrois en joindre plufieurs autres qu'en-
rôleroit encore pour vous combattre le bon Grégoire de Tours : un Urfus, par exemple, citoyen
Auvergnac, qui pouvoit donner feize mille pieces
d'or à fa fille, qu'on ajournoit au palais du roi, qui
avoit de grandes & belles terres, & un nombre con-
fidérable d'efclaves auffi fidelles que zélés pour leurs
maîtres, une foule de citoyens Lieuvins, qui étoient
juges de leurs parentés en dernier reffort, & les faifoient brûler quand elles avoient violé la fidélité
conjugale, & plufieurs autres encore, qui vous feroient une rude guerre, s'ils favoient ce que c'eft que
des bourgeois, & que vous leur donnaffiez en face
cette mince qualification; mais fi j'ai raifon d'alléguer
ces exemples pour vous prouver qu'un citoyen Gaulois fut autre chofe qu'un bourgeois, je vous dois
un meilleur préfervatif contre l'érudition féduifante
de l'*ouvrage couronné*. L'auteur cite les actes des
élections épifcopales, pour prouver que, dès le temps
des Carlovingiens, il y eut des nobles & des bourgeois. Que ne lifoit-il ces actes jufqu'au bout, il auroit trouvé dans ceux de l'élection de Borrelle, évê-

que de Rota , cette apoftrophe d'Ermengaud , évêque d'Urgel , à Adalbert , évêque de Carcaffonne :
Je demande au feigneur Adalbert , *citoyen* , & *évêque
de Carcaffonne* , que Borélle foit ordonné. Il auroit
vu que l'ancien évêque de Rota étoit qualifié citoyen
de Rota , & cependant il avoit trouvé que la qualification de noble étoit alléguée dans tous les actes
de ce temps-là , comme un des titres qui rendoient
digne de l'épifcopat. Ce fut pourtant vers le milieu
du dixieme fiecle que Borrelle fut élu , mais entre les
monuments du fiecle fuivant j'en trouve encore qui
donnent le titre de citoyen , *civis* , à des feigneurs
de terres , qui , entre autres biens , poffédoient des
dîmes ; & ceci nous approche bien du temps où Philippe Augufte & fes barons fuppofoient que toute
terre de bourgeois , comme toute terre de villain
avoit un feigneur auquel le détenteur devoit cens &
autres fervices.

Mais fi les citoyens étoient des hommes libres &
militaires direz-vous , tous les hommes libres & militaires n'étoient donc pas nobles. Oui & non. Ils
étoient tous nobles , fi on les comparoît avec les
fifcalins , les colons , les ferfs ; ils ne l'étoient pas
tous , fi on les comparoît les uns avec les autres ,
parce que tous les citoyens ne peuvent pas plus être
nobles que tout homme être citoyen , en qualité
d'homme. Ce Franc ingénu , bien ingénu , qui avoit
un page , ou écuyer , & qui tua de fa main un duc de
Bretagne , au temps de Louis le débonnaire , n'étoit
pas noble ; il tua le duc avec un bras ignoble , pour
me fervir de l'expreffion d'un poëte contemporain ;
il étoit pourtant l'un des arriere-baniftes que Louis

le débonnaire avoit conduit contre Moymar. Il étoit pourtant bien armé, il avoit pourtant un écuyer aussi brave que lui, &, malgré tout cela, il ne fut noble que du moment où il eut tué le duc de Bretagne. Un scabin devoit être noble, selon M. l'abbé de Gourcy, & pourtant il n'étoit pas noble comme l'étoient les quatre ou cinq partisans de Lothaire, dont la mort fit dire que la noblesse Francque s'étoit éteinte avec eux. Les hommes magnifiques ou honorés, qui composoient le sénat ou l'ordre de chaque cité, ou plutôt qui les représentoient, comme les princes ou grands du très-noble comte Guilaume, étoient nobles dans leur cité, & ne l'étoient pas dans le royaume. En un mot, la qualification de noble étoit purement relative, & ne se donnoit que par comparaison. Tel étoit *noble chez lui*, comme parloient les Romains, qui n'étoit pas noble au milieu de la nation, & quand M. votre abbé de Gourcy, après être convenu que les centeniers & les scabins devoient être élus d'entre les nobles, mais que les défenseurs, avoués, & vidames n'étoient pas nobles, quand il interprete une déclaration de Louis le débonnaire, sur le nombre de députés que chaque comté devoit envoyer aux plaids généraux, en disant qu'aux sept scabins, qui, de son aveu, étoient nobles, il falloit joindre cinq notables pour compter le nombre de douze, par où le peuple avoit part à la législation, parce que ces notables n'étoient pas des nobles; il entasse des mots & ne dit rien, où ne débite que des erreurs. A un plaid tel que celui qni vient d'être convoqué, dit l'empereur, chaque comte doit venir avec douze scabins, s'il y en a

ce nombre dans son comté, sinon il amenera autant des *meilleurs hommes* qu'il en faudra pour com-
pletter le nombre de douze. Ces *meilleurs hommes*
sont des notables, & non des nobles pour M. l'abbé
de Gourcy, & c'est par eux que le tiers-état est représenté à l'assemblée générale ; mais le tiers-état
n'étoit donc pas représenté pour les comtés où il se
trouvoit douze scabins. Vous sentez l'absurdité de
ce système, & vous en concluez qu'un tiers-état,
tel que le représente votre auteur, est autant une
chimere que celui de l'abbé de Mably, qui, pourtant, est encore plus absurde : rétablissons la vérité des faits. Ces *meilleurs hommes* étoient de la
même classe, du même ordre que les scabins, qui
eux-mêmes devoient être élus par le comte & le peuple, bons, véridiques & doux, aussi-bien que les
juges, les vidames, les prevôts, les avoués & les
centeniers, après lesquels ils sont nommés dans une
loi de l'an 809, ou qui devoient être élus les *meilleurs que l'on pouvoit trouver*, suivant une autre loi
de la même année, qui nomme de même avant eux
les juges, avoués, centeniers, prevôts & vicaires.
S'ils étoient mauvais, il falloit les chasser suivant
une loi de l'an 829, & en élire de bons à leur place
avec le consentement de tout le peuple. Les *meilleurs hommes* d'un comté étoient les plus irrépro-
chables & les mieux possessionnés, & en tant que
les *meilleurs*, ils étoient aussi les nobles du comté,
par comparaison avec ceux qui étoient moins bien
qualifiés ; mais de ce qu'on choisissoit les *meilleurs*
d'entre les hommes libres pour en faire des scabins,
& de ce que c'étoit encore les *meilleurs* qu'on pre-

noit pour les joindre aux ſcabins , en qualité de députés aux plaids , il ne s’enſuit pas que les hommes
libres d’un comté ne fuſſent pas repréſentés à l’aſſemblée générale , ſoit que le comté eût douze ſcabins ,
ſoit qu’il en eût un moindre nombre. Ce ſeroit à
peu près comme ſi l’on diſoit que la pauvre nobleſſe
d’une province n’eſt pas repréſentée , parce qu’elle n’a
élu pour ſes députés que des gentilshommes riches ,
& qualifiés. De même, quand Charlemagne ordonnoit que les comtes, les centeniers & les autres nobles
hommes appriſſent la loi par cœur, il ne vouloit pas
dire que cette étude ne fut pas faite pour les hommes libres ; il vouloit dire ſeulement qu’elle étoit,
ſur-tout, néceſſaire aux plus qualifiés d’entre eux,
parce qu’ils étoient, plus que les autres, deſtinés aux
fonctions de juges, de jurés, de députés aux aſſemblées générales.

Ces obſervations, pour dire encore un mot de la
litanie de l’abbé de Gourcy , ces obſervations, dis-
je, expliquent comment tant de ſaints ſont recommandables par leur nobleſſe au dire de leurs biographes. Ils n’étoient pas tous de cette haute nobleſſe,
qu’on peut appeller la nobleſſe du royaume. La plupart n’étoient nobles que chez eux , & pluſieurs
pouvoient bien n’être nobles qu’en comparaiſon de
la foule, du vulgaire, de la roture de leur pays. Tel
pouvoit bien être Marculfe, qui étoit *né de citoyens
Beſſins très-nobles*, très-riches & très-chrétiens, &
dont les parents n’avoient pas été de la derniere
claſſe. Tel auſſi pouvoit être Martin, *citoyen Nantois*, à qui donnoit un grand luſtre le beau ſang de
ſes aïeux. Telle encore pouvoit être Diſier, qui étoit

né de parents très-honnêtes, & recommandables par
leur naiffance entre les familles Gallicanes. Vous
fentez pourquoi je choifis ces trois faints entre tous
ceux que nomme votre auteur. La nobleffe, jointe
au titre de citoyen, ne s'accorde pas avec une différence légale & conftitutive entre le noble & le
citoyen. Mais, paffons à une remarque plus importante. S'il y avoit eu un tiers - état appellé le peuple , & au deffus de cet ordre un autre ordre appellé
la nobleffe, Charlemagne , après avoir reçu cette
petition du peuple dont nous avons parlé , auroit dû
répondre qu'il ne pouvoit la faire infcrire entre les
loix avant qu'elle eût été confentie par l'ordre de
la nobleffe. Au lieu de cela , que répond-il ? Que,
comme c'eft une affaire générale , & qui intéreffe
tous les ordres , il attendra , pour la confommer,
la tenue de fon affemblée fynodale , & de fon plaid
général , où il doit fe trouver un plus grand nombre
d'évêques & de comtes. Les ordres qui partagent la
législation avec le peuple & avec le roi font donc
uniquement l'ordre des évêques & l'ordre des comtes. Dira - t - on que l'ordre des comtes étoit alors
l'ordre de la nobleffe, ce feroit parler avec peu de
précifion ; les comtes n'étoient pas les feuls nobles
qu'il y eût dans le royaume, ils n'étoient pas non
plus les repréfentants des nobles, qui ne les élifoient
ni ne les difputoient. Si l'on dit que l'ordre des comtes étoit alors ce que fut depuis l'ordre de la nobleffe,
je pourrai en convenir, mais en tant feulement qu'il
étoit un ordre fupérieur au peuple , & après l'extinction duquel le peuple, devenu l'ordre de la nobleffe,
a été le fecond ordre au lieu & place des comtes.

Mais il sera toujours vrai que la noblesse, en tant
que noblesse, ne fut point un ordre sous les Carlovingiens, qu'elle fit corps avec les hommes libres,
& que ses représentants aux assemblées générales furent aussi ceux des hommes libres, les scabins élus
par tout le peuple de chaque comté, & les scabins
seuls, s'ils étoient au nombre de douze, ou avec
eux les meilleurs hommes de chaque comté ; si les
scabins ne faisant pas ce nombre, il falloit leur
adjoindre d'autres députés pour le compléter.

Je crois bien qu'un rejetton de la famille de Grégoire de Tours, qui auroit conservé l'éclat de sa noblesse antique, auroit été préféré, en pareil cas, par
le peuple d'Auvergne, ou descendant d'un Ursus,
parce que la famille de Grégoire avoit été sénatoriale
chez les Romains, ainsi que plusieurs autres familles
de l'Auvergne en très-grand nombre, & que cette
noblesse supposoit de grandes richesses, ce qui s'accorde très-bien avec ce que le biographe de Grégoire
dit de l'état de ses parents qui étoient vraiment nobles. Mais l'arriere-neveu de Grégoire eût été le
représentant des descendants d'Ursus, & membre
du même ordre, c'est-à-dire, qu'à l'assemblée générale, il auroit fait partie du peuple. Il en eût été de
même chez les Gascons des arriere-neveux de Ste.
Rictrude, qui étoit d'une généreuse lignée de Gascons, un rejetton des anciens rois, & d'une excellente race de sénateurs ; car, voilà comme il faut
traduire ce qu'un de ses biographes dit de sa naissance, & non pas dire comme le fait votre auteur,
en fondant ensemble les expressions de deux écrivains : *Rictrude étoit d'une extraction sénatorienne*

très-relevée. Son pere étoit un homme de condition nommé Ernold.

De même dans le Cambraisis, le Tournaisis, ou tel autre canton des Francs, Arnoul, qui étoit noble chez les Francs, auroit été préféré pour la place de scabin, ou pour la commission de député à un Franc bien ingénu, mais ignoble, comme le preux gendarme qui tua le duc Moymar ; mais, il n'auroit été que son concitoyen & son égal, quant aux prérogatives qui étoient constitutives de son état.

Je conclus, en disant qu'il y eut une noblesse Francque & Gauloise, noblesse étagée, pour ainsi parler, depuis celle qui brilloit dans un canton, jusqu'à celle qui brilloit dans le royaume entier, mais que cette noblesse ne fut point un ordre national, & fit corps avec les hommes libres pour composer le peuple François ; qu'entre les nobles, ceux qui furent comtes composerent un ordre séparé qui étoit le sénat de la nation subdivisé lui-même en plusieurs classes, comme dans les cités qui retinrent le mieux l'ancien régime Romain, les hommes honorés, ou magnifiques composerent l'ordre par excellence, c'est-à-dire, le sénat, & comme dans les cantons les plus apparents des hommes libres composerent le tribunal du comte, & formerent le premier rang de l'assistance autour du siege, ce qui les fit appeller *coronatores viri*, les coronners. C'est au régime des cités, mieux conservé ou plus reconnoissable dans les élections des évêques, qui furent toutes Romaines, que l'on doit rapporter ce que dit le pape Léon I, que dans les ordinations des évêques on attend les *vœux des citoyens*, les témoignages des peuples, l'arbitre ou *volontés des honorés* , & l'élection des clercs.

Ainfi fut élu Grégoire de Tours ; les nobles hommes mêlés avec les clercs, à raifon de leur plus grande influence ; & le peuple, tant celui de la ville que celui qui demeuroit à la campagne, comme les citoyens Tourangeaux dont nous avons parlé, le proclamerent évêque, tant à caufe de fon mérite diftingué, qu'à caufe de fa nobleffe. Mais, pour être éligible de plein droit, pour pouvoir être prêtre du palais, il fuffifoit d'être homme libre de naiffance & par la grace de Dieu, ainfi que le prouve l'examen de Willebert, élu évêque de Châlons. Cette même naiffance fit depuis les nobles, & alors il fallut être noble pour être éligible de plein droit.

L'A B B É.

Vous voilà arrivé à ma derniere objection fur laquelle je n'ai pas cependant grande envie d'infifter ; mais comme vous en avez affez dit pour détruire les trois autres, & que nous avons encore un moment à nous, expliquez-moi, je vous prie, en peu de mots comment vous penfez que l'état des hommes libres ait été analogue à celui des nobles leurs defcendants, & la nature de leurs biens à celle des biens nobles. Je ne demande que de l'analogie, parce que je conçois que la féodalité dût opérer quelques changements à ces deux égards ; il ne me faut pas non plus de grands détails, parce qu'en joignant aux aveux de l'abbé de Gourcy les omiffions que vous lui avez reprochées, je trouve déjà une très-grande reffemblance entre les hommes libres & ceux que vous foutenez être leurs defcen-

dants, entre leurs propriétés & les biens un peu dénaturés de leurs héritiers. Prouvez-moi donc, s'il est
possible, que leur état eût de la consistance & de la
dignité, que leur propriété ne fut pas sans jurisdiction,
& qu'ils jouirent chez eux de quelques droits honorifiques ; prouvez-moi, dis-je, ces trois choses, & je
me range entiérement à votre opinion, en reconnois-
sant comme une vérité démontrée que la noblesse
d'extraction est tout ce qui nous reste de la classe
des hommes libres, ou de l'ancien corps de la nation Françoise ; que les autres classes, loin d'avoir
rien à reprocher au régime féodal, lui doivent leur
affranchissement, & que ce qui reste à la noblesse
de droits & de prérogatives n'est presque rien en
comparaison de ce qui lui appartient légitimement.

L'Auteur.

En me cédant la victoire à ce prix, après tout
ce qu'elle m'a déjà coûté, vous ne me céderez que
ce qui m'appartient ; mais vous avez résolu de ne
me faire grace de rien ; à la bonne heure, aussi-
bien n'aimai-je point les demi-preuves.

Je commence par l'état des hommes libres ; il devoit tenir à la pureté de leur sang, & ne pas leur
permettre toutes sortes d'alliance, puisque c'étoit
un privilege du roi que le mariage d'un homme
libre avec une fiscaline royale ne portât point atteinte
aux droits de ses enfants, ni à ses droits personnels.

Plusieurs prérogatives de son état devoient être
indépendantes de sa fortune, puisque, par une loi
expresse de l'an 829, Louis le débonnaire déclara
que les hommes libres, qui, n'ayant point de pro-

priété , demeuroient fur les terres du domaine, ne
devoient pas, à la vérité, être reçus en témoignage dans les affaires réelles d'autrui, mais qu'ils pouvoient être jurés des autres hommes libres, par cela
feulement qu'ils étoient libres ; la loi ajoutoit que,
quant à ceux qui avoient une propriété, & qui, cependant, demeuroient fur les terres du domaine, ils
ne devoient pas être reçufés pour témoins par cette
raifon, mais qu'il falloit les recevoir en témoignage,
parce qu'ils étoient propriétaires.

L'état des hommes libres ne tenoit pas non plus
à leur liberté actuelle, puifque leur fervitude préfente, quelle qu'en fût la caufe, leur laiffoit le droit
de fe racheter, du moment qu'ils étoient en état
de le faire, & même que la puiffance législative venoit fouvent à leur fecours pour leur faciliter l'exercice de ce droit.

En voilà, je crois, affez fur leur état ; difons un
mot de leurs biens ; ils en pouvoient poffeder de
trois efpeces ; des biens fujets au cens, ou à des redevances, qu'ils tenoient à cette condition, & qui
ne les obligeoient pas au fervice militaire, des biens
exempts de cens, mais dont ils n'étoient pas propriétaires , parce qu'ils les avoient reçus en bénéfice
reverfible à celui de qui ils les tenoient ; à raifon
de ces biens ils étoient tenus au fervice militaire, &
à tels fervices envers leur bienfaiteur qui convenoient
à leur état, comme hommes libres & comme vaffaux , & enfin des biens propres ou des aleuds, qui,
de tous les biens des hommes libres, furent vraiment les plus nobles, comme ils compoferent auffi
pendant long-temps la plus grande maffe des biens

poſſédés par cette claſſe. Ils en jouiſſoient héréditairement avec le droit de ſucceſſion collatérale, &
la plus parfaite liberté d'en diſpoſer ; ils ne devoient
ſervice à aucun autre citoyen à raiſon de ces biens ;
ils n'étoient ſujets à aucune ſervitude, pas même au
droit de chaſſe, qui leur appartenoit en entier chez
eux, & leur maiſon étoit pour eux un aſyle ſacré,
que les officiers de juſtice devoient eux - mêmes
reſpecter.

Trouvez-vous qu'il puiſſe y avoir des poſſeſſions
plus nobles que celles-là ?

L'A B B É,

Non, en vérité, mais pourquoi en eſt-il reſté
ſi peu ?

L'A u t e u r.

C'eſt que la féodalité a en partie dégradé ces
biens, c'eſt que le nombre des feudataires a prodigieuſement diminué, & que celui des fiefs, qui
repréſentent les anciens aleuds, n'a guere moins
diminué par les réunions & incorporations, c'eſt que
les tenures des ſerfs & des colons, qui faiſoient autrefois partie des propriétés, ſont devenues elles-mêmes des propriétés par l'anéantiſſement preſque entier des droits qu'eurent ſur ces biens les véritables
propriétaires & du fonds des hommes, ce qui a diminué d'autant les aleuds & multiplié d'autant les
propriétés imparfaites, c'eſt que, du moins, les deſcendants & ayants-cauſe des vrais propriétaires ont
conſervé une partie de leur droit de propriété ſur ces
biens, parce qu'ils ſe réſerverent, ſur les fonds qu'ils

affignerent à leurs efclaves ou qu'ils acenferent à de
fimples cultivateurs, tout ce qui n'étoit précifément
ni un produit ni un moyen de culture, comme l'eau
& le poiffon des rivieres, le gibier, le droit de co-
lombier, & autres chofes femblables.

L'ABBÉ.

En répondant à une queftion que je croyois vous
avoir faite fans conféquence, vous commencez à
me faire connoître l'antique nobleffe de ces aleuds
qui furent le patrimoine des hommes libres; ils en
étoient franchement & abfolument propriétaires, &
en jouiffoient pleinement, fans dépendance & fans
reftriction; mais, du moins, n'en jouiffoient-ils pas
avec jurifdiction; car tous les modernes s'accordent
à dire que, fous les deux premieres races, il n'y eut
point de juftices feigneuriales, & il me femble qu'ils
le prouvent par une foule d'autorités, auxquelles on
ne peut rien oppofer.

L'AUTEUR.

Voilà encore une des méprifes groffieres dans lefquelles tous nos demi-favants font tombés, pour
n'avoir pas fu lire; ils ont trouvé que les hommes
libres n'étoient jufticiables que des juges, non pas
royaux, mais nationaux, & en derniere inftance du
roi lui-même fiégeant dans fon palais, & ils ont dit:
Si un homme libre n'avoit point de jurifdiction fur
un autre homme libre, il n'y avoit donc point de
juftices feigneuriales; car les feigneurs n'ont de juftice que fur des hommes libres. Il falloit ajouter
qu'il n'y avoit alors que des hommes libres, dans le

fens dans lequel les loix emploient cette qualification ; mais la plupart de nos écrivains n'ont pas même voulu foupçonner qu'un homme libre fut alors
autre chofe que ce qu'eft aujourd'hui le dernier des
manants , & ils ont décidé hardiment que les juftices feigneuriales étoient en partie une conceffion
des rois & en partie une ufurpation de la nobleffe.

Voilà comment on a écrit fur notre droit public,
& nous croyons être favants parce que nous avons
lu quelques recueils de pareilles abfurdités ; mais venons au fait.

La jurifdiction du maître fur fes efclaves eft de
de tous les temps & de tous les pays ; elle fut limitée
par les empereurs Romains, qui ôterent aux maîtres
le droit de mettre leurs efclaves à mort. Il fallut les
faire condamner au fupplice par des triumvirs qu'on
appelloit *Triumviri rerum capitalium* , & il y a des
monuments qui nous apprennent que cette jurifdiction fut auffi établie dans les Gaules ; mais au déf-
fous de la peine de mort, il y avoit le fouet, la
prifon, les fers, la relégation d'un lieu à un autre,
& entre ces châtiments, il eft clair que le fouet devoit être le plus ordinaire. C'eft ce qu'on appella
chez nos peres *difciplina in dorfo* , correction à laquelle fe foumit tout homme libre, qui fe vendit à
un autre, parce qu'elle étoit de l'effence de la fervitude qui n'admettoit ni exil, ni longue déten-
tion, ni mutilation notable, ni amende ; voilà donc
la baffe-juftice bien établie, & tout ce que nos loix
anciennes ftatuent à ce fujet fe réduit à des exhortations pour engager les citoyens à ne pas faire fufti-
ger leurs efclaves avec trop de cruauté ; mais ce n'é-

toit pas feulement un droit privé , & uniquement relatif à l'intérêt domeftique des maîtres , qui les autorifoit à punir leurs ferfs : tout homme libre , poffef-
feur d'efclaves , étoit avoué en cette partie , obligé,
par conféquent , à comparoître & à amender pour
fes efclaves , foit que leur délit fût public , foit qu'il
fût particulier ; puniffable par une amende , pour n'a-
voir pas corrigé fon efclave , & ne l'avoir pas em-
pêché de faire le mal , lors même que celui-ci étoit
puni de mort ; chargé , par conféquent , de la police
publique , & tenu à ce titre de faire juger & punir
fes ferfs , avec l'affiftance de fes officiers , ou de fes
voifins , fujet même aux cenfures eccléfiaftiques s'il
ne les amenoit pas à réfipifcence , & avec d'autant
plus de raifon. Croyoit-on alors qu'il étoit plus utile
de frapper le maître de ces foudres, que de les prof-
tituer contre des hommes qui ne craignofent ni
Dieu , ni les évêques , ni les officiers publics , mais
qui du moins craignoient leur maître (a.) ? Enfin ,
c'étoit un axiome de droit public que celui-là devoit
coopérer au maintien de la police publique , dans
chaque village , à qui appartenoit le village.

Dites-moi maintenant , fi , après avoir trouvé ces
maximes confacrées par les loix des Carlovingiens ,
on peut imaginer qu'elles aient été nouvelles fans
cette dynaftie , & que les juftices feigneuriales ne
remontent pas , d'une part au temps de la premiere
race , & foient de l'autre des conceffions royales.
Si pourtant vous n'êtes pas encore convaincu , lifez
les lettres pour les Efpagnols , qu'il s'agiffoit unique-

____

(a) Voyez les Loix de 857. 861. 862. 864.

ment

ment d'égaler aux hommes libres , & vous trouverez, dans celles de Charles le chauve, que , hors les
actions criminelles pour caufe d'homicide, de rapt &
d'incendie , ni les Efpagnols , ni leurs hommes , ne
devoient être jugés ni contraints , foit par les comtes , foit par les autres officiers de juftice , mais qu'il
leur étoit loifible de juger définitivement les autres
hommes , felon leur loi , dans tous les cas , & de fe
juger eux-mêmes entre eux aufli dans tous les cas
hors les trois cas mentionnés plus haut.

Je conviens que cette jurifdiction des Efpagnols ,
les uns fur les autres , répondoit à celle des centeniers & des fcabins , qui étoit chez les Francs &
chez les Gaulois , la double inftance où l'homme
libre étoit le juge de l'homme libre ; mais leur jurifdiction fur *les autres hommes* , c'eft - à - dire , fut
fur ceux qu'ils avoient droit de recevoir & de garder fur leurs terres , & qu'il faut diftinguer de leurs
efclaves , ne peut être comparée qu'avec une jurifdiction femblable qui appartenoit aux hommes libres,
fur les habitants de leurs terres , foit ingénus , foit
efclaves.

L'ABBÉ.

Il me femble que cette claufe des lettres de Charles le chauve eft obfcure , & qu'elle prouve beaucoup trop en faveur des juftices feigneuriales des
fimples propriétaires ; car , enfin , elle n'excepte pas
même les huit cas royaux , qui , de droit , étoient
réfervés aux juges royaux ; & d'ailleurs , le regne de
Charles le chauve fut celui des innovations : or , il
fera fort indifférent à vos adverfaires que le défor-

dre ait commencé fous ce regne, ou quelques années plus tard.

L'A U T E U R.

Je pourrois répondre à la dernière partie de votre
objection, que ce fut au commencement de fon regne que Charles le chauve confirma les droits accordés aux Efpagnols par fon pere & fon aïeul, &
qu'ainfi, le foupçon d'une innovation défavorable à
l'autorité royale, ou plutôt à la jurifdiction des comtes de Septimanie, ne paroît pas trop fondé ; mais
comme je n'ai point entrepris de prouver (ce qui n'eft
pas vrai non plus) que les hommes libres, en général, aient eu la haute - juftice dans leurs terres, je
renonce volontiers à toute explication rigoureufe des
lettres de Charles le chauve, pour m'en tenir à celles
de Louis le débonnaire, qui font beaucoup plus claires;
Voici en quels termes l'article de la jurifdiction eft
conçu dans ces lettres » : Qu'eux-mêmes ne refufent
point de venir à l'affife du comte toutes les fois qu'ils
y auront été affignés pour l'une des caufes majeures,
comme font l'homicide, le rapt, l'incendie, la rapine, la mutilation, le vol, le brigandage, l'invafion du bien d'autrui, ou pour quelque autre chofe que
ce foit, dont un voifin les aura accufés criminélle-
ment, ou civilement ; mais pour ce qui eft des caufes mineures, qu'on ne les empêche point de les terminer entre eux, à leur maniere, comme ils ont été
dans l'ufage de faire jufqu'aujourd'hui «.

Si je voulois me prévaloir de tout, je dirois que
les Efpagnols n'étoient tenus de fe foumettre à la juftice du comte, que lorfqu'ils avoient pour partie ad-

verſe un voiſin qui n'étoit pas Eſpagnol , & je com-
parerois le droit qu'ils avoient de ſe juger les uns les
autres , lorſque le procès étoit entre eux , au droit
que chaque famille avoit , chez les Francs & les Gaulois , de juger & de condamner à mort & de faire
exécuter les femmes accuſées d'adultere , & les eſclaves qui avoient tué leurs maîtres. Mais ceci n'a rien
de commun avec les juſtices ſeigneuriales , dont il eſt
uniquement queſtion ici. Louis le débonnaire , par
l'article ſuivant , autoriſe les Eſpagnols à recevoir ſur
leurs propriétés ou pourpris , tels hommes qu'ils voudront y admettre , & de quelque part qu'ils viennent , (autres cependant que les eſclaves ou les colons d'autrui) & veut qu'ils puiſſent en exiger tel
ſervice qu'ils jugeront à propos , ſans que perſonne
ait droit de les en empêcher , à quoi il ajoute : Et
qu'il ſoit loiſible à celui qui les aura reçus de les contraindre à faire telles juſtices , qu'ils ſont dans l'uſage
de terminer définitivement entre eux ; mais pour les
autres jugements , c'eſt - à - dire , les actions criminelles , qu'ils ſoient réſervés à l'examen du comte :
cela ſignifie bien clairement , ce me ſemble , que le
propriétaire étoit juge de tous les habitants de ſa
propriété , même des ingénus , dans tous les cas dans
leſquels le propriétaire lui-même étoit juſticiable de
ſes voiſins devant le centenier , & le plébéien ou
poſſeſſeur Romain devant le vicaire ; car nul ne
pouvoit être condamné à mort que devant le comte.

L ' A B B É.

Tout ce que vous venez de me dire me paroît
démontré ; & , en vérité , ce ſeroit abuſer de votre

Q 2

patience que d'exiger encore quelque chofe de vous.
Quelle que foit l'origine des droits purement honorifiques, & des titres de noble & de gentilhomme
qu'on a donnés aux defcendants des hommes libres,
il n'en peut réfulter aucune conféquence contre ce
que vous avez dit de la tranfmutation des hommes
libres en nobles feudataires, & de leurs propriétés
en fiefs ou terres nobles. Ainfi, nous pouvons en
refter là, puifque je fuis d'accord avec vous que
l'ordre de la nobleffe comprend tout ce qui nous
refte de l'ancien corps de la nation compofée des
citoyens Gaulois, des Francs, & de tous les Barbares établis dans les Gaules, avec le droit de cohabitation.

L'AUTEUR.

Ce fera donc maintenant à moi à vous demander
un peu de complaifance & de patience ; car, quoique je n'aie pas entrepris de tout dire, j'ai très-
grande envie de ne pas vous quitter fans vous avoir
dit un mot de tout ce qui a un rapport direct à la
queftion que nous avons traitée enfemble. Entre les
droits honorifiques dont jouiffent les defcendants des
hommes libres, les plus apparents font ceux qui leur
appartiennent relativement aux églifes. Voilà de
quoi n'a point parlé votre auteur couronné, peut-
être parce qu'il entroit dans fon plan de tenir les
hommes libres affez bas pour qu'on pût aifément
les fouler aux pieds. Pardonnez-moi ce foupçon in-
jurieux à fa bonne foi ; mais il ne peut nier d'avoir
lu les actes d'élections épifcopales recueillis par Baluze, puifqu'il les cite ; & c'eft dans une des pieces

publiées fous ce titre, c'eft dans les lettres canoniques données à Hédenulfe, évêque de Laon, par
fes ordinateurs à la tête defquels étoit Hincmar,
archevêque de Rheims, *pour être remifes par lui au
clergé, à l'ordre, & au peuple de l'églife de Laon;*
c'eft, dis-je, dans un monument, auffi refpectable
& auffi peu fufpect, que je trouve le paffage fuivant.

L'évêque ne doit employer aucun moyen de contrainte pour faire donner à fon églife les églifes
qui fe trouvent dans les propriétés des hommes libres & des cohéritiers. Que feulement, en conformité des capitules fynodaux & impériaux que l'églife
reçoit comme faifant regle, il faffe enforte que ces
églifes jouiffent, par autorité du roi, comme les
autres églifes, des immunités de leur dot, mais que
les hommes libres reftent en poffeffion des églifes
elles-mêmes. Si l'abbé de Gourcy avoit tranfcrit ce
paffage, il auroit repréfenté les hommes libres comme
des propriétaires fonciers & abfolus, qui, ayant bâti
des églifes dans leurs propriétés, leur avoient donné
des dots immunes, comme étoient leurs biens, s'étant
néanmoins réfervé la propriété du tout, ayant, de
droit, la nomination des prêtres qui devoient defervir
ces églifes, & pouvant s'y faire rendre tels honneurs
que l'ufage autorifoit; &, dès-lors, il n'auroit plus
regardé comme auffi facile l'oppreffion de pareils
citoyens, il n'auroit plus diftingué les feigneurs des
hommes libres pour faire opprimer ceux-ci par ceux-
là. S'il avoit foupçonné quelque innovation, & que
l'autorité d'Hincmar lui eût paru fufpecte, parce qu'il
fut contemporain de Charles le chauve, il auroit examiné fi on trouvoit quelque chofe de femblable dans

les loix de Charlemagne, & il auroit, en effet, trouvé une loi de l'an 794, touchant les églises que bâtiſſent les hommes ingénus, laquelle les autoriſe à les donner, & à les vendre, pourvu ſeulement que l'égliſe ne ſoit pas détruite, & qu'on y faſſe tous les jours le ſervice. Il auroit auſſi remarqué qu'en 816, Louis le débonnaire projetta une loi touchant les égliſes que des cohéritiers ſe partageoient, & qui, à cette occaſion, étoient privées de l'honneur qui leur convenoit, mais qu'il différa de ſtatuer ſur cet objet juſqu'à ce qu'il eût pu en prendre l'avis de ſes fidelles ; que, ſans doute, il ne fut point fait de loi ſemblable, & que ce fut de là que pluſieurs évêques prirent occaſion de s'emparer des égliſes qui appartenoient à pluſieurs cohéritiers, ſous prétexte d'en prévenir ou le dépouillement ou l'abandon. Les lettres canoniques que je viens de citer lui auroient fourni une preuve ſuffiſante de ces uſurpations épiſcopales.

Si l'abbé de Gourcy eut une fois ſaiſi ce fil, il auroit apperçu d'abord qu'il ne pouvoit s'égarer en le ſuivant, & qu'il lioit étroitement les hommes libres à leur poſtérité, c'eſt-à-dire, à la nobleſſe ; & c'eût été pour lui une raiſon d'examiner l'origine de cette multitude de paroiſſes que ne connurent point nos peres, puiſqu'autrefois il n'y eut d'égliſes baptiſinales que dans les bourgs, qui étoient des cheflieux de cantons, & qu'on appella canoniques par cette raiſon ; comme auſſi ce fut, par cette raiſon que l'aſſiſtance au ſervice divin dans les bourgs fut un devoir de tous les citoyens, comme c'en eſt un aujourd'hui de fréquenter ſa paroiſſe, avec cette

différence néanmoins que cette affiftance n'étoit d'o-
bligation qu'aux trois grandes fêtes annuelles. Votre
écrivain auroit trouvé que, de même qu'autrefois, les
citoyens feuls n'avoient eu des églifes communes
dans le chef-lieu de leur canton, c'eft-à-dire, dans
le même endroit où ils avoient leurs affemblées *vi-
cinales* & leurs marchés ; de même on voulut auffi
donner des églifes aux ferfs & manants plus à leur
portée & dans l'endroit qui étoit auffi leur chef-
lieu, c'eft-à-dire, près de la maifon de leur maître,
& que ce furent les propriétaires, c'eft-à-dire, les
hommes libres, qui, par une dévotion qu'on en-
couragea fur-tout fous le regne de Charlemagne, fe
chargerent de la conftruction & de la dotation de
ces églifes. Les évêques n'eurent d'autre droit en
ceci que celui d'examiner fi elles étoient décemment
conftruites & fuffifamment dotées, & celui de les
dédier ; c'étoit le propriétaire qui nommoit le prêtre, & pendant long-temps les hommes libres crurent que, s'ils avoient droit de le nommer, ils pouvoient auffi le deftituer arbitrairement ; on ne leur
prouva le contraire qu'en ftatuant la peine du ban
contre ceux qui en ufoient ainfi ; mais on ne put
rien ftatuer contre le partage de ces églifes entre
cohéritiers, finon que dans le cas où ce partage en
entraîneroit la décadence, l'évêque, après avoir
admonefté les co-propriétaires, feroit en droit d'in-
terdire l'églife en en retirant les reliques. La plus
grande difficulté à laquelle ces fondations donnerent
lieu, naquit de l'attribution des dîmes. On fait que
la nation en général montra la plus grande répugnan-
ce à l'établiffement légal des dîmes ; mais depuis

long-temps c'étoit une dévotion très-à la mode &
très-conseillée de donner la dîme de ses fruits à l'é-
glise; or, en premier lieu, ces dons volontaires
avoient été faits à perpétuité par plusieurs propriétaires, dont les héritiers s'aviserent ensuite de bâtir
eux-mêmes chez eux des églises, qu'ils voulurent
ériger en églises baptismales ; en second lieu, du moment où le paiement de la dîme eut été ordonné,
celle de chaque propriété dût être assignée à une
église, dont le titulaire n'eût aucune envie d'en faire
l'abandon en faveur de la nouvelle église, qu'il plai-
soit à un propriétaire de bâtir. Cette difficulté exerça
beaucoup les législateurs Carlovingiens. En 804,
Charlemagne fit statuer que les dîmes devoient être
payées aux églises qui étoient anciennement baptismales, & à qui elles avoient été vouées, que, cependant, elles devoient continuer à être payées au
profit des évêchés & des monasteres, à raison des
biens qui leur avoient été données par les rois &
autres bons hommes, si anciennement ces évêchés
& monasteres en avoient reçu les premieres dîmes.
Par une autre loi de la même année, il fut statué
que quiconque vouloit bâtir une église dans sa propriété, pouvoit le faire, pourvu qu'il en eût le consentement de l'évêque diocésain ; mais qu'il falloit
bien prendre garde que les églises plus anciennes
ne perdissent à cette occasion leurs droits ou leurs
dîmes, lesquels devoient toujours être payés aux
églises les plus anciennes. Je n'entrerai pas à ce sujet dans des détails qui seroient infinis si je voulois
tout dire; j'ajouterai seulement que, suivant une loi
de l'an 816, toutes les fois qu'il fut bâti un nou-

veau village & une nouvelle églife dans le village,
la dîme des terres nouvellement mifes en culture
dût être payée à la nouvelle églife, & que telle eft,
fans doute, l'origine de droits de novales, & peut-
être la raifon pour laquelle en certains pays, comme
en particulier celui qui fut le plus dévafté par les
Normands, les curés ont toutes les dîmes plus généralement qu'ailleurs. Je ne fais cette derniere remarque pour vous prouver, ce qui eft très-vrai, que les
fiecles du régime féodal ne furent pas autant qu'on
le croit communément le temps des injuftices & des
innovations ; nos peres furent ignorants, fuperfti-
tieux & violents ; mais ils furent plus fimples & plus
droits, ils aimerent Dieu davantage, & eurent
beaucoup moins de befoins que nous; ils en eurent
un cependant que nous n'avons pas, & qu'ils fenti-
rent tous les jours de leur vie, celui d'avoir des
amis fidelles & valeureux ; ce fut le befoin des
grands, ce fut celui du dernier des citoyens, &
comme tous les citoyens étoient armés & belliqueux,
les temps d'anarchie furent ceux où on les ménagea
davantage, parce que l'autorité ne fuppléoit pas à
la force, & que, pour être fort, il falloit pouvoir
compter fur beaucoup de braves, & n'en avoir pas
un plus grand nombre encore pour ennemis. Les
hommes libres, devenus feudataires, partie à raifon
de leurs propres biens, & partie à raifon des biens
& des droits qu'on leur avoit donnés en bénéfice,
purent confentir à l'altération de leurs propriétés en
confidération de l'altération plus grande encore des
bénéfices à laquelle leurs fuzerains confentirent, &
fi l'uniformité qui s'établit entre les fiefs donnés &

les aleuds repris en fief, fut préjudiciable à quelques individus, elle fut avantageuse à toute la classe, puisqu'enfin une partie considérable des biens qui avoient été dans cette classe, ayant été donnée à l'église, & le clergé l'ayant donnée par grosses masses aux grands du royaume, ce ne pouvoit plus être que sous le nom de *bénéfice* que la classe des hommes libres en recouvrât une partie.

L'A B B É.

Etoit-ce encore une nation que celle qui étoit ainsi partagée en autant de corps séparés qu'il y avoit de suzerains, & peut-on reconnoître un peuple libre dans une multitude d'hommes ainsi morcelée, & dont toutes les possessions étoient précaires ?

L'A U T E U R.

Ce que vous venez de dire ne peut être rapproché du sujet que nous discutons que par cette question très-simple : Comment tant d'écrivains ont-ils pu imaginer que la féodalité eût donné naissance à la noblesse, tandis qu'elle dérogea à la liberté ?

L'A B B É.

C'est qu'ils ont cru que les grands du royaume, à commencer par les rois, avoient fait un triage des hommes libres, qu'ils se sont représentés sous la figure de nos bourgeois & de nos manants, pour élever les uns à la dignité de leurs vassaux, & réduire les autres à la condition de leurs esclaves, sous les noms presque synonymes de villains, de

bourgeois, de colons, de serfs, d'hommes de peine,
d'hommes de corps ; ils n'ont vu dans toute l'antiquité que noblesse puissante & roture opprimée, puis,
lorsque fouillant dans quelques archives, ils ont remarqué que les auteurs de la plupart des gentilshommes n'avoient ni pris ni reçu le titre de nobles,
dans le temps, par exemple, qu'un duc de Bretagne se contentoit du titre de noble homme, ils ont
imaginé des ennoblissements & ont dit hardiment
que toute noblesse venoit du roi, que tout privilege
émanoit de lui, & autres choses semblables ; mais
vous, Monsieur, dites-moi précisément ce que vous
pensez de ces titres de noble & de gentilhomme ?

L'Auteur.

Je pense que nous devons à notre petit nombre,
à l'établissement successif de la milice mercenaire &
à l'affranchissement de nos serfs la triste prérogative
d'être qualifiés nobles. Tant que nous fûmes assez
nombreux pour être visiblement le corps de la nation, quelques-uns d'entre nos peres furent nobles,
ils ne le furent pas tous, comme tous les généraux
ne sont pas célebres, ni tous les soldats, soldats
d'élite.

Tant qu'il n'y eut point, ou qu'il n'y eut que
très-peu de gendarmes, d'écuyers, d'archers même
qui ne fussent de *bonne race*, nous nous contentâ-
mes modestement de nos titres militaires comme
très-suffisants pour indiquer notre condition. Tant
qu'il n'y eut pas au dessous de nous une classe
très-nombreuse de demi-citoyens qui prétendissent
être aussi libres que nous, nous ne fûmes pas no-

bles , parce qu'on eſt guerrier par comparaiſon avec un homme qui ne porte pas les armes , libre par comparaiſon avec un eſclave , franc & immune par comparaiſon avec un tributaire , & que l'on n'eſt noble que par comparaiſon avec un citoyen , ſur lequel on a quelque avantage en vertu des loix ou des préjugés. Ainſi , auſſi long-temps que nous ne fûmes ſeuls citoyens & ſeuls guerriers , nous fûmes hommes libres , nous fûmes *honnêtes - hommes* comme les chevaliers Romains & Gaulois , nous fûmes *bien-nés* , comme les affranchis furent réputés le devenir par l'abſurde palingénéſie , & comme le ſont encore les gentilshommes Allemands , nous fûmes *bons - hommes* en tant que propriétaires , nous fûmes *gentils - hommes* , nous fûmes *hommes-d'armes* , *écuyers* , *archers* , en tant que guerriers nationaux , nous ne pûmes pas être tous nobles , ſoit de nobleſſe Romaine par les dignités de nos ancêtres , ſoit de nobleſſe Francque par les exploits ſignalés de nos aïeux.

L'Abbé.

Arrêtez-vous un moment , je vous prie , vous me feriez oublier ce que vous venez de dire du titre de *gentil-homme*, & que je n'entends pas. N'avez-vous pas voulu dire que vos peres furent gentilshommes en tant que guerriers ?

L'Auteur.

Oui , c'eſt ma penſée ; mais je n'inſiſterai pas là-deſſus , parce que j'attache peu d'importance à cette ſtérile vérité.

L'ABBÉ.

N'importe quelle importance elle peut avoir, pourvu que la découverte en soit ingénieuse ; stérile ou féconde elle plaira de même aux amateurs de l'antiquité.

L'AUTEUR.

Vous savez que tous les Barbares qui servoient l'empire Romain étoient *Gentils*, parce qu'ils appartenoient, ou par leur naissance ou par leur origine à des nations qu'on appelloit *Gentes*, pour les distinguer des sujets de l'empire.

L'ABBÉ.

Je sais cela ; mais il y a bien loin jusques-là

L'AUTEUR.

Vous savez aussi que pour dire qu'un roi des Francs avoit mis une armée nationale en campagne, on disoit qu'il avoit fait mouvoir les *nations*, (*Gentes*) de tel royaume ou de telle contrée, sur-tout peut-être lorsqu'il s'agissoit des peuples établis à l'orient de la Seine.

L'ABBÉ.

Je sais encore cela, & vous en concluez qu'on appelloit hommes gentils ou gentilshommes tous les hommes libres qui composoient à la fois & la totalité de ces nations & leur milice héréditaire.

L'AUTEUR.

Je ne conclus pas encore ; & je vous aprends de plus ce que sûrement vous ignorez, parce que la

preuve s'en trouve dans un recueil fait en pays étranger, & pour fervir à l'hiftoire d'une églife étrangere.
Je vous aprends, dis-je, qu'on appelloit *armée* (*exer-
citus*) le pays occupé par une nation pareille à celle
dont nous parlons. Ainfi un feigneur François qui fe
trouva au fameux congrès de Verdun voulant défi-
gner la fituation de quelques terres qu'il avoit en Baviere, difoit qu'elles étoient fituées, dans *l'armée des
Bavarois, in exercitu Balvariorum.*

L'ABBÉ.

Ceci eft vraiment curieux & me rappelle quelques
paffages d'auteurs anciens qui paroiffent fuppofer
qu'une armée Romaine ou une légion étoit autant
un pays qu'un corps de troupes.

L'AUTEUR.

Votre citation vaut bien la mienne ; mais conti-
nuons. Si une nation étoit une armée cantonnée, fi
tous les citoyens qui la compofoient étoient en même temps guerriers, s'il en étoit ainfi de toutes les
nations admifes dans la fociété des Francs, ou qui
avoient avec eux le droit de cohabitation, n'eft-il
pas clair qu'*homme gentil*, *homme libre* & *guerrier*
étoient fynonymes ?

L'ABBÉ.

Cela peut-être très-clair, fans qu'on doive en
conclure que le mot de *gentilhomme* ait été en
ufage auffi anciennement que vous le fuppofez, &
vous aurez de la peine à le prouver, car il eft rare
que dans les monuments de l'antiquité on trouve

les expreffions qui n'étoient d'ufage que dans le lángage ordinaire, comme il y a à parier que nos neveux ne trouveront dans aucun acte de ce fiecle la qualification d'*homme de qualité*, & comme j'aurois bien parié qu'ils n'auroient jamais trouvé celle de *feigneur de la cour du roi* dans aucune ordonnance; fi un rédacteur novice ou novateur n'eut fourré cette expreffion dans un petit bout d'ordonnance, qui vient de paroître fur la difcipline des barrieres de Paris.

L' A U T E U R,

Ce que vous dites m'autoriferoit à donner pour hiftoriquement prouvé ce que j'ai avancé, fans me croire obligé à en fournir des preuves auffi précifes que celles que vous exigez toujours de moi; mais ma réputation eft fi bien établie dans votre efprit, de ne rien avancer fans preuves, que vous me foupçonnez toujours de n'avoir pas dit mon dernier mot tant que je ne vous ai pas fubjugué par une démonftration; mais qu'exigez-vous de moi? faut-il que par titres je faffe remonter l'ancienneté de la qualification dont il s'agit jufqu'au temps de Clovis, ou jufqu'à celui de Charlemagne, ou feulement jufqu'au regne de Hugues Capet?

L' A B B É.

Prenons le milieu, & prouvez feulement qu'elle étoit en ufage dans les beaux temps de la dynaftie Carlovingienne.

L' A U T E U R,

Vous êtes bien indulgent; eh bien, j'accepte le

défi ; vous connoiſſez le grand capitulaire de l'an 789, dans lequel il y a un article exprès pour exhorter les prêtres à ne pas s'attacher feulement, pour les inſtruire, *des enfants de fervile condition*, mais à tenir des écoles *d'enfants liſants*, & à leur apprendre les pſeaumes, les notes, le chant, le comput, & la grammaire. Et bien, ce paſſage eſt corrompu, & il faut lire de *gentils enfants*, (*gentilium puerorum*) au lieu de *legentium puerorum*, qui n'a pas de fens, & ne fait point antitheſe avec les *fervilis conditionis infantes*, qu'on lit dans le premier membre de la phraſe.

L'ABBÉ.

Vous êtes bien foible, puiſqu'au lieu de preuves, vous me propoſez une correction, dont la juſteſſe a elle-même grand beſoin d'être prouvée.

L'AUTEUR.

Mais ſi je vous fourniſſois un autre exemplaire qui me donnât comme variante ce que je me propoſe comme correction ?

L'ABBÉ.

Je l'adopterois comme la véritable leçon, parce qu'en effet, elle préſente un bien meilleur fens.

L'AUTEUR.

Ouvrez donc le ſixieme livre des capitulaires, & vous y trouverez fous le nombre 377, l'article du capitulaire de l'an 789, un peu plus étendu, mais copié preſque littéralement : *Que les prêtres*, y eſt-

il

il dit, raſſemblent & s'aſſocient non-ſeulement des *enfants de ſervile condition*, mais auſſi des *fils d'in-génus*, & qu'il ſe faſſe des écoles de *gentils enfants*. (*gentilium puerorum*). Si vous m'objectez que dans cet endroit, comme dans pluſieurs autres, le capitulaire de l'an 789, eſt plutôt paraphraſé que copié, & qu'ainſi il ne faut rien corriger ni dans l'original, ni dans la copie qui s'en trouve au premier livre des capitulaires, je pourrai acquieſcer à votre remarque, mais vous devrez auſſi convenir que le dernier compilateur a dû ſe propoſer, ou plus de clarté, ou plus d'exactitude dans ſa paraphraſe, & qu'ainſi, non-content de la qualification de fils d'ingénus qu'il a ajouté au texte, non-content de l'oppoſition marquée qui ſe trouve dans le texte entre le mot *infantes* employée en parlant des enfants de ſervile condition, & le mot *pueri* employé pour déſigner les enfants d'une condition plus relevée ; les enfants des médiocres, ainſi que s'exprime le moine de Saint-Gal en parlant des écoles établies par Charlemagne, il a ajouté l'épithete de *gentils* pour expliquer ſans équivoque la penſée de Charlemagne. L'auteur que je viens de citer eſt lui-même le meilleur commentateur que nous ayions de l'ordonnance de 789, touchant les écoles ; s'il ne vous ſuffit pas, joignez-y les lettres & la vie d'Alcuin, & vous verrez ce que c'étoient que ces enfants dont parle Charlemagne. Revenant enſuite au moine de Saint-Gal, vous vous convaincrez que les médiocres dont il parle ſont les hommes libres ; après quoi, je vous montrerai la poſtérité des médiocres où je vous ai montré la poſtérité des hommes libres, avec le ſe-

Partie II.   R

tours de plufieurs hiftoriens , & de ceux en particulier qui, parlant des Lufignan, difent qu'ils étoient
de l'ordre des médiocres & de ceux auffi qui , parlant de ces braves Normands, de ces fimples gentilshommes qui conquirent Salerne fur les Sarrafins
& fonderent le royaume de Naples , difent de même qu'ils étoient de l'ordre des *médiocres*. Mais je
crois en avoir affez dit pour vous convaincre , parce
que vous êtes de bonne foi , & je n'en dirois jamais affez pour convaincre ceux qui ont prétendu
rendre des oracles , & qui font réfolus à ne pas defcendre de leur trepied. Quant à la multitude, qui
croiroit avilir fes aïeux & fentir l'empreinte des
chaînes qu'ils porterent fi elle acquiefçoit à l'évidence de mes preuves , elle ne m'écoutera pas ; & ,
quand elle m'écouteroit , elle ne m'entendroit pas.

Mais il importe que la vérité foit une fois connue ,
fi nous ne devons pas être livrés pour toujours à
ces empyriques , qui mettent en queftion s'il ne
vaudroit pas mieux ignorer tout le paffé , & qui cependant nous accablent de compilations, pour nous
faire goûter la trifte profpérité des Chinois.

Mon cathécumene me quitta, bien convaincu , à
ce qu'il me paroiffoit , de la vérité de ce que je lui
avois prouvé , mais non moins réfolu à garder cette
vérité pour lui , afin de ne fe point faire d'affaires avec
le grand nombre , & fur-tout pour ne pas donner prife
fur lui à la foule des demi-favants , qui affaifonnent
leurs livres d'un peu d'érudition , & à la foule, encore plus nombreufe , des ignorants , qui ne favent
traiter qu'un certain vernis , dont ils couvrent l'in-
cohérence & la futilité de leurs idées.

Il me reftoit à difcuter avec lui l'utilité des traités de théorie fur la forme des gouvernements ; mais comme fon état le retenoit dans la capitale, & que je n'avois plus d'état que celui de citoyen, avec la petite folde de la vétérance, il y eut bientôt quarante-cinq lieues entre lui & moi, & je me trouvai près de mes véritables foyers, où je ne differté qu'avec des laboureurs & vis encore plus avec des manœuvres qui ne s'apperçoivent pas de la protection que leur accordent tant de beaux efprits qui doivent travailler tous les jours, pour vivre tous les jours ; qui boivent davantage & travaillent moins quand le pain eft bon marché, & que leur repugnance pour le travail, jointe à leur goût effrené pour les jouiffances du moment, tient toujours dans l'état qui fupplée chez nous aux liens de la fervitude, comme l'argent que nous fommes en état de leur faire gagner, nous tient lieu du pouvoir attaché autrefois à la *domination* : j'appelle ainfi, dans l'acception rigoureufe de ce mot, l'empire du maître fur fon efclave, & je me fervirai toujours, dans le même fens, de cette expreffion, qui chez les Romains répondit au *defpotifme* des Grecs, & par laquelle on caractérifa le gouvernement des empereurs qui prétendirent être les maîtres, & non les pafteurs des citoyens.

C'étoit auffi le reproche que le vrai pafteur des hommes faifoit aux fouverains : Les rois des nations, difoit-il, s'en rendent les dominateurs, & ceux qui ont du pouvoir fur les hommes, s'en font appeller les bienfaiteurs, parce que, prétendant être leurs maîtres, ils croyent ne leur rien devoir & avoir

droit à tout , & qu'ainsi , donner est une grace , &
ne pas prendre , un bienfait. Mais quelle idée avoit-
il donc de la véritable royauté? Apprenons-le de lui-
même : Vous êtes donc roi , lui dit un affranchi qui
étoit son juge : Oui , je suis roi , répondit-il : je suis
né & je suis venu dans le monde pour rendre témoignage à la vérité, & quiconque aime la vérité, entend
ma voix. La royauté & la vérité sont donc inséparables,
& la raison en est , sans doute , que pour régir les hommes , il faut les connoître tels qu'ils sont , savoir à quelle
fin on les régit , & quels moyens il faut employer pour
parvenir à cette fin ; la raison en est encore , que pour
être obéi par les hommes , autant qu'il est nécessaire
qu'ils obéissent pour être régis, il faut qu'ils con-
noissent les vérités qu'ils doivent connoître , chacun
selon la place qu'il occupe dans la société , & qu'ils
aiment ces vérités.

L'illusion , les fables , les chimeres n'entrent donc
pour rien dans le grand art de régner ; & comme
tout est convention entre les hommes , la premiere
science des rois est celle des faits : ils doivent savoir en quel état étoit leur peuple & ce qu'il vouloit
conserver & obtenir lorsqu'il se donna des rois : ils
doivent distinguer , dans la foule qui les environne ,
les hommes avec qui ils ont contracté , c'est-à-dire ,
ceux par qui ou pour qui ils sont devenus rois , afin
de contribuer , non au bonheur de quiconque viendroit se mettre sous leur protection, mais à leur bonheur & à celui de leur postérité, par tous les moyens
que leur fourniroit l'autorité dont leurs concitoyens
les investirent , mais non pas par toutes sortes de
moyens ; par ceux-là seulement qui sont incompa-

tibles avec la confervation des chofes dont ils eurent la confervation en vue lorfqu'ils s'unirent en
fociété, & lorfqu'ils compléterent leur régime commun, en fe donnant des chefs fuprêmes.

Ce ne fera donc point en traitant du droit arbi-
traire & chimérique de la nature, que l'on décou-
vrira des vérités utiles aux nations, car la nature n'eft
qu'un mot, ou c'eft l'enfemble des rapports qu'il y a
entre tous les êtres créés, entre le foleil, qui échauf-
fe la terre, & la boue qui devient fertile par fa cha-
leur; entre le chardon qui naît fans culture, & l'âne
qui s'en nourrit : ce ne fera pas non plus en differ-
tant poétiquement fur l'*humanité* & fur le *fentiment*,
que l'on perfectionnera les fociétés, & qu'on rame-
nera les magiftrats à l'accompliffement de leurs devoirs, car l'humanité eft l'attribut commun de tous
les hommes, & feroit le titre de devoirs & de droits
égaux & uniformes, ce qui exclut toute idée de fociété particuliere; car, encore, le fentiment ou n'eft
qu'une émotion naturelle qui fait commettre l'adultere & voler du pain pour fes enfants, comme elle
follicite des fecours en faveur du malheureux, ou eft
la confcience des regles de l'équité, qui cefferoit
d'être équité, fi elle confeilloit l'égalité de bienveillance, & de fecours là où il y a inégalité de droits
& de devoirs : ce ne fera point non plus en décou-
vrant les moyens d'enrichir un état, c'eft-à-dire, la
foule quelconque qui s'agite fur une certaine étendue
de terrein, que l'on contribuera au bonheur d'une
nation; car la richeffe ne fait pas le bonheur, & fi
on fe la propofe comme un but principal, on lui
fubordonnera tout le refte, &, dès lors, le maître

fe trouvera fouvent ravalé au deffous de fon efclave,
le propriétaire au deffous de fon colon , parce que
fouvent , & l'efclave & le colon fe trouveront
avoir & plus d'ardeur & plus de talents pour s'enrichir , que le maître qui fe paffionne pour d'autres
chofes , & le propriétaire qui ne veut que jouir.

Ce ne fera point en étudiant l'art d'augmenter la
puiffance du prince , que l'on travaillera à rendre les
citoyens plus heureux ; car fi on l'augmente par des
conquêtes , on diminuera l'attention que le prince
accordoit à fes concitoyens primitifs , après avoir
prodigué leur fang & altéré leurs fortunes : fi on
l'augmente en mettant dans la main du prince plus
de moyens pour s'approprier beaucoup de richeffes ,
& pour , avec ces richeffes , difpofer de plus de bras ,
on lui enfeignera donc à dépouiller plus efficacement
fes concitoyens , & à fe mieux prévaloir de leur indigence pour devenir toujours plus abfolument le
maître de leur vie & de leurs biens ; ce fera l'art
d'amener les peuples au point où étoient les Egyptiens lors qu'ils dirent à leur pharaon : Prenez nos
troupeaux , prenez nos terres , prenez nos perfonnes , mais donnez-nous du pain.

Toutes ces grandes & frivoles théories ne font
donc qu'une charlatanerie dont on ne s'occupe que
quand on a perdu toute idée de fociété politique ,
que les hommes ne fe tiennent plus que par le voifinage , & que le fouverain eft au milieu de fon
peuple comme un propriétaire au milieu de fon
domaine , comme un maître au milieu de fes efclaves , à qui il ne doit que la nourriture & le vête-
ment , & qu'il peut vendre pour en acheter d'autres
à leur place.

CHAPITRE VII.

Qu'il est indifférent sous quelle forme de gouvernement vit une nation, que tout ce qui importe est qu'elle ait les mœurs qui lui conviennent pour que son régime assure sa puissance sans préjudice de sa liberté. Que le meilleur gouvernement paroît être celui où la monarchie complette a corrigé l'aristocratie, & l'aristocratie la démocratie. Que le grand point est que toute justice soit observée, parce qu'il a été donné aux hommes de distinguer avec certitude ce qui est juste de ce qui est injuste, & non de discerner ce qui sera ou ne sera pas le plus utile ; & qu'ainsi, chaque nation doit savoir, non quel est le meilleur gouvernement possible, mais quel est son gouvernement légitime.

Je l'ai déjà dit, mais je le répete encore. Il est très-indifférent quelle forme un peuple a donné à son gouvernement, aussi long-temps qu'il reste lui-même tel qu'il fut lorsqu'il se donna des loix & des magistrats. Toute forme de gouvernement est bonne pour un peuple qui lui-même est bon, parce que la force restant de son côté, il peut être trompé, il peut être séduit, il peut s'enivrer d'admiration jusqu'à l'enthousiasme ; il ne peut pas être opprimé. Mais quel peuple reste toujours bon en ce sens ? & combien faut-il de générations pour que la paresse indigente fasse, d'une partie des citoyens, des satellites tout dressés pour la tyrannie, pendant que la vertu trop amollie des autres, les rend capables de beaucoup souffrir ? Combien doit-il s'écouler de généra-

R 4

tions avant que la multiplication des jouiſſances four-
niſſe à l'ambition des motifs, & lui offre des objets
très-différents du zele patriotique & de l'amour de
la gloire ? Alors l'union, qui eſt l'eſſence de toute
ſociété, eſt en danger, & la fin de l'aſſociation, qui
eſt le bonheur des citoyens, eſt bien près de n'être
plus celle que ſe propoſe la partie la plus active, &
tôt ou tard la plus puiſſante de la ſociété.

Lequel vaut le mieux alors de riſquer l'eſſence de
la ſociété, ou de l'expoſer à manquer ſon but ? C'eſt
une queſtion que l'on ne diſcute jamais, quand le
moment eſt venu d'opter entre l'un & l'autre de
ces inconvénients. Mais l'impoſſibilité dont il eſt,
que toute ſociété ne finiſſe par ſe diſſoudre, ou par
avoir un chef unique, qui garantiſſe ſon union, en
la confondant, pour ainſi dire, avec l'unité de ſa perſonne, eſt une forte raiſon de croire que le meilleur
de tous les gouvernements ſeroit celui qui ſeroit tellement monarchique, qu'en lui ôtant ſon monarque
on lui laiſſeroit une très-bonne ariſtocratie, & qu'en
lui ôtant ſes grands on en feroit une excellente démocratie.

Tel fut pendant environ quatre cent ans le gouvernement des Hébreux ſous des juges qui étoient
de véritables monarques, ils jouiſſoient de tous les
avantages du gouvernement monarchique. Sans juges, ils avoient dans leurs anciens tout ce qui carac-
tériſe l'ariſtocratie. S'ils n'avoient point eu d'anciens
ils auroient encore eu dans les princes des tribus,
des lignées & des familles des chefs aſſez puiſſants
& aſſez reſpectés pour préſerver leur démocratie de
la confuſion & des déſordres de l'anarchie.

Le gouvernement fous lequel vécurent les Ifraélites pendant quatre cent ans auroit donc été le meilleur que la fageffe humaine puiffe imaginer, fi l'u-
nion fociale n'avoit jamais été altérée chez eux; mais
elle le fut fouvent tantôt par la rivalité des tribus,
tantôt par celle des grands, & plus fouvent encore
par l'oubli de la religion, qui confacroit leur frater-
ternité & leur interdifoit les alliances étrangeres.

Dirons-nous que c'étoit un vice du gouvernement
établi par le législateur des Hébreux ? Nous ne le
dirons pas; car nous faifons profeffion de croire que
ce législateur fut l'interprete de la divinité, & nous
avons obfervé ailleurs que Dieu même défapprouva la
réfolution que prirent enfin les Ifraélites de fe donner
un roi ; leur régime eut des inconvénients, parce
qu'ils furent eux-mêmes très-vicieux; mais il eut été
excellent s'ils avoient été plus fidelles à obferver la
loi qui devoit régler leurs mœurs.

Ne croyons pas, aurefte, que ce régime ait été particulier aux Hébreux, & que nous ne puiffions juger de fa bonté ou de fon imperfection que par l'effai
qu'ils en firent. Nos peres fe gouvernerent de même,
& quand je dis nos peres, je veux parler des Francs
& des Gaulois. Chez ces deux nations qui fe font
confondues pour compofer la notre, la royauté fut
un fupplément à la conftitution qui pouvoit fubfifter
fans elle. On l'ajouta à la forme du gouvernement
ou on l'en retrancha, à volonté & fuivant les circonftances, fans que la cité ou la nation éprouvât
aucune crife funefte, & fans même qu'il fût befoin
d'exterminer la famille qui lui avoit donné des rois.
Chaque cité avoit ou n'avoit pas un roi felon qu'elle

le jugeoit à propos ; & la nation même fe donnoit, ou
ne fe donnoit pas, un généraliffime ou empereur, le
prenoit dans une cité ou dans une autre, felon les
circonftances, & fans qu'il en réfultât aucun inconvénient, foit pour la liberté, foit pour l'union
fociale, qui faifoit un feul corps de toute la nation
Gauloife, & un autre corps de toute la nation à laquelle on donnoit fpécialement le nom de Germain,
& qu'on appella depuis les Francs, ou Germains libres, pour les diftinguer des peuples qui habitoient
les deux Germanies Romaines. C'eft que chaque
famille avoit fon régime, qui lui auroit fuffi, fans la
néceffité de fe défendre avec de plus grandes forces ; que chaque tribu ou canton avoit de même fon
régime qui lui auroit également fuffi, s'il n'eut pas
été trop dangereux de multiplier à l'infini la néceffité de combattre & de fubdivifer à l'excès les forces avec lefquelles il falloit fe défendre, & qu'enfin chaque cité avoit auffi fon régime abfolu en lui-
même, mais tellement conftitué, qu'il pouvoit fe
combiner avec le régime de plufieurs autres cités,
pour compofer un régime commun à toutes. Dans
chacune de ces gradations l'unité de chef fe combi-
noit avec la pluralité des grands & l'univerfalité
des citoyens pour compofer un gouvernement parfait ; & par-tout la naiffance faifoit les ainés & les
grands ; la réputation, le crédit, la faveur publique
faifoit les chefs ; la fupériorité d'audace, de forces,
ou d'exploits donnoit à la famille, à la tribu, à la
cité qui l'avoit acquife le droit de faire reconnoître
fon chef particulier pour le chef commun de la fo-
ciéte, qui fe compofoit de plufieurs familles, de plufieurs tribus, ou de plufieurs cités,

Les jaloufies des grands & les rivalités des cités
ouvrirent les Gaules à Jules-Céfar, & lui en facilite-
rent la conquête. Les mêmes folies ouvrirent la Germanie à Augufte, & lui en auroient affuré la conquête, fi les Germains euffent connu affez de jouiffances, ou euffent été affez attachés pour préférer
quelque chofe à la liberté; mais trop fimples dans
leurs mœurs pour avoir befoin d'être riches à la maniere des Gaulois & des Romains, & trop pauvres
pour foutenir le courage de leurs ennemis par l'efpoir du butin, ils fe trouverent impropres à la fervitude, & n'eurent bientôt plus de guerres avec les
Romains que parce qu'ils les attaquerent; or, pour
attaquer à leur choix, ils n'avoient pas befoin d'une
union bien étroite ni de ligues générales.

La Germanie ne fe réunit donc plus fous un chef
commun, ou fous un généraliffime, jufqu'au moment
où les Allemands, d'un côté, voulurent l'afservir, &
où, de l'autre, il fallut oppofer une grande maffe aux
maffes énormes qui s'ébranloient & s'entrechoquoient
autour d'elle. Ni Clodion, cependant, ni Childeric, ni
Clovis, ne furent rois de toute la nation; ils en furent les généraliffimes, & chaque tribu ou chaque
cité eut fes chefs particuliers, quel que titre qu'on
leur donnât.

Si nous jugeons de la bonté des gouvernements
par la fortune des nations, celui de la Gaule au temps
de l'irruption des Cimbres, fut meilleur que celui
des Romains au temps de l'irruption des Barbares
dans les Gaules, & celui des Germains fut meilleur
que celui des Gaulois; mais prenons garde de confondre l'effet des mœurs avec celui du gouverne-

ment, ou plutôt diſtinguons le vice du gouvernement qui fait la foibleſſe des peuples par défaut d'u-
nion & de concert, de celui qui n'affoiblit les peuples qu'en provoquant la corruption des mœurs :
avec de bonnes mœurs un peuple, dont le gouvernement eſt défectueux, peut être heureux & très-
puiſſant, ſur-tout pour ſe défendre, & il n'y a point
de bon gouvernement, quelle qu'en ſoit la forme,
pour un peuple qui n'a point de mœurs. Ainſi le meilleur gouvernement n'eſt pas préciſément celui qui
aſſure le mieux l'union par laquelle exiſte la ſociété,
ſans quoi le deſpotiſme pourroit être le meilleur des
gouvernements, ce n'eſt pas non plus celui qui rend
les citoyens les plus heureux, de quelque maniere
que ce ſoit, autrement le gouvernement ne ſeroit
nulle part meilleur que chez les nations qui ont atteint le plus haut point de la proſpérité, & l'expé-
rience prouve, qu'à cette époque les ſociétés ſont
bien près de leur ruine. Le meilleur gouvernement
eſt donc celui qui eſt le plus favorable à la formation, au perfectionnement & à la propagation des
mœurs par leſquelles les hommes ſont vraiment ſo-
ciables, c'eſt-à dire, ont des préjugés & des habitudes qui leur faiſant ſentir vivement le beſoin
d'être liés avec leurs ſemblables leur rendent inſuffiſant le bien dont ils jouiroient ſeuls, & leur font
deſirer celui qu'on n'acquiert qu'en ſe rendant utile
à la choſe publique ; l'eſtime de ſoi-même, la louange,
la gloire, la proſpérité de l'enſemble, dont on ſent
que l'on n'eſt qu'une portion, & dont on n'imagine
pas que l'on puiſſe être ſéparé, comme on ne conçoit pas qu'aucun individu puiſſe ſe faire lui-même

le centre de tout ce qui l'environne, & de son propre bonheur, le but & la fin de toutes ses actions.

Tout gouvernement, dis-je, qui est le plus propre à fortifier les préjugés & les habitudes, dont
tel est le résultat, est le meilleur que puisse avoir un
peuple, quelle qu'en soit la forme, & aussi quel que
soit le territoire qu'il habite, le climat sous lequel
il vit, les fondements sur lesquels a été bâti l'édifice de sa constitution; car ces choses peuvent va-
rier en plusieurs manieres, & nécessiter des variétés
dans le gouvernement, si celui-ci doit être le meilleur possible pour chaque peuple.

Il est donc, en effet, très-inutile de disserter sur la
question tant de fois agitée de la préférence due à
une forme de gouvernement sur toutes les autres.
Il n'y en a pas une qui soit absolument la meilleure,
puisqu'il n'y en a aucune qui convienne également
à tous les peuples, sous tous les climats, quel que
soit leur genre de vie, le sol qu'ils occupent, l'é-
tendue de leur territoire, leur maniere d'en jouir,
leurs opinions primitives, le nombre des individus
qui les composent, la position de leur pays, & sa
situation relativement aux pays voisins.

Mais ce qu'il est vraiment utile de connoître, ce
qui doit être l'objet des recherches les plus sérieuses,
c'est la véritable nature du gouvernement sous lequel
on vit, c'est la base sur laquelle il a été élevé, ce
sont les changements qui ont pu altérer cette base.
Quand on est parvenu à cette connoissance, on
peut dire : Cela est juste, & cela n'est pas juste; mais
qui osera dire avec la même assurance : Cela est utile
ou cela est pernicieux ?

· Et quelle différence entre le confentement que les
hommes accordent à la preuve du jufte ou de l'injufte , & celui qu'on leur extorque à l'opinion d'une
plus grande utilité, ou d'un plus grand inconvénient !
La juftice démontrée fubjugue tous les hommes , &
il eft d'autant plus facile de la leur démontrer, qu'ils
font plus droits ; elle étouffe tous les murmures , elle
néceffité , pour ainfi dire, la réfignation. L'utilité ne
fe démontre qu'hypothétiquement , ou plutôt on ne
la démontre pas. La fageffe humaine eft trop bornée ,
& l'avenir trop impénétrable ; en un mot, il y a entre l'utilité & la juftice la même différence qu'entre
l'avenir & le paffé , parce qu'en effet l'utilité doit
s'étendre au temps qui n'eft pas encore, & que la
juftice réfulte de ce qui eft déjà arrivé ; c'eft-à-dire,
des conventions que les hommes ont faites entre eux.
· Si quelqu'un doute de ce que je dis ici , qu'il con-
fulte les annales de tous les peuples , & qu'il me faffe
voir qu'une fois feulement, la juftice étant , d'un
côté & de l'autre , une utilité que l'on prétendoit
être démontrée , on ait pu fe féliciter long-temps
d'avoir préféré l'utilité à la juftice. La raifon en eft ,
fans doute, que le créateur des hommes qui les mit
fur la terre pour y devenir bons , bien plus que pour
y être fortunés ; leur donna une regle fûre pour di-
riger leur conduite les uns à l'égard des autres , &
qu'il n'entra pas dans l'économie de fa providence ,
de leur accorder ni une prévoyance infaillible , ni
une fageffe fans bornes. Auffi le fentiment de la juftice eft-il commun à tous les hommes , c'eft l'inftinct
de leur efpece , & il en naît un befoin auffi inquie-
tant que tout autre. La prévoyance eft , au contraire ,

une faculté rare, la fagefle une qualité encore plus
rare. Dieu la donne avec parcimonie ; il ne donne
pas de même l'inftinct de la juftice. Il a créé l'efpece avec cet inftinct. En vain on objectera que ce
qui eft jufte chez un peuple ne l'eft pas chez un autre, que le vol étoit permis à Sparte, que l'adultere
y étoit autorifé ou toléré & autres faits femblables dont on pourroit faire un recueil auffi ample
qu'inutile ; tout ce que prouvent de pareils exemples c'eft que tous les peuples ne fe font pas accordés à pofer les mêmes bafes, & qu'ayant élevé l'édifice de leurs loix civiles & de leur conftitution fur
des bafes différentes, ils fe font diftingués les uns
des autres par des varietés analogues à ces différences dans leurs principes fondamentaux. Ou l'éducation commune des enfants aux dépens & fous l'inf-
pection de la république étoit établie ; ou il n'y avoit
point de fortune privée, ou la force, la beauté, le
courage, l'efprit étoient la propriété la plus précieufe
des citoyens ; les femmes qui avoient elles feules tout
l'embarras de la premiere éducation de leurs enfants ;
pouvoient fans beaucoup d'inconvénients leur choifir
un pere, & ce mariage ne donnoit aux époux que le
droit de fatisfaire fans violence & fans trouble un
befoin impérieux, que les loix & les mœurs écono-
mifoient, pour le rendre plus vif & plus durable :
dans une fociété ainfi conftituée, le vol ne pouvoit
être non plus qu'une efpece de plaifanterie, parce
qu'il n'étoit pas poffible qu'il altérât la fortune des
citoyens, & produisît le découragement.

Mais, c'eft affez nous arrêter à une objection que
nous avons prévenue en établiffant que tout eft con-

vention entre les hommes , & que la juftice eft pour
eux l'accompliffement des promeffes mutuelles qu'ils
fe font faites.

Nous répétons hardiment cette affertion , & nous
en rapprochons avec confiance cette autre affertion,
qu'entre Dieu & l'homme la juftice eft de même
l'accompliffement de leurs promeffes mutuelles, avec
cette feule différence que Dieu ayant tout créé, &
tout donné avant de rien exiger , & n'exigeant rien
que ce qui tend à la perfection de fon ouvrage , par
la multiplication , le perfectionnement & le bonheur
de ce qu'il a créé , les promeffes de l'homme font
des obligations qu'il contracte pour fon propre bien,
envers lui-même & envers fes femblables, confor-
mément aux rapports que Dieu a établis entre lui &
l'homme, entre chaque homme & fes femblables,
& entre l'efpece humaine & les autres créatures qui
l'environnent , au lieu que les promeffes de Dieu
purement gratuites dans leur principe , ne font que
l'expreffion de fon amour pour fes créatures, &
n'ont d'autre motif que cet amour , & d'autre but
que fa gloire, qu'il fait confifter dans la plus grande
perfection & dans le plus grand bonheur poffible
des êtres qu'il a créés ; mais Dieu n'en eft pas moins
tenu à fe juftifer aux yeux de l'homme qu'il a créé,
capable de le juger, & fa juftification eft dans la fageffe de fes loix , c'eft-à-dire , dans leur parfaite
analogie avec les rapports qu'il a établis entre fes
créatures , dans la profpérité & le bonheur des hommes , & des peuples qui fe conforment à ces loix,
dans le malheur de ceux qui les violent, malheur vi-
fible & très-réel des peuples, dès que leur mefure

eft

eſt comblée ; malheur également réel, mais ſouvent
différé & quelquefois inviſible , des individus. Voilà
auſſi pourquoi ce ne ſera qu’à la fin des ſiecles que
Dieu ſera pleinement juſtifié aux yeux de tous les
hommes, & qu’il ne l’eſt ici-bas qu’à ceux de l’homme juſte qui croit fermement, & ſouvent contre les
apparences, à ſes promeſſes & à ſes menaces.

Il faut preſque la même foi à l’homme ſimple pour
croire qu’une ſociété dont toutes les baſes ſont détruites , ſera infailliblement malheureuſe ; mais l’homme éclairé, qui ſait quelle eſt l’ame de la ſociété,
prévoit ſa mort & les funeſtes convulſions qui doivent la précéder, quand il voit prévaloir les intérêts incompatibles des individus ſur l’intérêt ſocial,
& qu’aux principes conſtitutifs d’une ſociété il voit
ſuccéder & s’entre-détruire des maximes que l’eſprit
de ſyſtême érige en principes immuables, & qui ne
le ſont pas plus que les regnes, les miniſteres & les
conjonctures. De là, l’homme ſage voit naître la fluc-
tuation des opinions, l’incertitude des droits, & la
rechûte des individus dans un chaos, qui n’eſt ni l’é-
tat de nature, ni l’état de ſociété, mais un état mitoyen entre celui de l’homme ſauvage qui n’auroit
aucune liaiſon avec ſes ſemblables & ſe ſuffiroit à
lui-même, & celui de l’homme civiliſé à qui des
beſoins multipliés & ſon impuiſſance perſonnelle rendent néceſſaire le ſecours de ſes ſemblables ; c’eſt-à-
dire que le citadin s’iſole comme le ſauvage &,
comme lui, ne s’occupe que de lui-même, mais en
tirant tout le parti poſſible de ſa poſition au milieu
d’une multitude d’hommes, auprès deſquels l’enchaî-
nent ſes beſoins.

Partie II.   S

CHAPITRE VIII.

Des loix fondamentales. Ce qu'il faut entendre par là. Comment elles peuvent être différentes chez les différentes nations. Comment elles sont indestructibles, tant que subsiste la société qui se forma sur ces bases. On examine le prétexte le plus plausible de leur abolition, qui est l'inaptitude des citoyens à jouir de leurs droits, & à remplir leurs devoirs primitifs, & l'on fait voir combien il est frivole. Qu'au lieu de se prévaloir de l'avilissement de sa nation, un prince doit la régénérer.

JE parle peut - être une langue que n'entendent pas mes lecteurs ; mais malheur au peuple dont les magistrats sont des enfants ; malheur aux magistrats qui se mêlant de gouverner n'ont pas les premieres notions de l'art qu'ils exercent ; malheur aux hommes qui se disent citoyens, & qui croient ne l'être que pour jouir du bénéfice de la civilisation. Ils sont méprisables aux yeux de la raison, & ils seront maudits de la postérité, si pourtant ils ne vivent pas assez pour devenir dignes de pitié. C'est une vermine qui se nourrit du cadavre d'un mourant, & qui sera étouffée dans la fosse où il va achever de pourrir.

Je prévois que mes lecteurs m'abandonneront, pour la plupart, & me décrieront ensuite comme un superstitieux fanatique & visionnaire, qui croit rendre des oracles, & ne s'entend pas lui-même. Mais quelques-uns peut-être s'obstineront à me suivre dans un examen aussi important que celui dont je m'octupe ; & , dans le petit nombre de ceux qui m'entendront, peut-être s'en trouvera-t-il un ou deux qui auront la confiance du souverain , & qui du moins retarderont de quelques années la ruine d'une nation. Quelle que soit cette nation , je n'aurai pas écrit en vain. Si c'est la mienne , j'aurai obtenu tout ce que je puis espérer.

J'ai parlé de principes constitutifs , de bases , de principes fondamentaux , que j'ai supposé pouvoir n'être pas les mêmes chez tous les peuples, & dont la différence nécessite , selon moi , des différences analogues dans la constitution. J'ai dit aussi que le climat, la nature du sol , la position géographique , l'étendue du territoire , sollicitent également des différences entre les formes de gouvernement, dont aucune n'est absolument la meilleure , & qui toutes sont bonnes dans quelque supposition , sans en excepter le despotisme , ou le gouvernement d'une famille par un maître ; ce que j'appelle domination.

Il est temps que j'entre dans les détails qui sont nécessaires pour rendre cette théorie moins abstraite & moins vague.

Ce n'a point été sans de grandes raisons que je me suis permis une longue digression sur l'histoire de ma nation , & que , dans deux ou trois dialogues, j'ai donné l'extrait d'un ouvrage qui ne pourroit être exécuté qu'en un très-grand nombre de volumes. Il faut , avant tout , savoir quels sont les citoyens chez un peuple qu'une longue stabilité paroît avoir identifié avec son territoire & tout ce qui en fait partie. Puisque tout est convention entre les hommes , la cité n'est réellement composée que de ceux qui ont

traité enfemble pour la former, & les droits les plus
facrés, les feuls indeftructibles, tant que les citoyens
ne fe remettent pas en l'état où ils étoient avant de
traiter enfemble, font ceux que leurs auteurs fe firent
les uns aux autres en s'obligeant & en renonçant.

Mais toute multitude d'hommes traitant enfemble
ne s'obligea pas fous les mêmes claufes, ne fit pas les
mêmes rénonciations.

Le Huron ne renonça point à chaffer fur les terres
d'un autre Huron; le Samoyede n'abandonna point
la propriété des rivieres aux feuls riverains; le Scythe
nomade ne fit point vœu entre les mains des autres
Scythes, de combattre jufqu'à la mort pour la défenfe d'un territoire ou d'une ville murée; l'Alain
ne comprit point les hommes réduits en fervitude
dans les propriétés qu'il garantit aux autres Alains;
le Goth ni le Germain ne jurerent pas de refpecter
les bornes qui feroient pofées entre un champ & un
autre champ, & de laiffer la terre inculte, plutôt
que de reculer leurs limites; le Franc, l'Allemand,
le Lombard & le Bourguignon, ne firent pas ferment
de ne pas fe venger, & d'attendre un arrêt précédé
de certaines formalités pour fe réjouir de la punition
d'un injufte aggreffeur; l'Ifraélite ne promit ni à
Dieu, ni à fes freres, de pleurer comme une femme
la mort de fon parent, & de folliciter à la porte de
fa ville la vengeance du fang; le Romain ne s'obligea point à refpecter la maifon de celui par qui il
croiroit avoir été volé, & à attendre, pour en faire
la vifite, qu'un juge l'y eût autorifé : ajouterai-je
que chez plufieurs peuples les citoyens ne fe garan-
tirent pas mutuellement la propriété des femmes qu'ils

auroient choifies ? que, chez beaucoup d'autres, on
ne garantit point aux peres le droit de difpofer de
leurs filles ? que, chez plufieurs, on leur garantit le
droit de les vendre ? que, chez d'autres encore, on
garantit le même droit aux peres fur leurs fils, &
celui même de les faire mourir? ce qui certainement
n'étoit pas garantir envers & contre tous la liberté
& la vie de tous les citoyens nés & à naître.

Voilà pourtant tout ce qu'il paroît y avoir de plus
effentiel dans la fin de l'affociation des hommes entre eux : la sûreté de la vie, la liberté, la propriété,
la certitude morale d'être pere de fes enfants, la
réunion des forces pour la défenfe du territoire ;
il n'y a aucune de ces chofes qui n'ait été négligée
par plufieurs peuples, comme ne devant pas être
garantie aux citoyens par le corps de la cité. Or,
une renonciation de moins eft un droit de plus &
un droit de moins ; de même, une promeffe de
plus eft une portion de liberté de moins & un droit
de plus qu'a la fociété , tandis qu'une promeffe de
moins eft un degré de liberté de plus pour le citoyen,
& un droit de moins pour la cité.

Je n'examine point ici fi les peuples qui omi-
rent tant de ftipulations, qui nous paroiffent effentielles au bonheur des individus & à la profpérité
des états ; eurent tort ou raifon ; mais je prouve par
ces faits que les principes fondamentaux , ou les loix
conftitutives des fociétés ont pu n'être pas les mêmes chez tous les peuples, quoique rien ne paroiffe
fi invariable de fa nature que les befoins primitifs de
l'homme, & les defirs qui en naiffent ; car j'appelle
loix conftitutives ou bafes de la fociété les volontés.

S 3

uniformes que les hommes apporterent dans la fociété en la formant, & les volontés communes qui
réfulterent de celles-là, & de la néceffité de les concilier en les modifiant dans chaque individu, pour
les rendre compatibles. Ainfi, la volonté de fubfifter
fut une volonté uniforme des individus ; mais pour
que la volonté de l'un fut conciliable avec la volonté
de l'autre, il fallut la modifier par des ftipulations,
qui, par exemple, interdifoient la rapine, pour affurer à chacun le fruit de fon travail ou de fes foins,
& autorifoient les échanges pour rendre utile à l'un
fon fuperflu de certaines denrées, & affurer à l'autre
l'ufage des chofes que fon induftrie ne lui procuroit
pas, en retour de celles qu'elle lui procuroit au delà
de fes befoins.

Mais, fi nous fuppofons, dans les individus formant
un contract focial, des préjugés & des habitudes di-
verfes, &, par conféquent, des aptitudes & des volontés différentes, il en réfultera d'autres combinaifons dont le produit fera une plus grande multiplicité de loix conftitutives & des différences notables
entre les affociés. Or, cette diverfité de préjugés &
d'habitudes put réfulter primitivement de la diverfité
naturelle des talents & des inclinations avec lefquelles
les hommes naquirent, & de la diverfité accidentelle des circonftances où ils fe trouverent.

L'extrême fertilité du fol fit les cultivateurs féden-
taires, mous & pacifiques. L'abondance du gibier
dans les pays durs, fourrés & fauvages, fit les chaf-
feurs actifs, vigoureux, errants & belliqueux. Les
vaftes plaines herbées, rafes & aquatiques, firent les
peuples pafteurs. Mais, dans le même pays, un hom-

me fut pasteur , & l'autre cultivateur ; l'un pêcheur ,
& l'autre chasseur ; l'un paisible & laborieux , l'autre
inquiet , fainéant & pillard , chacun suivant ses talents naturels , & les inclinations nées de son aptitude particuliere.

Des diversités pareilles à celles-là dûrent être encore plus marquées , postérieurement à l'état primitif des hommes , chez les peuples qui se composerent
des débris d'autres peuples ; car , entre les individus
qui avoient vécu sous des régimes différents dans
des pays divers , & en qui les inclinations primitives
de leurs peres étoient devenues des mœurs héréditaires & nationales , il n'y eut pas seulement la différence réelle des aptitudes , des inclinations & des
habitudes , il y eut encore celle des préjugés qui
maîtrisent la nature & répugnent à la formation de
nouvelles habitudes. La liberté d'opter resta cependant à tous les individus ; car , si l'homme belliqueux
ne voulut s'associer avec le lâche qu'à condition
d'avoir part aux fruits de son travail : celui-ci put
emprunter du courage de son indignation , combattre le brave & mourir , ou devenir aussi brave que
lui. Si celui qui avoit été noble dans la société dont
il avoit fait partie , vouloit porter ses prétentions
dans la nouvelle société qu'il étoit sur le point de
contracter avec des hommes qui n'avoient point de
pareilles prétentions : ils pouvoient méconnoître les
siennes , ou en former de semblables ; & alors , ou
la société ne se formoit pas , ou elle ne se formoit
que sous la condition de l'égalité. Si celui qui étoit
riche , comme on le fut autrefois , de richesses mo-
biles , c'est-à-dire , en esclaves & en troupeaux ,

prétendoit jouir de quelques prérogatives à raifon de
fon opulence : on pouvoit ne pas contracter avec
lui, ou ne le recevoir dans la fociété qu'à condition
de partager fa fortune, ou à condition qu'en la con-
fervant il feroit dans tout le refte l'égal de fes futurs
concitoyens. Si celui qui avoit des efclaves, & qui,
avec ce moyen de plus pour garder, foigner & cultiver, prétendoit prendre plus de terre, & nourrir
plus de troupeaux, paroiffoit être un affocié trop
dangereux : on pouvoit exiger de lui qu'il affranchît
fes efclaves, comme les Alains les mettoient en liberté par-tout où ils étoient les plus forts ; &, s'il
n'y confentoit pas, on pouvoit l'exclure de l'affociation. S'il fe préfentoit un homme qui eût des camarades affidés, des clients, des vaffaux, des pé-
neftes, & qui vouloit les faire recevoir avec lui dans
la fociété, mais fous la réferve de fes droits à leur
fidélité, & de leur attachement à fa perfonne : on
pouvoit lui propofer la loi de l'égalité, &, s'il ne
l'acceptoit pas, on pouvoit l'exclure de l'affociation.
Si un homme ambitieux & accoutumé à l'inégalité, propofoit, ou que le plus brave reçut des ré-
compenfes qui le tiraffent de l'égalité, lui & fa poftérité, ou que celui qui auroit paffé par les grands
emplois tranfmit certaines prérogatives à fes enfants : on pouvoit rejeter cette propofition, & ftatuer que, ni la valeur, couronnée par de grands fuccès, ni l'illuftration des emplois n'amélioreroient en
rien la condition d'aucune famille.

Mais du moment où le lâche eut dit en lui-même :
J'ai befoin du brave pour me défendre, il faut que
je me l'affocie aux conditions qu'il exige ; du mo-

ment où l'homme vulgaire eut dit : Cet homme eſt
noble, en effet, & en m'aſſociant à lui, je donnerai
à la communauté, dont je vais faire partie, un luſtre
qui la fera reſpecter par ceux qui réverent la nobleſſe,
& un principe de ſubordination qui pourra lui être
utile ; je ne puis, d'ailleurs, exiger qu'il ſoit mis de
niveau avec tel & tel, qui eux-mêmes ne voudroient
pas que je fuſſe plus qu'eux :

Du moment où le pauvre eut dit : Les richeſſes
de cet homme opulent deviendront en quelque ſorte
les miennes, dès qu'il ſera mon concitoyen ; il me
paiera des ſalaires, ſi je travaille pour lui ; je gagne-
rai avec lui, ſi nous commerçons enſemble ; il fera
la guerre ſans ſolde, & en ſoudoiera ou en nourrira d'autres & moi-même, peut-être, s'il faut re-
pouſſer quelque ennemi ; accordons-lui ce qu'il ne demande qu'à condition de contracter de plus grandes
obligations ou de nous donner la préférence de ſes
bienfaits ; car, encore qu'il ſoit plus riche, il ne con-
ſomme pas plus qu'un autre :

Du moment où la foule qui n'avoit point d'eſclaves eut conſenti à recevoir dans l'aſſociation le
riche qui en avoit, parce qu'aucun de ceux qui
compoſoient cette foule, ne renonçoit à l'eſpérance
d'en avoir lui-même, & auſſi parce que ces eſclaves
faiſoient une partie eſſentielle de la richeſſe de celui
à qui ils appartenoient ; attendu que le travail d'un
homme diſcipliné vaut mieux que ſa ſubſiſtance, &
encore parce que ce n'étoit pas la terre qui manquoit
à la ſociété naiſſante :

Du moment où l'homme iſolé eut approuvé que
le chef de pluſieurs braves entrât dans l'aſſociation,

avec fa troupe toute formée , dans l'efpérance d'être mieux protégé , & peut-être avec celle d'être reçu dans cette troupe, ou de s'en former lui-même une femblable :

Du moment, enfin, où il fut convenu que le plus vaillant feroit le plus honoré , & tranfmettroit à fes defcendants le prix de fes exploits , ou que la gef-tion des grands emplois feroit , pour la poftérité du magiftrat , un titre pour parvenir avec plus de faci-lité aux mêmes emplois :

Du moment, dis-je , où telles eurent été les con-ventions des contractants , il ne leur fut plus libre de fe retracter , fans renoncer à tous les avantages paffés , préfents & futurs de l'affociation ; il fallut fe bannir foi-même , pour réfilier le pacte fait par foi-même ou par fes aïeux ; ou bien il fallut que la fo-ciété fût pleinement diffoute par une guerre civile , & fe renouvellât enfuite à d'autres conditions ; mais nulle autorité légale ne pût dépouiller les citoyens de leurs prérogatives , parce qu'il ne peut exifter , dans une cité déjà formée , une autorité plus grande que n'eft celle de la cité elle-même.

Or, la cité n'a pas droit de fe diffoudre , & elle fe diffoudroit de droit , fi elle réfilioit le pacte , à raifon duquel elle exifte. Ce n'eft pas à dire que les citoyens privilégiés ne puiffent renoncer à leurs pré-rogatives ; mais pour que cette renonciation foit va-lable, il faut qu'elle foit parfaitement libre , & qu'on ne fe prévale pas contre eux , pour la leur extor-quer , de la foibleffe à laquelle les a réduits l'état de fociété. Cet état eft une minorité perpétuelle , pen-dant laquelle on ne peut rien perdre que par mal-heur , ou par fa propre faute.

La preuve de cette vérité, qui est d'une très-grande importance, est dans l'évidence de cet axiome, que la puissance du dépositaire ne l'autorise point à s'approprier le dépôt qui lui a été confié. Les droits de chaque citoyen sont un dépôt confié à la cité : la force & la liberté de l'homme indépendant, qui pouvoit se donner, ou ne pas se donner à la cité, sont un autre dépôt qu'il a confié de même à la cité ; le dépouiller de ses droits, en lui rendant sa force relative & sa liberté primitive, seroit une injustice, puisqu'on n'est pas libre d'annuller un pacte précisément parce qu'on veut l'annuller ; mais le dépouiller de ses droits, sans le remettre précisément au même état où il étoit lorsqu'il les stipula, seroit une iniquité atroce ; &, dans le fait, tel sera toujours le crime de la cité ou du magistrat qui dépouillera un citoyen ou un ordre de citoyens de leurs droits, parce qu'il est impossible de remettre toutes choses, précisément en l'état où elles étoient, lorsque ces droits furent accordés & garantis par la société naissante.

Un citoyen étoit riche, il s'est appauvri dans la société, au profit de ceux qui lui envient aujourd'hui ses autres prérogatives ; il avoit le choix entre un pays & un autre pays, une société & une autre société : ce choix ne lui reste pas, car où est la société nouvelle qui se forme ? où est le pays où il trouvera des terres qui n'aient besoin que de bras & de mobilier pour être mises en valeur, & qu'il puisse occuper avec des avantages pareils à ceux avec lesquels il se présenta pour fertiliser une portion du territoire qu'on lui propose de quitter ? il étoit aussi mobile que l'hirondelle, fans habitudes, fans parents, fans affections ; mille chaînes le lient aujourd'hui, & c'eft à un homme garrotté que vous propofez de fuir, s'il ne veut être écrafé !

Aucune autorité, aucun préjugé encore, aucune crainte ne fubjuguoient fon ame, & vous croyez qu'il eft auffi libre aujourd'hui qu'il le fut alors, aujourd'hui qu'il a contracté l'habitude du refpect & de la crainte, & qu'il a pris d'autres opinions ?

C'eft une illufion que l'option que vous lui donnez ; c'eft une raillerie amere, & vous favez bien vous-même qu'il n'a pas la liberté du choix.

Ce que je dis d'un individu & d'un ordre, je le dis d'une nation entiere, en tant qu'elle eft foumife à un magiftrat qu'elle a revêtu d'un grand pouvoir : cette nation eft mineure, tant que fubfifte le pouvoir du magiftrat ; elle ne peut, ni être dépouillée de fes droits, ni les perdre par le non-ufage, ni s'en dépouiller elle-même irrévocablement, par erreur, par méprife, par foibleffe, par ignorance : elle a un tuteur pour l'éclairer autant que pour la régir ; pour maintenir fes droits, autant que pour en régler l'ufage ; il ne peut fe prévaloir contre elle, ni d'une méprife qu'il devoit lui faire éviter, ni d'une ignorance dans laquelle il ne devoit pas la laiffer, ni d'une foibleffe dont il eft coupable puifqu'il devoit l'en préferver, ou qui n'exifte que parce qu'il eft cruel & barbare ; toutes les innovations qu'il fait, parce que la décadence de la nation les exige, font de nouveaux attentats, parce qu'il confomme l'aviliffement & la ruine du pupille qu'il a mal élevé ; c'eft un meurtrier qui jette dans la foffe, & recouvre de

terre le cadavre auquel il a ôté la vie. Le confentement tacite , qui n'eſt que le ſilence de la ſervitude
& de la crainte , l'effet de l'imbécillité dont le prince
devoit préferver la nation , eſt une ironie cruelle
d'un tyran qui inſulte à ſa victime ; ce ſilence dé-
poſe contre lui , puiſqu'il prouve qu'il a abruti ſa
nation , ou qu'il s'en fait redouter comme un maître
barbare eſt redouté de ſon eſclave , & il oſe s'en
prévaloir contre elle ! Prince aveugle , ou ſéduit , ſi
tu n'es pas le plus méchant des hommes , ſois juge
entre mon voiſin & ſes pupilles : ce voiſin eſt un
homme puiſſant qui jura la perte de ſon frere , le
ruina par des procès qu'il lui fit & lui ſuſcita , &
le fit mourir , avant le temps , de chagrin & de fa-
tigues ; il ſe rendit tuteur de ſes enfants , qui pro-
mettoient un heureux naturel , & annonçoient des
talents , & à peine les eut-il en ſon pouvoir , qu'il
les relegua à la campagne , où il ne leur donna d'autres maîtres que des valets ivrognes & débauchés :
ils oublierent bientôt le peu qu'ils ſavoient , n'appri-
rent qu'à boire & à chaſſer , ſe ruinerent le tempé-
rament , & ne devinrent hommes que pour être des
objets de mépris , après avoir été des objets de pitié
dans leur enfance. Cependant leur tuteur s'empara
de leurs biens , qu'il acheta frauduleuſement de leurs
créanciers , & ſe promit bien de ne le leur jamais
rendre : avec l'un , il tranſigea comme il voulut ,
parce que c'étoit un ivrogne , qui , pour une bou-
teille de vin , auroit ſigné l'arrêt de ſa mort , s'il
avoit ſu ſigner ; l'autre avoit pris de l'amour pour
une femme vile & débauchée , qui voulut lui donner
le courage de ſe révolter contre ſon oncle ; celui-ci

fe prévalut de la mauvaife conduite, le fit mettre en
curatelle, &, fous prétexte qu'il s'obftinoit à def-
honorer fon nom, par un mariage honteux, le fit
enfermer dans une maifon de force. Quel châtiment
crois-tu que mérite cet homme injufte & barbare ?
Prononce; s'il y a une loi contre de pareilles atro-
cités, fi aucun légiflateur a pu les prévoir ?

Mais non, ne prononce pas; car ce feroit ton arrêt que tu prononcerois; ce feroit du moins l'arrêt
de ton pere, de ton aïeul, de ton bifaïeul, & c'eft toi
leur héritier, qui jouis du bien qu'ils ont ufurpé,
c'eft toi qui te fais des valets des enfants de cet
ivrogne, & qui retiens dans un cachot cet autre in-
fortuné qui n'aura point de poftérité; car il approche de l'âge où il eft rare qu'on fe reproduife.

Dis-moi, maintenant, malheureux héritier d'un
amas de rapines, crois-tu qu'il y ait un Dieu, pere
& pafteur des hommes, dont tu ne fois que le lieu-
tenant ? crois-tu que tu fois d'autant plus roi que
l'image de ce Dieu eft plus défigurée dans cette
multitude que tu confonds orgueilleufement fous le
nom commun de fujets ? crois-tu que le fouverain maître t'ait autorifé à le repréfenter fur terre
pour avilir ce qu'il a rendu capable d'être ennobli,
pour défigurer ce qu'il a rendu fufceptible d'embel-
liffement, pour ramener les hommes à l'amour ex-
clufif des biens fenfibles, & t'emparer d'autant de
ces biens que tu pourrois, afin de dreffer tes fujets
comme un chaffeur dreffe fon chien en lui donnant
du pain & des coups de fouet ? te crois-tu appellé
à rétablir l'état de nature dans l'état de fociété, à
détruire toute fubordination qui n'eft pas un culte

qu'on te rend, tout attachement qui n'eſt pas pour toi, toute crainte que tu n'inſpires pas, toute reconnoiſſance qui n'eſt pas un tribut qu'on paie à la fauſſe généroſité avec laquelle tu prodigues le bien d'autrui? crois-tu que la loi de Dieu ne fut pas faite pour toi? ou es-tu plus qu'un homme pour que tout doive être rapporté à ta gloire & ſubordonné à ta ſatisfaction? qu'es-tu donc? car ſi tu n'es pas un Dieu, tu es un monſtre. Réponds-moi; & ſi l'on a ſéduit ta jeuneſſe, ſi l'on t'a perſuadé que toi ſeul étois chargé de paîtrir de ton mieux une pâte que tes devanciers ont paîtrie à leur gré, & qui déjà s'en va en pouſſiere & échappe entre tes doigts, ſi l'on t'a énivré de ta grandeur en te diſant que toi ſeul as une ame capable de penſer & de vouloir, que cette ame doit ſeule animer des millions d'automates, que tes auteurs firent tout, créerent tout, donnerent tout, que tu peux défaire, anéantir & reprendre pour établir un ſyſtême plus régulier, ſyſtême auquel en ſuccédera un autre quand tu ne ſeras plus, ou que tu auras changé de miniſtres, c'eſt-à-dire, de valets ignorants, entêtés & frippons; reconnois enfin ton erreur & ſache que la royauté ne fut point donnée à tes aïeux pour refondre la nation, pour donner des droits légaux à ceux qui n'en avoient pas, pour ôter leurs prérogatives à ceux qui en avoient, pour changer le gouvernement à leur gré; &, à une ariſtocratie démocratique, ſubſtituer la domination qui ſoigne & régit tout par des économes, des agents fiſcaux, & des juges perpétuels & venaux; qu'on les fit rois pour conſerver à chacun ſes droits utiles & ſes honneurs, en qualité de mi-

niftres de la nation, & qu'ils ne purent donner des
droits aux uns fans altérer les droits des autres,
qu'ainfi tout ce qu'ils appellerent amélioration fut
une détérioration réelle, que tout ce qu'ils nom-
merent des bienfaits fut des injuftices, que tout ce
ce qu'ils appellerent des graces fut des rapines, parce
qu'ils n'avoient rien à eux qu'ils puffent donner, &
que ce qu'ils donnoient à l'un au détriment de l'autre, ils le voloient. Sache qu'un roi eft un confer-
vateur & non un créateur, un régiffeur & non un
maître, un pafteur & non un boucher, un difpenfa-
teur & non un propriétaire, & ne me dis pas que
tout eft déformé & avili, qu'il faut que tu faffes
tout, que tu foignes tout, que tu te charges de tout;
ou bien dis auffi que tu réponds de tout, qu'il n'y a
point de malheurs que l'on ne doive te reprocher,
point de crimes dont tu ne fois coupable, point d'a-
bus d'autorité qu'il ne faille t'imputer; car tu ne
peux rien rejetter fur des miniftres que tu nom-
mes feul & contre lefquels tu ne reçois pas de
plaintes, contre lefquels même on ne t'en adreffera
pas, parce que tu les inveftis d'un pouvoir accablant, & que la crainte ferme la bouche à tous les
citoyens.

Veux-tu favoir maintenant ce que tu dois faire;
car à tant de fautes que tes peres ont faites, tu n'a-
jouteras pas l'extravagance d'abdiquer, ni même la
folie de laiffer échapper tout-à-coup de tes mains
une partie de ton pouvoir, il feroit auffi-tôt ramaffé
par la canaille qui t'environne; écoute donc un apologue qu'un vieux druide récita autrefois à Trajan,
lorfqu

lorſque celui-ci quittoit les Gaules pour ſe rendre à Rome, après avoir été adopté par Nerva :

Dumnorix, dont j'ai vu les petits-fils, avoit été forcé de s'expatrier pour avoir combattu le dernier conquérant des Gaules, & ſon banniſſement dura juſqu'au temps où Antoine, cantonné dans notre pays, fit oublier aux Gaulois qu'ils avoient été ſubjugués pour s'en faire des amis & des alliés contre la faction qui lui étoit oppoſée. Dumnorix oſa pour lors revenir dans ſa patrie, & fut bien accueilli d'Antoine, qui le renvoya en poſſeſſion de ſa maiſon & de ſes biens. Un affranchi de Céſar, Grec de naiſſance & rhéteur de profeſſion, s'en étoit emparé, & avoit, de plus, forcé la femme de Dumnorix à le recevoir dans ſon lit ; il n'en avoit point d'enfants, car on dit que cette infortunée avoit pouſſé la rage contre l'affranchi & ſon mépris pour l'ignoble ſang qui couloit dans ſes veines, juſqu'à étouffer dans ſon ſein les fruits de ſon odieux hymen.

L'affranchi, cependant, avoit pris en amitié trois fils que ſa femme avoit eus de Dumnorix, & s'étoit donné beaucoup de peine pour les bien élever à ſa maniere ; il avoit appellé l'ainé Jules Athenée, en mémoire de ſon patron & de la ville où il étoit né lui-même, & avoit entrepris d'en faire un rhéteur ; il avoit nommé le ſecond Caïus Hortenſius, & il l'élevoit pour être un jour orateur ; le troiſieme, nommé par lui Caïus Valerius, devoit être publicain. Jules Athenée étoit celui de tous qui lui avoit donné le plus de peine, parce qu'il avoit connu ſon pere, & étoit le favori de ſa mere ; mais, enfin, il étoit parvenu à en faire un véritable Athénien ; grand parleur, bon plaifant, & très-entêté du talent de bien dire ; du refte, très-indifférent à la chofe publique, grand partifan du repos, & très-peu enclin au métier des armes.

Caïus Hortenfius avoit encore mieux répondu à fes foins ; il portoit fon mépris pour les anciennes mœurs des Gaulois, jufqu'à fe moquer de fon pere, qu'il appelloit un barbare ignorant & féroce ; le plus jeune des trois ne vouloit pas même qu'on le crût fils de Dumnorix, & fe félicitoit d'être né d'un pere, (il nommoit ainfi l'affranchi) qui avoit été lui-même l'artifan de fa fortune & lui avoit donné un auffi bel exemple à fuivre ; auffi ne rêvoit-il que fermes, entreprifes, procurations, & autres chofes femblables, & il fe chagrinoit férieufement quand il penfoit que le moment pourroit venir où, par bienféance, il feroit obligé de demander la place de fénateur.

Tels étoient les trois fils de Dumnorix, lorfqu'il leur fut rendu, & que l'affranchi fut renvoyé à fon école. Le prince Gaulois inftruit de la conduite de fa femme, lui pardonna de n'avoir pas fu mourir ; il accueillit avec joie tous fes *Baces*, que vous appellez *Ambactes*, & les reçut comme autrefois dans fa maifon ; car aucun d'eux ne s'étoit donné à l'affranchi, qui n'avoit jamais rempli fa *Sala* que d'efclaves & d'affranchis. Quant à fes enfants, vous pouvez penfer quelle fut fa douleur quand il les vit défefpérés de fon retour, & fondant en pleurs au départ du rhéteur. Son chagrin s'accrut encore lorfqu'il les trouva fans aucune connoiffance de l'économie champêtre, paffionnés pour le jeu, ennemis de tous les exercices violents, regardant la chaffe comme le métier des efclaves, la guerre comme la reffource des gueux, les affaires publiques comme le partage des dupes, ou de ceux qui étoient bien payés pour s'en occuper. Si fes baces approchoient de fes enfants, ceux-ci les regardoient avec dédain, ou fe détournoient pour ne pas les voir ; ils maltraitoient, fur-tout, ceux qui ayant fuivi leur pere dans fon exil, en étoient revenus avec les marques d'une vieilleffe précoce, la rudeffe que laiffe l'adverfité foutenue avec courage, & le ton des vieux guerriers qui ont beaucoup fait & beaucoup fouffert. Dumnorix fut fouvent tenté ou de quitter fa maifon & fa patrie, ou d'en chaffer fes enfants, & la groffeffe inefpérée de fa femme étoit devenue pour lui une raifon de s'arrêter à ce dernier parti, lorfqu'elle mit une fille au monde. Les dieux veulent donc, dit-il, que ma maifon s'éteigne avec moi ! car ce ne feront pas ces trois fils dégénérés & dénaturés qui la perpetueront. Ce Jules Athenée fera-t-il un des princes de fa cité, le chef d'un nombreux vaffelage ? Dois-je efpérer qu'un Caïus Hortenfius puiffe jamais être compté entre les chevaliers Gaulois ? & ce Valerius, qui veut être le fils d'un affranchi pour n'avoir pas à rougir de la baffeffe de fon ame, donnera-t-il des héritiers à mes braves aïeux ? La femme de Dumnorix fondoit en larmes quand fon époux parloit ainfi, & diffimuloit fon défefpoir plutôt qu'elle n'efpéroit ce qu'elle vouloit que Dumnorix efpérât encore. L'âge de fon mari, qui lui promettoit encore une longue vie, la raffuroit cependant. Les troubles dont étoit agité l'em-

pire Romain augmentoient fa confiance ; elle réndit
enfin quelque efpoir à fon époux, mais ce fut pour
s'attirer à elle-même un nouveau chagrin. Dumnorix, réfolu à tout tenter pour ramener fes enfants
aux mœurs qui leur convenoient, prit un jour fes
armes, fit armer fes baces, & charger fes fourgons,
& ordonna à fes trois fils de le fuivre chacun avec
les équipages & la fuite qu'ils jugeroient à propos.
Comme ils ignoroient fon deffein, ils ne douterent
pas qu'ils ne les menât l'un à Lyon, l'autre à Narbonne, & le rhéteur à Rome, où du moins à Mar-
feille, pour leur y faire fuivre les études qu'ils s'obf-
tinoient à ne pas quitter. Leur fuite & leur équipage
furent affortis à leurs deffeins, & ils fe mirent en
marche pleins de joie & d'efpérance. Mais Dumnorix alloit à l'armée, qui dès-lors défendoit la rive
du Rhin, dans la contrée qu'on a depuis appellée
la Germanie inférieure. Il y fut reçu par les chefs
comme leur collegue, & fes baces, comme de braves guerriers, dont la venue étoit d'autant plus agréa-
ble, que l'armée étoit alors très-foible. On vouloit
auffi rendre des honneurs à fes enfants, mais quand
on eut remarqué leur air & leur habillement, &
fur-tout quand on eut apperçu un figne que fit Dumnorix, au lieu des courtoifies militaires qu'on leur
préparoit, on hauffa les épaules, & on leur tourna
le dos.

Je ne vous ennuierai point, invincible empereur,
du long détail de tout ce qui fe fit & fe dit dans le
camp, pendant cinq mois qu'y paffa Dumnorix. Ce
fut le temps des profcriptions, celui où Ciceron
mourut comme un lâche, parce que, felon vos

mœurs, il étoit trop vieux & trop honoré pour aller à la guerre.

Dans ce temps où les armes décidoient de tout,
la milice avoit beau jeu pour bafouer la futilité des
rhéteurs, la vanité des orateurs, l'avarice malheu-
reuse & funeste des trop riches publicains. Il est
temps que je finisse mon histoire, en vous disant
qu'avant de quitter le camp, les fils de Dumnorix
s'étoient déjà rendus novices d'armes sous la baguette
d'un vieux centenier, & qu'ils ne consentirent à retourner avec leur pere que parce que le métier de
la guerre n'étoit pas tout ce qui leur restoit à apprendre, & à condition que les baces de leur pere con-
tinueroient à les exercer, & que leur pere lui-même
feroit leur maître dans les arts, très-neufs pour eux ;
de faire valoir & de régir de grandes terres, sans en
faire l'occupation de toute sa vie, de tenir une grosse
maison sans se ruiner, de se faire aimer dè ses baces sans se mettre de niveau avec eux, & de se com-
porter en braves & magnanimes Gaulois, sans allar-
mer la prudence inquiéte des Romains. C'étoit là ce
que leur pere leur avoit persuadé qu'il falloit savoir,
& de quoi ne leur avoit jamais parlé l'affranchi. Ils
profiterent encore mieux des leçons de leur pere,
que secondoit leur mere, qu'ils n'avoient profité de
celles du rhéteur ; & si je juge d'eux par leurs fils que
j'ai connus, ils ne furent pas indignes d'un pere tel
que Dumnorix.

Que pensez-vous de ce récit du vieux druide,
dit Trajan à l'un de ses amis ? Je pense, répondit
celui-ci, qu'il a enveloppé d'importantes vérités &
une excellente leçon dans cet apologue. Mais si je

voulois l'expliquer dans toutes ſes parties, outre que j'enſeignerois mon maître, je ſerois encore plus prolixe que lui, & je n'ai pas comme lui le privilége de la vieilleſſe. Vous me direz au moins, repliqua Trajan, quelle eſt, à votre avis, l'importante leçon qu'il a voulu me donner. Volontiers, Céſar, repliqua l'ami de Trajan; car il n'y a pas aſſez long temps que vous êtes empereur, & que je ſuis l'ami d'un empereur, pour que je n'oſe ni ne veuille vous dire la vérité.

Depuis que Rome a eu des Octave, des Tibere, des Caligula, des Claude, des Néron & des Domitien pour maîtres, elle n'a plus mis au monde que des avortons, & ſes véritables enfants ont dégénéré au point qu'ils appellent barbarie les mœurs auſteres, la diſcipline, les arts, & les travaux de leurs aïeux. Vous êtes Dumnorix qui revient chez lui après un long exil; ou plutôt Nerva & vous n'êtes qu'un ſeul homme. C'eſt à vous à reformer le peuple Romain; mais n'eſpérez pas que cette réforme ſoit ſans de grandes difficultés, & n'en déſeſpérez pas non plus : c'eſt l'ouvrage de beaucoup de temps & de patience. En vain vous eſpéreriez ce que Claude eſpéra, que Rome vous donnera de nouveaux enfants, qui puiſſent remplacer les anciens. Les Gaulois admis dans le ſénat ont plus pris de nos vices, qu'ils ne nous ont donné de leurs vertus; & d'ailleurs ils ſe ſouviendront toujours qu'ils ſont Gaulois bien plus que Romains. Ce ſeroit encore pis, ſi, en multipliant les affranchis, vous prétendiez renouveller la cité Romaine. Appliquez-vous plutôt à tirer de l'oubli, de l'ignorance & du découragement les rejettons des anciennes races, donnez-leur l'éducation qui leur manque, arrachez les uns à la misere qui avilit, les autres aux écoles des rhéteurs, des grammairiens, & des gladiateurs qui leur gâtent l'esprit & le cœur & qui corrompent leurs mœurs. Rome fut un camp lorsqu'elle fut vertueuse. C'est dans les camps que la jeunesse Romaine reprendra les vertus de ses aïeux, après avoir appris à les estimer, & ne pensez-vous pas qu'il est bien plus aisé à des enfans d'estimer leurs peres, qu'à des étrangers d'estimer les peres de leurs freres d'adoption, & de vouloir leur ressembler ? Ajoutez que vous ne ferez rien que de juste en rendant l'empire des Romains à la postérité des Romains, & que c'est une injustice atroce & funeste qu'ont commise vos prédécesseurs de ruiner & d'avilir les anciennes familles ; &, sous prétexte ensuite qu'elles ne fournissoient plus de sujets ni assez riches ni assez instruits pour occuper les grandes places, de remplir le sénat d'affranchis & de barbares. Ne congediez pourtant pas vos baces, c'est-à-dire vos braves auxiliaires. C'est chez eux encore qu'on retrouve l'antique valeur de nos aïeux. Ne renouvellez pas tout-à-coup votre sénat ; les sujets vous manqueroient pour remplacer ceux qui le remplissent aujourd'hui. Ne vous dépouillez pas non plus trop tôt de l'autorité qu'ont usurpée vos prédécesseurs. Contentez-vous d'abord de n'en pas abuser, afin que les cœurs se dilatent, & que la confiance renaisse. Il faut de la liberté pour être vertueux ; mais il faut l'ombre de l'autorité pour que la vertu ne se dessêche pas en naissant. Commencez par vous former un peuple qui mérite d'être libre. Quand vous l'aurez fait, il sera temps de partager avec lui le gouvernement de la maiſon, en donnant à chacun ſon département, mais en vous réſervant l'autorité paternelle qui met les enfants d'accord lorſqu'ils ſe querellent & empêche qu'aucun d'eux n'attire tout à ſoi.

Trajan penſoit comme ſon ami, & n'eut rien à changer dans ſon plan après l'avoir entendu. L'exécution de ce plan fut l'ouvrage de toute ſa vie & encore la laiſſa-t-il imparfaite. Adrien ne perfectionna rien que la diſcipline des camps, & cependant ce fut au regne de Trajan que l'empire Romain dût quatre-vingt ans de proſpérité, quoiqu'il continuât d'avoir une capitale, où tous les citoyens alloient ſe corrompre & où ſe formoient les tyrans.

Je ne m'étendrai pas davantage ſur ce ſujet, parce que ce n'eſt pas ici le lieu de développer mes idées ſur la regénération des états monarchiques; mais je dois encore obſerver, avant de finir ce chapitre, que s'il n'y a point d'exemple qu'aucune nation ſe ſoit renouvellée ſans avoir été auparavant diſſoute par une criſe violente, c'eſt qu'il n'y a pas d'exemple non plus qu'un prince ait abjuré ſincérement ce malheureux préjugé de tous les princes, que le pouvoir exercé par leurs prédéceſſeurs eſt un dépôt ſacré, dont ils ne peuvent rien abandonner ſans décheoir, &, par conſéquent, ſans ſe déshonorer, qu'ils ne ſauroient en avoir trop pour en faire un bon uſage, & que certainement ils en uſeront bien, puiſqu'ils en ont l'intention, & que rien ne doit leur être difficile. Et pourquoi ce préjugé eſt-il celui de tous les princes, excepté peut-être d'un Trajan, d'un Antonin, d'un Probus, d'un Charlemagne, d'un

Henri IV ? C'eſt que ceux qui leur donnent la pre‐
miere éducation, & qu'on appelle gouverneurs &
précepteurs, eſpérent d'être un jour leurs miniſtres ;
c'eſt que les courtiſans qui leur donnent leur ſeconde
éducation, ſont des valets rampants, avides & or‐
gueilleux, & non des citoyens ; c'eſt, enfin, que les
princes ſont toujours des enfants, & gardent le pre‐
mier penchant & la premiere faculté qui ſe développe
dans les hommes, la faculté de vouloir & le pen‐
chant à commander.

Mais j'ai encore un mot à dire aux ſouverains &
aux partiſans outrés de leur autorité. En quoi con‐
ſiſte la dignité, la grandeur & la gloire des princes ?
eſt-ce dans le nombre & la qualité de ceux qu'ils
gouvernent, ou dans le degré de pouvoir qu'ils ont
ſur leurs ſujets ? Dans l'un & dans l'autre, me répon‐
dra quelqu'un. A la bonne heure, ſi l'un & l'autre
ſont compatibles ; mais ſi le pouvoir ſans bornes ex‐
clut le grand nombre & la qualité, je perſiſte à de‐
mander une réponſe cathégorique. Plus d'un miniſtre
& plus d'un courtiſan répondra que, ſans un pouvoir
ſuffiſant dans le prince, le nombre & la qualité des
ſujets ne ſont ni la grandeur, ni la dignité, ni la
gloire du prince. Cette réponſe n'eſt pas de meil‐
leure foi que la précédente ; car celui qui la fait ne
trouve ſuffiſant que le pouvoir ſans bornes, le pou‐
voir du maître ſur ſes eſclaves, qui fait d'eux ce
qu'il veut, qui s'approprie telle part qu'il veut du
fruit de leur travail, qui les vend quand il veut, &
à qui il veut ; mais puiſque tel eſt le ſens de cette
réponſe, je demande encore ſi ce ſeroit faire beau‐
coup d'honneur à un ſouverain que de le comparer

avec un affranchi Romain, qui posséda cent mille
esclaves, & des terres à proportion, un tiers de l'A-
frique, par exemple ? Personne n'hésitera à rejetter
cette comparaison, comme outrageante, & je dirai
aux souverains : Si c'est le nombre & la qualité des
citoyens auxquels vous commandez, qui font votre
grandeur, & qui ennoblissent votre dignité, lequel
vaut le mieux, ou d'accroître votre pouvoir jusqu'à
l'avilissement de vos sujets, jusqu'à la dévastation
de votre territoire, ou de lui donner de justes bornes, afin que vous puissiez être obéi par des citoyens
vertueux & magnanimes ? & je ne parle pas seulement du pouvoir que vous exercez par vous-même,
celui de tous qui avilit le moins vos sujets, je parle
aussi, & principalement, du pouvoir qu'exercent
vos employés, pouvoir mille fois plus avilissant que
celui que vous vous réservez ; pouvoir sous lequel
ne peut conserver aucune dignité, aucune énergie,
aucune confiance en son état, aucun honneur, le
citoyen médiocre qui n'ose le braver, parce qu'il
est trop loin de vous ; pouvoir, par conséquent qui
extermine les familles qui ne peuvent consentir à
leur avilissement & ne peuvent l'éviter, qui plonge
dans la fange celles qui ne peuvent ni s'éteindre ni
s'élever à une certaine hauteur, & auquel n'échappe
que le petit nombre de celles qui s'élevent sur les
ruines entassées de vingt maisons, & vont se corrompre dans votre capitale ou s'avilir elles-mêmes
à votre cour, pendant que leurs sujets meurent de
faim, ou vivent de rapine, & que leurs régisseurs
gagés ou intéressés démolissent leurs châteaux pour
se bâtir des maisons d'où il ne sortira jamais que

des affranchis lâches , avides , fans foi , fans mœurs ,
fans patriotifme , enfin fans aucune vertu. Voilà à
quoi fe réduit votre nation fous ce pouvoir dont
vous êtes fi jaloux , & que vous prodiguez fi témé-
rairement , en le confiant fans mefure à des hommes
nouveaux , dont les peres ne fonderent point votre
empire avec les vôtres que vous ne connoiffez pas ,
que vous n'examinez pas , & qui , pour leur argent ,
fe trouvent placés dans l'amphithéatre ; où , comme
Titus & Néron , vous jettez au hafard les billets de
votre lotterie.

Eft-ce là un gouvernement & qu'efpérez - vous
de cette étonnante adminiftration ? Le premier homme qui , après s'être un peu décraffé , fe préfente
avec une robe noire dans l'anti-chambre de vos miniftres , eft jugé capable d'exercer votre autorité
dans une province , c'eft-à-dire , d'y gouverner tout ,
d'y foigner tout , jufqu'à la reconftruction des clo-
chers , & au gravier des chemins ; & vous croyez
que dans tous les habitants d'une province il n'y
a pas affez de bon fens pour gérer les moindres affaires , affez de fidélité pour que la révolte ne fe
trame pas par-tout où il y aura vingt hommes affemblés , affez de droiture pour fe concilier fur les moindres intérêts ? vous fuppofez que tous les citoyens
font des automates , tant que vous ne leur avez pas
donné une ame , & vous agiffez en conféquence ,
c'eft-à-dire , que vous travaillez à en faire vraiment
des automates ?

Ce n'eft plus là le gouvernement monarchique ,
j'en conviens , c'eft la domination la mieux carac-
térifée ; mais on honore encore du premier de ces

noms qui, en effet, ne défigne rien par lui-même
que l'unité de chef, des gouvernements qui ne différent en rien de celui d'un domaine exploité par
des efclaves, fi ce n'eft en ces deux points que le
propriétaire du domaine & des efclaves eft obligé
de pourvoir à tous leurs befoins, ce que ne peut
ni ne veut faire le defpote, & que les efclaves étant
un bien réel & venal, c'eft-à-dire utile quand on le
polféde & utile encore quand on le vend, leur maître a un intérêt prochain & fenfible à les foigner, &
à n'en rifquer la perte ni par la fuite, ni par la mifere, ni par le défefpoir. Au lieu que le defpote voit
toujours la foule affez grande pour ne pas craindre
de manquer de rien, & eft fervi par des agents à
qui il importe peu qu'après eux il ne refle qu'un défert dans la contrée qu'ils auront tyrannifée, pourvu
que, pendant la durée de leur commiffion, ils y amaf-
fent les richeffes dont ils font uniquement avides,
parce qu'elles tiennent lieu de tout.

CHAPITRE IX.

De la royauté dans son rapport avec les loix fondamentales.
On prouve par le but de son institution que la loi qui
l'établit suppose la préexistence de beaucoup d'autres loix
plus essentielles. Dans quel ordre il faut ranger les loix
suivant leur importance.

ENTRE tous les peuples qui existent aujourd'hui,
il n'y en a aucun dont l'origine remonte à une famille servile, possédée en propre & gouvernée par
un maître ; il n'y en a donc aucun qui n'ait existé
avant d'avoir des monarques, & en particulier avant
d'avoir pour chefs les ancêtres des princes qui le
gouvernent présentement.

Ce fait une fois établi, & il l'est par une notoriété
bien plus incontestable que celle qu'on peut alléguer
en faveur d'aucune maison régnante, ce fait, dis-je,
une fois établi, il est évident que toute nation Eu-
ropéenne eut ses loix & ses droits antérieurement à
la résolution qu'elle prit de se donner des rois ; il est
également certain qu'en se donnant un chef, toute
nation eut en vue de cimenter son union par l'u-
nité individuelle de son magistrat suprême, & que
ce but qu'elle se proposa ne fut qu'un moyen
qu'elle chercha de s'assurer les avantages qui lui faisoient aimer son existence ; ces avantages devoient
être connus & sentis, puisqu'on en desiroit la perpétuité ; ce n'étoient point des biens possibles & in-

connus dont on attendit la création de la fageffe
& du pouvoir de l'homme que l'on plaçoit fur le
trône ; on ne lui demandoit pas qu'il fît le bonheur
de la nation par tels moyens qu'il aviferoit bon être,
& tel bonheur qu'il lui plairoit d'imaginer ; tout ce
qu'on attendoit de lui étoit qu'il écartât tout ce qui
pourroit faire obftacle au bonheur que la nation fe
promettoit de fes mœurs, de la jouiffance de fes
droits, & du maintien de fes loix ; il devoit empêcher que l'homme puiffant n'opprimât le foible, &,
par cette raifon, il devoit être plus puiffant que le
citoyen le plus puiffant ; il devoit empêcher qu'un
ordre ne dépouillât un autre ordre de fes droits &
de fes poffeffions ; une claffe, une autre claffe ; &
par cette raifon, il devoit être un arbitre équitable
entre les ordres, & affez fort pour que fon arbitrage
fut refpecté ; il devoit empêcher que la nation ne fe
divifât, & que les factions contraires ne fiffent des
alliances avec les étrangers pour s'entre-détruire, &
par cette raifon, il devoit être feul en droit de traiter avec les étrangers pour le bien de toute la nation ; & fa puiffance propre devoit être affez grande
pour que la nation fe partageant à peu près également, fon acceffion à l'un des partis lui affurât très-
probablement la fupériorité ; il devoit pouvoir difpofer de toutes les forces de la nation pour repouffer
fes ennemis, & en difpofer abfolument, fans partage & fans dépendance, afin que rien ne rallentît
ni n'affoiblît les efforts communs de la nation, &
pour cela, il falloit que la guerre une fois déclarée
il fût revêtu du pouvoir militaire le plus abfolu &
le plus étendu.

Voilà , en général, ce que toute nation efpéra de
la royauté , lorfqu'elle fe donna des rois, & quelles
prérogatives elle attacha à cette magiftrature fuprême & perpétuelle, pour le maintien de fon union
contre l'ambition domeftique & étrangere.

Elle voulut s'affurer cette union précieufe qui fait
l'effence de la fociété, mais elle ne put ni ne voulut fe l'affurer au préjudice de fon bonheur, qui
étoit le but de fon affociation, & indépendamment
duquel elle ne pouvoit en defirer la durée. C'eût
été une contradiction abfurde de fa part d'affurer
fon exiftence pour perpétuer fon malheur, & c'en
eût été une autre non moins abfurde d'être mé-
contente de fa maniere d'être & de prendre des mefures pour n'en pas changer. Or , la maniere d'être
d'une nation confifte effentiellement dans fes mœurs,
dans fes loix & dans fes poffeffions ; & comme il
falloit qu'une nation fe trouvât bien d'être une nation, c'eft-à-dire, de compofer un corps politique,
pour defirer de n'être pas diffoute, & fe prémunir
contre ce malheur par la création d'un chef unique,
il eft évident qu'aucune nation ne fe donna un roi
que parce qu'elle étoit contente de fes mœurs, de
fes loix & de fes poffeffions, ou de fa maniere
de poffeder. J'ajoute cette explication ou cette reftriction , parce qu'il eft très-poffible que plufieurs nations, comme les Hébreux & les Francs , fe foient
donné des rois, dans la vue d'étendre leurs poffeffions au moyen d'efforts mieux concertés, & plus
foutenus ; mais, pour vouloir poffeder davantage,
il faut être content de la maniere dont on poffede.

Les Ifraélites fe donnerent un roi parce qu'ils ne

vouloient devenir ni Philiftins, ni Ammonites, qu'il leur plaifoit de compofer enfemble une nation, fous le régime de leurs loix, avec leurs mœurs & en reftant dans leurs poffeffions. Il en fut de même de toutes les nations, c'eft-à-dire, que par-tout la royauté fut inftituée pour conferver, maintenir, protéger, & nulle part pour changer, ni pour détruire ; & que par-tout l'on pût dire aux peuples ce que Samuel dit aux Ifraelites : Quoique vous ayiez un roi, ne vous croyez pas difpenfés d'obferver la loi, car fi vous l'enfreignez, vous périrez avec votre roi ; c'eft que par-tout il y eut des loix antérieures à celle en vertu de laquelle régnerent les rois, & que cette loi ne fut ajoutée aux autres que comme un moyen d'en affurer l'obfervation.

Loin donc que la loi du roi, comme la nomme l'hiftorien facré du plus ancien royaume dont nous connoiffions l'hiftoire, foit la premiere des loix fondamentales, elle en eft la derniere dans l'ordre des temps, & même pour l'importance, chez les peuples qui ont de bonnes mœurs & un bon gouvernement ; il fut prefque indifférent aux cités Gauloifes d'avoir ou de n'avoir pas des rois ; ce fut chez elles une opération fi peu violente que la fuppreffion de la royauté, que leurs familles royales continuerent à faire partie du premier ordre de chaque cité. La Gaule entiere eut ou n'eut pas indifféremment des rois ou empereurs, & ne s'en donna le plus fouvent que pour le befoin, comme les Romains fe donnerent des dictateurs ; les Germains qu'on appella, depuis, les Francs, à caufe de leur indépendance, tantôt eurent des rois & tantôt n'en

eurent

eurent pas, & comme on régnoit très-peu sur eux, il importoit presque aussi peu à un noble d'être roi, qu'il importoit peu à la cité d'avoir un roi. Il ne faut excepter que les Chérusques, & pour aussi long-temps seulement qu'ils conserverent avec les Romains les funestes rapports d'alliances, de subsides & de pensions; mais c'est que, sous cette période, l'avidité du peuple entretenue par des besoins nés de l'opulence, donna, à la royauté pensionnée par les Romains & à la faveur des rois qui soudoyoient, une importance qu'elles n'avoient point chez les autres peuples de la Germanie; quand les Romains eurent cessé de donner des rois aux Chérusques & ne pensionnerent plus, ce peuple, épuisé par ses divisions, reprit les mœurs de ses voisins, & s'il ne reprit jamais son ancienne supériorité, du moins il se perpétua jusqu'au temps où les conquêtes des Germains disperserent la nation par petites bandes militaires, & firent oublier les noms de leurs anciennes cités.

Ce ne fut que chez les peuples, qui, pour s'être appuyés trop & très-long-temps contre le trône, perdirent l'habitude de se tenir sur leurs pieds, qui, pour avoir mis trop de confiance dans la royauté, négligerent leurs institutions & laisserent corrompre leurs mœurs; ce ne fut, dis-je, que chez ces peuples que la loi du roi devint la plus importante de toutes les loix. Après les guerres civiles, pendant lesquelles les Romains s'accoutumerent à avoir des empereurs qui étoient autant de rois, chacun de sa faction, & plus encore après les regnes d'Octave & de Tibere, qui donnerent de la régularité au gou-

<table><tr><td>Partie II.</td><td>V</td></tr></table>

vernement monarchique & y façonnerent le peuple
Romain, les Romains ne purent plus être fans empereurs, quoiqu'en apparence leur conftitution fut
encore affez complette pour n'avoir pas befoin de
ce fupplément ; mais cette conftitution ne confiftoit
plus qu'en formalités, & ni les mœurs n'étoient plus
telles, ni les préjugés des peuples tels, ni tels fur-
tout les préjugés de l'armée qui avoit auffi fa conftitution & une conftitution rivale de celle qui reftoit à l'ordre civil, tout cela, dis-je, n'étoit pas
tel que l'empire Romain pût déformais fe paffer
d'un chef unique & fuprême. Du fentiment de cette
néceffité on paffa aifément à l'opinion que le premier de tous les intérêts étoit celui de l'autorité im-
périale & de la fûreté perfonnelle du citoyen qui
l'exerçoit, & de cette opinion il n'y eut pas loin
au mépris de toutes les loix & de tous les droits
pour lefquels les Romains avoient fi long-temps
combattu, & dont ils n'avoient facrifié une partie, en
confentant à avoir des chefs fuprêmes & perpétuels,
qu'afin de conferver le refte. Dès-lors tout fut fu-
bordonné à un feul intérêt qui n'étoit pourtant qu'un
intérêt du fecond ordre, & les mefures qu'on avoit
prifes pour affurer cet intérêt fe trouverent fuffifantes
pour rendre irréfiftible le pouvoir qui écrafoit & qui
élevoit, qui créoit & qui anéantiffoit, le pouvoir
enfin, pour citer un exemple, qui condamnoit les
citoyens à refter irrévocablement dans la claffe des
tributaires & à ne pouvoir pas même vendre leurs
biens, qui achetoit des guerriers chez toutes les
nations, qui faifoit des guerriers de tous les prifon-
niers de guerre, & n'avoit pourtant de faveurs, de

bienfaits, de complaifances que pour l'ordre militaire.

Tels furent pourtant les princes & tel fut l'empire dont la plupart des peuples modernes ont emprunté le code monftrueux, les maximes défaftreufes. Mais il n'y a point de prefcription contre les droits des peuples, ils font toujours mineurs fous les rois ; ou (pour parler le langage de la raifon & non celui des légiftes Romains) le bonheur des hommes & la profpérité des fociétés ne pouvant jamais ceffer d'être l'intérêt effentiel, il eft toujours jufte de le faire prévaloir fur tout autre intérêt ; parce que nul autre intérêt n'exifte qu'en vue de celui-là.

D'après tout ce que nous venons de dire, il eft clair que les loix primitives d'une fociété continuent d'être obligatoires auffi long-temps que cette fociété ne les a pas révoquées comme elle les avoit faites.

Rien donc, encore une fois, n'eft plus effentiel que de connoître ces loix, que j'appelle les bafes de la conftitution, & vers le maintien defquelles toutes les loix poftérieures à l'affociation ont dû être dirigées. Cet ordre, dans lequel je range les loix, n'eft pas indifférent, car il nous conduit à une appréciation de leur importance très-différente de celle qu'on leur donne communément.

Aux yeux de la plupart des hommes, il n'y a point de loix plus importantes dans un état que celles qui concernent la magiftrature fuprême, & qui réglent la maniere d'y parvenir, le pouvoir qui y eft attaché, les formes auxquelles fon exercice eft affujetti.

Après ces loix, les plus importantes, dans l'opinion de bien des gens, font celles qui intéreffent les magiftratures fubalternes, la formation de certains corps, la maniere d'y être aggrégé, leurs droits & leurs fonctions.

On regarde ensuite, comme les plus importantes, les loix qui ont rapport à la sûreté des sujets contre les attentats de l'orgueil, de la vengeance, de la corruption, de la misere ou de l'avidité.

On place au quatrieme rang tout ce qui a rapport à l'agriculture & au commerce, parce que l'une fournit aux besoins de la vie, & que l'autre paroît donner la nature de richesses aux biens qu'il déplace.

Après ces quatre classes, on range la partie du code national qui assure aux citoyens leurs propriétés, en soumettant à des formes la maniere de les acquérir & de les perdre.

A peine a-t-on quelque idée d'une derniere partie de ce code, qui doit concerner l'état des personnes, soit pour le fixer & le diversifier, soit pour régler la maniere dont on doit passer d'un état dans un autre, ou par amélioration, ou par détérioration; & si l'on soupçonne qu'il puisse y avoir des loix dont il soit l'objet, on les regarde comme les moins importantes de toutes.

J'oublie peut-être plusieurs objets de législation qui paroîtront à d'autres beaucoup trop considérables pour avoir dû être omis. Plusieurs de mes lecteurs pourront aussi trouver que je n'ai point assigné aux objets de législation dont je viens de faire mention, le rang qu'ils leur assignent; mais s'il n'y a pas deux classes, deux professions, deux ordres qui s'accordent sur la place qu'il faut assigner aux loix, relativement à leur importance, c'est une raison de plus pour qu'il me soit aussi permis d'avoir mon opinion,

& de rejetter toutes les autres , puifqu'aucune d'elles n'eft univerfelle. Je fuis dans le cas d'un auditeur
féculier , qui , après avoir entendu des moines de
toutes les couleurs faire le panégyrique de leurs faints ,
prendroit le parti de n'en croire aucun d'eux fur la
prééminence qu'il auroit attribuée à fon faint , & fou-
tiendroit feul contre tous que Jean-Baptifte eft le
plus grand des faints.

Les loix du premier ordre , ainfi que je conçois
cette claffication , font celles qui réglent l'état & la
condition des citoyens ; car c'eft par eux & pour
eux que tout a été fait dans l'état qu'ils compofent.
Ils font le corps de l'édifice , lequel , fans doute , doit
avoir des fondements & un toît , mais pour la folidité duquel les fondements ont été cachés dans la
terre , & pour la confervation duquel un toît a été
élevé fur fon comble. Les fondements doivent être
auffi maffifs & auffi profonds & le toît auffi léger qu'il
eft poffible.

Ce font des loix du fecond ordre que celles qui
réglent le gouvernement en tant qu'il eft confié à un
magiftrat fuprême & à des magiftrats fubalternes ,
toutes les loix de cet ordre doivent être telles qu'elles
affectent le moins qu'il eft poffible l'état & la condition des citoyens.

Enfin , je range dans le troifieme ordre les loix
qui concernent la claffe fervile , où il y a une pareille claffe , & qui font dirigées vers la plus grande
profpérité nationale ; c'eft-à-dire , la plus grande multiplication , la meilleure qualification , & le plus grand
bonheur des citoyens. Telles font celles qui ont
pour but de faire fleurir l'agriculture , de protéger le

commerce néceffaire, de favorifer les arts utiles, &
de les affujettir à la police qui peut être la plus
avantageufe aux citoyens. Je n'admets que ces trois
ordres de loix, parce que tous les autres objets de
législation doivent être ramenés à l'un de ces ordres,
comme y tenant effentiellement. Quand il feroit poffible que le magiftrat fuprême fut grand, glorieux &
heureux, fans que les citoyens par qui & pour qui
fut formée la fociété fuffent nombreux, bons & heureux, ce feroit un très-grand défordre, puifque l'injuftice en eft toujours un; mais Dieu n'a point voulu
que l'injuftice fe trouvât long-temps unie avec la grandeur, la gloire & le bonheur. Quand il feroit poffible que la claffe fervile, après s'être fouftraite à la
domination de fes maîtres, fut nombreufe, riche, &
heureufe, tandis que la poftérité des citoyens feroit
réduite à un petit nombre, languiroit dans la pauvreté, feroit un objet de mépris, & refteroit dans
l'oubli; ce feroit encore un grand défordre, qui fup-
poferoit beaucoup d'injuftices, & Dieu ne permit
jamais que les affranchis foutinffent ou relevaffent la
fortune d'aucun empire.

Ce n'eft pas à dire que les citoyens feuls doivent
être heureux dans un état où l'on a une fois admis
d'autres fujets; mais chacun doit être heureux de la
manière qui lui convient, & il ne faut pas, pour
procurer à une claffe l'efpece de bonheur qui ne lui
convient pas, dénaturer le bonheur même, confondre les claffes, mettre la confufion dans les mœurs,
& détruire tous les préjugés, fans lefquels l'homme
eft le plus infociable des animaux.

Il faut qu'un roi foit heureux; mais il ne faut pas

qu'il se forge un bonheur incompatible avec celui
des citoyens. Il faut que le dernier esclave de la nation soit heureux ; mais il ne faut pas le souftraire à
toute discipline, sous prétexte qu'il n'y a point de
bonheur sans liberté. Il faut, de même, que le citoyen
soit heureux ; mais il ne faut pas qu'il ne puisse l'être
qu'en dévorant à lui seul ce qui suffiroit à la subsistance
de trente citoyens , c'est-à-dire, qu'il ne faut pas
qu'il ait l'héritage de trente citoyens pour faire sub-
sister par sa folle dépense trente familles serviles qu'occupent son luxe, sans compter peut-être trente autres
familles serviles, qui cultivent foiblement son vaste
domaine.

Je sais bien que ces trois désordres sont autant
d'écueils contre lesquels échoue tôt ou tard toute
société qui subsiste assez long-temps pour atteindre à
l'espece de perfection qui est toute en jouissance pour
les individus, & toute en perte pour la société, par
l'anéantissement des vertus, qui font sa force & son
bonheur ; mais je sais bien aussi que la législation
doit se roidir contre cette pente funeste , que c'est
le véritable intérêt des rois de la contrarier sans
cesse , & que quiconque écrit sur ces matieres est un
conseiller perfide , s'il ne préfere pas l'austere vérité
aux maximes spécieuses qui supposent la paix où il
n'y a point de paix.

CHAPITRE X.

Comment les peuples & les gouvernemens de l'Europe ont dégénéré, pour la plupart, les premiers en autant de multitudes informes, qui ne reſſemblent à des nations que par leur préſence dans le même territoire, les autres en autant de dominations aviliſſantes pour le prince & les citoyens devenus maître & ſujets. Abſurdité des principes inventés pour canoniſer ce déſordre. Plan du reſte de cet ouvrage.

ME voici enfin arrivé à la partie de ces recherches, qui doit être la continuation de celles que j'ai déjà données au public, ſous le titre d'*Élémens de la Politique*. Je vais conſidérer le magiſtrat ſuprême, dans les rapports de ſon important emploi, avec les divers beſoins des hommes qu'il doit régir, & de la ſociété dont il eſt le chef : je tâcherai de m'aſſujettir à l'ordre & à la diviſion des matieres que j'ai tracés à la fin de l'ouvrage que je viens de nommer ; mais je ne me flatte pas d'y réuſſir, ſoit que je ne puiſſe retrouver le fil que je croyois tenir, il y a dix ans, ſoit que mes connoiſſances ſe ſoient étendues depuis lors, & que j'aie ſaiſi d'autres rapports, que je n'apperçus pas autrefois, ſoit, enfin, que mon eſprit ſe ſoit retréci à meſure que je me ſuis livré davantage à l'étude des détails.

Mais quoique je prévoie des écarts qu'il ne me ſera pas poſſible d'éviter, & que je n'oſe répondre de reprendre toujours le ſentier que je me ſuis frayé,

à l'endroit où je l'aurai quitté, je tâcherai de ne rien
omettre de ce que j'ai promis de traiter.

Je ne ferai point des articles exprès pour les différentes formes de gouvernement, & je parlerai,
presque toujours, ou du prince, ou du roi ; ou du
magistrat suprême ; quoiqu'il y ait des états où c'est
dans un sénat que réside le même pouvoir qui réside ailleurs dans des monarques ; mais cette différence n'en met presque aucune dans les maximes du
gouvernement, & il est vrai de dire, qu'en général,
toute maxime qui est bonne dans une monarchie
vraiment légale, sera bonne aussi dans une république aristocratique, & ne sera pas même sans usage dans
une république démocratique : la raison n'en est pas, cependant, que toute forme de gouvernement doive pouvoir se résoudre en monarchie, quoique par-tout il faille
unité de volonté souveraine ; la raison en est, au contraire, que tout gouvernement doit être aristocratique &
démocratique, dès son plus haut étage, dans ce qu'on
appelle républiques, & dès le second, & successivement
dans tous les autres, par-tout où, à la tête de la société
est un magistrat unique qu'on appelle monarque.

Les novateurs insensés, qui ont défiguré tous les
anciens gouvernements, pour en faire les monstres
que nous voyons, ont eux-mêmes si bien senti cette
vérité, que ne sachant où placer le régime républicain dans leurs monarchies despotiques, ils l'ont
parodié dans leurs corps municipaux & leurs communautés villageoises, & ont mis l'ombre de la liberté politique où il n'y avoit ni utilité pour la société à l'établir, ni aptitude à en user, ni liberté ci-
vique & morale d'où pût naître cette aptitude.

Auſſi n'en a-t-il réſulté que des inconvénients &
des abus , & n'eſt-on jamais parvenu à faire des
citoyens de ces eſclaves affranchis , dont l'affranchiſſement abſurde a coûté tant de travaux & d'in-
juſtices.

Mais c'eſt que les novateurs étoient eux - mêmes
ſortis de la lie qu'ils vouloient façonner pour enno-
blir leur origine ; c'eſt qu'ils avoient juré une haine
mortelle aux vrais citoyens, entre leſquels ils voyoient
les maîtres légitimes de leurs peres ; c'eſt que les rois,
rapétiſſés juſqu'à la petite meſure de leurs vils con-
ſeillers , trouvoient les citoyens trop grands pour
oſer ſe meſurer avec les aſſemblées reſpectables qu'ils
devoient compoſer ; c'eſt que, pour ſubſtituer à la
dignité, au pouvoir légal, à la ſupériorité de talents,
ſoit dans les princes , ſoit dans ſon conſeil , lorſque
la nature l'avoit refuſée au prince , pour ſubſtituer,
dis - je, à ces nerfs de la monarchie le nerf unique,
de l'argent que manie l'homme le plus vil , comme
le plus eſtimable, il falloit d'abord tirer , des mains
des citoyens & leurs eſclaves , & les biens qu'ils
leur avoient confiés ; afin que ces eſclaves & ces
biens fuſſent immédiatement impoſables par le ſouverain , & que n'ayant plus beſoin de rien demander aux citoyens , il pût les tenir épars , ſans régime,
ſans liaiſon, inconnus les uns aux autres, juſqu'à ce
qu'il les eût aſſez affoiblis, aſſez avilis, pour les réduire eux-mêmes à la condition de tributaires.

Voilà le ſecret de tout le ſyſtême ſuivi depuis plus
de trois ſiecles, avec une perſévérance qui étonneroit
ſi l'on pouvoit s'étonner des effets, quand on connoît
la cauſe. Mais eſt-il ſurprenant que des hommes , ou

médiocres, ou méchants, ou vils, ou avilis par la
servitude stipendiée, qui devinrent tout à coup des
rois par le hasard d'une nomination aveugle, & qui
surent que leur état n'avoit rien de solide, que la
fortune réelle qu'ils pouvoient se faire, & qui, cependant, avoient devant les yeux l'exemple de plus d'un
Aduram, que plus d'un Roboam avoit abandonné à
la fureur du peuple ; est-il, dis-je, surprenant que
de pareils conseillers, qui pour leur fortune devoient conseiller le brigandage & qui pour leur
sûreté devoient machiner l'oppression, se soient
transmis par une tradition fidelle, & avec les mêmes intérêts, le même système & les mêmes maximes ? Et si, dans le nombre de ces conseillers, il s'en
trouva qui eurent les mains nettes & le cœur droit,
comment imagine-t-on qu'ils eussent osé les premiers,
& seuls entre tant d'autres, montrer l'intérêt du
souverain dans celui de la nation diamétralement
opposé à celui des ministres ? Ils n'y pensèrent même pas, & contents de faire le bien qui étoit à leur
portée, trop heureux d'empêcher un peu de mal
pendant qu'ils étoient en place, ils crurent que la
forme du gouvernement étoit bonne, qu'elle n'avoit
besoin que d'être perfectionnée sur l'ancien plan, &
que, du reste, le pouvoir ne pouvoit être trop grand
quand il seroit en bonnes mains.

La nation, de son côté, fit des vœux pour que le
pouvoir fût en bonnes mains, & espéra de l'y voir:
du reste, nos Gaulois & nos Francs burent, chasse-
rent, guerroyerent, reçurent des pensions, des gages, des brevets & des dons, & trouverent que
tout alloit bien ; on eût dit des écoliers en vacance,

qui étoient très-aifes de ne plus aller en claffe, & fe
moquoient, à leur aife, de la pédanterie dont ils
avoient été ennuyés. Je le leur pardonne de bon
cœur : fous la férule des Berullé, des Duprat, &
des Poyet, c'étoit une platte mommerie que ces
affemblées, où des gens très-neufs fur les grandes
queftions des droits de l'empire & du facerdoce,
& non moins neufs fur les futilités de la jurifprudence & de la compétence, venoient écouter les
mortelles harangues d'un chancelier, ou d'un archi-
diacre, & délibérer, fans favoir ce que c'étoit que
délibération, un Normand plus ou moins verfé
dans fa coutume, avec un Provençal bien entêté
de fon droit écrit ; un Breton très-rétif, avec un
Picard bien chaud, qu'il ne connoiffoit, ni n'entendoit. S'il étoit queftion d'abus réels, de concuffions,
de prévarications, d'entreprifes des publicains, où
rien ne fe décidoit, où il falloit fe payer de promeffes ; & comme tout rouloit, dès-lors, fur les employés royaux & les confeillers à gages, la réforme
des abus étoit confiée à ceux qui avoient intérêt à
les perpétuer, & il devenoit ridicule de rebattre toujours les mêmes plaintes, pour n'obtenir jamais que
de bonnes paroles.

Telles avoient été, depuis long-temps, les farces
dans lefquelles les citoyens furent difpenfés d'être
acteurs & fpectateurs, fans pourtant qu'on leur dé-
clarât jamais qu'ils ne devoient plus y être appellés :
une fois, feulement, on défendit, fous peine de
mort, de demander la tenue des états ; des miniftres,
étrangers d'origine, qui s'étoient emparés d'un jeune
roi, firent cette étourderie, & il en réfulta une dan-

gereuſe fermentation, dont on ne prévint les ſuites
que par quelques faits d'armes & une lâche trahiſon.

C'eſt ainſi que dans un grand royaume, & c'eſt
à peu près ainſi, que dans la plupart des autres
états de l'Europe, la nation eſt devenue une *famille*,
non dans le ſens que nous donnons à ce mot, mais
dans celui que les Romains lui donnoient.

Cette maniere d'être a auſſi ſes douceurs, quand
le maître eſt bon, & ſe croit obligé d'être juſte &
humain, & il faut pardonner aux peuples de s'être
accoutumés à leurs chaînes, qu'allégeoit la douceur
du maître, qu'embelliſſoit ſa gloire, que cachoit la
livrée brillante dont il revêtoit ſes eſclaves privilégiés, & qui, pour les autres, reſſembloit au filet
de Vulcain qu'on n'appercevoit pas, mais que Mars
lui-même ne put rompre.

Moi-même j'ai douté quelque temps, ſi la douceur de cet état ne valoit pas mieux que les plaiſirs
bruyants de la liberté, & il y eut des moments où
je fus tenté de croire que le ſort des cinq cent femmes que renferme le ſerrail, étoit préférable à celui
d'une femme qui a un mari à elle-ſeule, mais qui
doit gouverner une maiſon, compaſſer ſa dépenſe
ſur ſon revenu, ſouffrir ſouvent les douleurs de l'en-
fantement, élever des enfants, contenir & faire agir
des domeſtiques, & quelquefois ſouffrir l'humeur &
les bruſqueries de ſon mari.

Ce n'a été que la fin déſaſtreuſe d'un regne ſous
lequel j'étois né, qui a diſſipé tous mes doutes. J'ai
dit en moi-même : Quoi ! c'eſt à une intrigue de cour
qu'il tient que je ſois libre ou eſclave ? que les rem-
parts de ma liberté ſe ſoutiennent ou ſoient renver-

tés ? que mon bien m'appartienne en partie où qu'un faquin soit autorisé à m'en prendre telle portion qu'il voudra, la totalité, s'il le juge à propos ? Un miniſtre, tel quel, ſe ſoutient, & je puis croire encore que je ſuis libre & propriétaire, que ma liberté & ma propriété ont des défenſeurs : il eſt diſgracié, la faction contraire l'emporte, & de ce moment mes défenſeurs ſont diſperſés, comme un troupeau ſe diſperſe, & je reſte ſans défenſe, ſans liberté & ſans propriété.

Non, ce n'étoit pas de la liberté que j'avois à perdre, ce n'étoit pas une propriété que l'on pouvoit m'ôter : j'étois eſclave ſous un bon maître, qui ſe mettoit peu en peine de ſon bien & de ſes gens; il a pris un autre intendant, & ma ſervitude eſt devenue cruelle.

Eſt-ce un bien, eſt-ce un mal que vous m'avez fait, miniſtres pervers, lorſque vous m'avez détrompé ? Vous avez trahi le ſecret de la domination, & le voile que vous avez déchiré peut être recouſu, il l'eſt déjà; mais nous ſavons ce qu'il cache, & quand nous pourrions l'oublier, un ſeul regard nous en rappelleroit le ſouvenir. En recouſant le voile, on l'a raccourci, & nous voyons par deſſous, les pieds qui écraſent nos têtes. Ce que vous entreprîtes de plus odieux ſe continue ſous les miniſtres qui vous décrient & vous maudiſſent, ſous un jeune prince, qui veut être juſte, qui ſe croit appellé à nous régir & non à jouir, ſi ce n'eſt de l'eſpérance de nous rendre heureux. Vaine eſpérance, tant qu'il ſe renfermera dans une chambre obſcure, & ne verra rien que dans la lanterne magique, que tiennent devant lui ſes miniſtres & ſes courtiſans, tant qu’il n’aura pour feconder fes deffeins & exécuter fes volontés, qu’une file d’agents, dont le premier fe noie dans les détails, le dernier eft un exacteur avide & impitoyable, qui s’engraiffe du fang des citoyens, & ne trouve jamais qu’on les faigne affez copieufement.

Mais vous, ô mes concitoyens, de quoi êtes-vous capables ? vous êtes de grands enfants, qu’on a toujours portés fur les bras, ferrés dans des maillots de cilice. Vous ne favez pas vous tenir fur vos pieds, & je vous dirois : Marchez ; vous balbutiez à peine, & je vous dirois : Parlez ; vous n’avez rien vu, vous ne favez rien, & je vous dirois : Conduifez-vous vous-mêmes, autant que doivent fe conduire les enfants majeurs d’un père qui eft toujours le chef de la maifon !

Non, je ne vous expoferai point à paroître tels que vous êtes, tel que fe trouva le fénat de Rome, lorfque Nerva & Trajan lui eurent rendu la liberté des délibérations, incapable d’être libre & de délibérer : je dirai plutôt à votre pere en quel état vous a mis la mauvaife éducation que vous ont donnée vos précédents pédagogues ; & je lui demanderai fi ce font là les enfants qu’il veut avoir ; ou s’il n’aimeroit pas mieux pouvoir fe décharger fur eux de beaucoup de détails, compter fur leur courage, leur amour & leur intelligence pour fa défenfe, n’avoir point à rougir de leur imbécillité, de leur ignorance, de leur puérilité. S’il héfite dans la crainte de n’être plus le maître chez lui, fi jamais fes enfants goûtent d’un peu de liberté après avoir été retenus en captivité par les valets qui ont voulu fe rendre

les maîtres de la maison, je lui demanderai encore
ce qu'il peut craindre de pis que la ruine, l'ignomi‑
nie, & l'extinction de fa famille ? Je lui prouverai
que c'eſt là à quoi doivent infailliblement aboutir
les meſures funeſtes que ſes valets ont priſes pour le
tenir éloigné de ſes enfants, pour l'empêcher de leur
parler & de les entendre, pour les abrutir par la
crainte, l'ignorance & l'oiſiveté. Je lui ferai voir
enſuite que cette autorité, pour laquelle il paroît
inquiet, n'eſt pas celle d'un pere qui lui ſuffit, mais
celle d'un dominateur que s'approprient ſes valets
affidés pour en abuſer en tyranniſant ſes enfants &
en diſſipant ſes biens. Je lui ferai comprendre qu'il
doit ſoupçonner de mauvais deſſeins dans ceux qui
veulent avoir ſeuls ſon oreille, & qui cherchent à
lui rendre ſuſpects tous ceux qui ont le même inté‑
rêt que lui à la proſpérité de ſa maiſon. Je lui prou‑
verai enſuite que s'il a ſa ſûreté à cœur, il ne doit
point deſirer qu'un morne ſilence des citoyens le
laiſſe dans l'ignorance de leurs chagrins, de leurs
griefs & de leurs maux, & ſes ennemis dans le doute,
ſi le nombre des mécontents n'eſt pas plus grand
que celui de ſes amis, que ſa puiſſance pour réſiſter
aux ennemis du dehors, doit être égale à la totalité
des forces que la nature & l'éducation ont miſe
dans tous les individus qui compoſent ſa famille,
& que par le pitoyable régime que ſes valets ont
mis dans ſa maiſon, ils l'ont réduit à ne pouvoir
compter pour ſa défenſe que ſur ſes portiers & ſes
gens de livrée. Que s'il aime la gloire, il faut qu'il
la cherche dans l'accompliſſement de ſes devoirs,
comme pere & comme chef de ſa nation, & que

jamais

jamais il ne remplira ces devoirs ; s'il continue à
n'écouter ni n'interroger ses enfants ; s'il ne vit jamais avec eux , & laisse leur éducation entre les
mains de mercenaires intéressés à les avilir ; s'il ne
se donne pas enfin la peine de les former , & d'es-
sayer successivement leur intelligence & leur sagesse
à mesure qu'il pourra se flatter d'avoir fait des progrès dans leur éducation ; mais avec précaution ;
mais en ne leur accordant qu'autant de liberté , en
ne leur confiant leur propre conduite , qu'autant
qu'il leur verra de sagesse pour être libres sans indo-
cilité & pour ne pas se soustraire à son autorité tuté-
laire. Que s'il veut être le maître chez lui il faut
qu'il sache tout ce qui s'y passe, qu'il surveille tout
ce qui s'y fait , & qu'il abandonne les détails à ceux
qui ont intérêt de les bien faire ; en quoi il prendra
le contrepied de ce que ses valets lui ont fait faire
jusqu'ici, puisqu'en l'accablant de misérables détails ,
ils ne lui ont pas laissé le temps de rien surveiller ,
& qu'en le confinant dans son cabinet , dont ils as-
siégeoient la porte , ils l'ont tenu dans l'ignorance
de tout ce qui se passoit chez lui. Que s'il aime
sa famille & la prospérité de sa maison , il doit attendre leur splendeur des talents & des vertus de
ses enfants , & qu'il ne lui servira de rien d'avoir
tout le reste , si ses enfants sont vicieux , lâches , &
imbécilles ; que son opulence même remplira en
vain ses trésors, puisque les gages de ses valets ab-
sorberont toujours plus qu'il ne pourra amasser , dût-il
réduire ses enfants à manquer de pain ; qu'à la vérité, il doit être riche , mais que ce doit être pour
fournir aux dépenses communes de la maison ; &

gratifier ceux qui feront plus qu'ils ne font tenus de
faire, mais que des falaires n'ont jamais provoqué la
reconnoiffance, qu'on ne s'eft jamais fait des amis
de fes créanciers en leur payant les intérêts qu'on
leur devoit, & que jamais les frippons n'ont ni ai-
mé, ni eftimé celui qu'ils voloient impunément. Je
lui prouverai encore que mal à propos il defire d'a-
voir un fucceffeur qui gouverne après lui fa maifon,
s'il la laiffe ruinée, déshonorée, en proie à une va-
letaille infolente & indifciplinable, qu'on n'eft pas
chef de maifon quand on eft le dernier de fa race,
& qu'on n'eft pas pere de famille, quand on n'a que
des valets, des laboureurs & des pâtres. Enfin, je
lui ferai voir qu'en vain il travailleroit à maintenir
ou à rétablir le culte du vrai Dieu, qui confifte effentiellement dans les bonnes mœurs, c'eft-à-dire,
la juftice, la bienfaifance, la patience, le courage,
la fobriété, l'amour du travail, s'il continuoit à né-
gliger l'éducation de fes enfants, à les expofer à
toutes les tentations auxquelles ils feroient le moins
en état de réfifter faute de lumieres & de bons exemples, & à les tenir dans l'abrutiffement de l'ignorance, & de la mifere, pour remplir la maifon d'un
nombre toujours plus grand de valets, nés dans la
fange, élevés dans le vice, & inacceffibles à tout
fentiment d'honneur, & dont toute la réligion, à
quelques momeries près, ne fera jamais que dans
l'accompliffement des trois vœux qu'ils ont faits, de
tromper, de piller & de jouir.

Voilà, ô mes concitoyens, ce que je prouverois à
votre pere, fi pourtant il entend jamais ma voix,
ou lit mes écrits. Voilà ce que je lui confeilleroit

S'il eſt entre vous quelqu'un qui ait plus attendu de
moi parce que j'ai paru tremper ma plume dans le
fiel , qu'il ſache que l'amertume n'eſt pas dans mon
cœur ; & que , ſi je déteſte l'oppreſſion comme un
des plus grands fléaux du genre-humain , je ne déteſte pas moins la licence ; & que je connois trop ma
nation pour jamais lui ſouhaiter , une liberté qui ne
lui convient pas. Je ne regarde point l'état de ſociété comme un état de licence, mais, au contraire,
comme un état de gêne perpétuelle , en vue d'un
plus grand bien , qui eſt l'ordre ou la juſtice, & le perfectionnement de l'eſpece humaine , par la pratique des
vertus qui rendent les hommes compatibles les uns
avec les autres , utiles les uns aux autres , & par
conſéquent, auſſi nombreux , auſſi bons, & auſſi
heureux que le comportent l'étendue du territoire,
la foibleſſe humaine, & la ſage économie de la providence.

Fin du ſecond Volume.

TABLE

TABLE
DES MATIERES

Contenues dans ce Volume.

CHAPITRE I. *Remarques sur ce qui a été dit dans le Livre précédent. D'où dérive la différence essentielle qu'il doit y avoir entre la domination ou le despotisme & le gouvernement monarchique.* Page 1

CHAP. II. *Ce que c'est qu'une Nation. Par qui & comment elle se perpétue. Comment & à quel titre on en est membre.* 12

CHAP. III. *On prouve que du moment où l'étendue d'une cité met le citoyen dans l'impuissance de se suffire à lui-même & à sa patrie à la fois, il existe nécessairement une classe servile, qui travaille pour les citoyens, & ne fait point partie de la cité; que les besoins des citoyens ne peuvent s'accroître sans que la classe servile n'augmente en nombre. Que cette classe ne peut devenir plus nombreuse sans que l'ordre des citoyens ne soit resserré.* 72

CHAP. IV. *Que la classe servile devant nécessairement exister sous quelque forme que ce soit, avec ou sans discipline, avec ou sans apparence de liberté, mais toujours également vile, & très-inégalement utile, selon qu'elle est ou n'est pas disciplinée, l'humanité ne répugne point à ce que l'on ait tout l'égard que la justice exige à l'origine des hommes & des classes, pour régler la législation qui les concerne sur leurs droits & leurs devoirs primitifs & héréditaires. On entreprend sur ce plan, & comme un exemple qu'on propose, l'histoire de la nation Françoise en tant que cette*

nation descend des Gaulois & des Barbares établis dans
les Gaules, & doit être distinguée des habitants serviles du
même territoire & de leur postérité.   84

CHAP. V. Critique de ce qu'ont dit de la servitude & de la
liberté quelques auteurs couronnés, tels que Justinien & l'abbé
de Gourcy. Que la servitude, sous une forme ou sous une
autre est inévitable, dès que chaque homme ne se suffit plus
à lui-même. Que la plus détestable de toutes est celle qui
occasionne le plus de non-valeurs & donne lieu à plus de
misere, en même temps qu'elle diminue davantage la source
des secours.   146

CHAP. VI. Quelques remarques qui font entrevoir l'absurdité
de la domination du prince sur tout ce qui habite le territoire.
On continue de faire voir la différence qu'il y a entre un
habitant & un citoyen, & comment on peut distinguer,
dans la foule des sujets, les véritables citoyens avec qui
le prince a un contrat, & qui en ont un avec lui. Suite
de la discussion commencée pour rétablir l'histoire de la nation Françoise. Que c'est par la vérité, & non par l'erreur
& l'ignorance, que peuvent régner les rois.   162

CHAP. VII. Qu'il est indifférent sous quelle forme de gouvernement vit une nation, que tout ce qui importe est qu'elle ait les
mœurs qui lui conviennent pour que son régime assure sa
puissance sans préjudice de sa liberté. Que le meilleur gouvernement paroît être celui où la monarchie complette a corrigé
l'aristocratie, & l'aristocratie la démocratie. Que le grand
point est que toute justice soit observée, parce qu'il a été donné
aux hommes de distinguer avec certitude ce qui est juste
de ce qui est injuste, & non de discerner ce qui sera ou
ne sera pas le plus utile ; & qu'ainsi, chaque nation doit
savoir, non quel est le meilleur gouvernement possible, mais
quel est son gouvernement légitime.   263

CHAP. VIII. Des loix fondamentales. Ce qu'il faut entendre
par là. Comment elles peuvent être différentes chez les différentes nations. Comment elles sont indestructibles, tant que

subsiste la société qui se forma sur ces bases. On examine le prétexte le plus plausible de leur abolition , qui est l'inaptitude des citoyens à jouir de leurs droits , & à remplir leurs devoirs primitifs , & l'on fait voir combien il est frivole. Qu'au lieu de se prévaloir de l'avilissement de sa nation , un prince doit la régénérer. 274

CHAP. IX. *De la royauté dans son rapport avec les loix fondamentales. On prouve par le but de son institution que la loi qui l'établit suppose la préexistence de beaucoup d'autres loix plus essentielles. Dans quel ordre il faut ranger les loix suivant leur importance.* 301

CHAP. X. *Comment les peuples & les gouvernements de l'Europe ont dégénéré, pour la plupart, les premiers en autant de multitudes informes , qui ne ressemblent à des nations que par leur présence dans le même territoire , les autres en autant de dominations avilissantes pour le prince & les citoyens devenus maîtres & sujets. Absurdité des principes inventés pour canoniser ce désordre. Plan du reste de cet ouvrage.* 312

Fin de la Table du second Volume.